Die feineren Kräfte der Natur und ihr Einfluss auf Menschenleben und Menschenschicksale

Râma Prasâd

Verlag Heliakon

Titel: Die feineren Kräfte der Natur und ihr Einfluss auf
Menschenleben und Menschenschicksale

Umschlaggestaltung und Illustrationen: Verlag Heliakon

2012 Verlag Heliakon
www.verlag-heliakon.de
info@verlag-heliakon.de

ISBN: 978-3-943208-13-9

Inhaltsverzeichnis

Am Anfang war das Wort ...

I.
Die Tattwas

Sein einziges absolutes Attribut, welches ES SELBST ist, ewige, unaufhörliche Bewegung, wird in esoterischer Sprache der große Atem2 genannt, das ist die beständige Bewegung des Weltalls, im Sinne von unbegrenztem, allgegenwärtigem Raum.

H. P. Blavatsky, Die Geheimlehre

Die *Tattwas* sind die fünf Modifikationen des großen Atems. Der große Atem zerlegt, indem er auf das *Prakriti* einwirkt, dieses in fünf Erscheinungsformen, die verschiedene Vibrationsbewegungen zeigen und in verschiedener Weise tätig sind. Der erste Ausfluss des Entwicklungsstadiums des *Parabrahman* ist das *Âkâsha Tattwa*. Nach diesem kommen der Reihe nach das *Vâyu*, das *Tejas*, das *Apas* und das *Prithivî*. Sie sind auch unter der Bezeichnung *Mâhâbhûtas* bekannt. Das Wort *Âkâsha* wird gewöhnlich mit *Äther* übersetzt. Nun ist aber leider in der modernen englischen Wissenschaft der Schall keine der Eigenschaften des Äthers. Manche auch meinen, das moderne Medium des Lichtes sei dasselbe wie *Âkâsha*. Das ist meines Erachtens ein Irrtum.

Der Lichtäther ist das feine *Tejas Tattwa* und nicht das *Âkâsha*. Alls die fünf *Tattwas* müssen zweifellos als Formen des Äthers angesehen werden, aber die Bezeichnung Äther, ohne nähere Epitheta für *Âkâsha* angewendet, wirkt irreführend. Wir wollen *Âkâsha* Schalläther, *Vâyu* Gefühlsäther, *Apas* Geschmacksäther und *Prithivî* Geruchsäther nennen.

Gerade so gut, als im Universum der Lichtäther existieren muss, ein Element äußerst verfeinerter Materie, ohne den die Lichterscheinungen keine ausreichende Erklärung zu finden vermögen, so müssen auch die vier anderen Ätherarten existieren, ebenfalls Elemente verfeinerter Materie, ohne die sich die Erscheinungen des Schalles, des Gefühls, des Geschmackes und des Geruches nicht befriedigend erklären lassen.

Der Lichtäther wird von der modernen Wissenschaft als Materie in sehr verfeinertem Aggregatzustande angenommen. Die Vibrationen dieses Elements sollen das Licht bilden. Und zwar sollen diese Variationen senkrecht zu der Wellenrichtung erfolgen. Fast in der gleichen Weise werden die *Tejas Tattwa* definiert. Dieses *Tattwa* soll sich aufwärts bewegen und diese Aufwärtsrichtung ist offenbar zugleich die Richtung der Wellen. Außerdem soll die Vibration des Elementes in Form eines Dreiecks erfolgen.

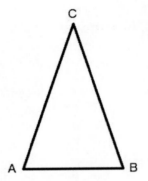

Angenommen, in dieser Figur sei A B die Wellenrichtung, B C die Richtung der Vibration. C A ist die Linie auf der, vorausgesetzt dass sich bei der Ausdehnung die symmetrischen Verhältnisse des Körpers nicht geändert haben, das vibrierende Atom in seine symmetrische Lage auf der Linie A B zurückkehren muss.

Das *Tejas* Tattwa der Alten entspricht also dem Lichtäther der Modernen, wenigstens was die Art der Vibration betrifft. Dagegen kann sich unsere moderne Wissenschaft, wenigstens direkt, keine Vorstellung von den vier anderen Ätherformen machen. Die Vibrationen des *Âkâsha*, des Klangäthers, bilden den Schall; und es ist unbedingt erforderlich, sich über den vollkommen andersgearteten Charakter dieser Bewegungsform klar zu werden.

Das Experiment mit der Glocke im Vakuum beweist; dass die Vibrationen der Atmosphäre den Klang weitertragen. Und auch einige andere Medien, wie z. B.: Die Erde oder Metalle leiten bekanntlich den Schall mehr oder minder gut. Es muss also in all diesen Dingen etwas enthalten sein, was der Erzeugung des Schalls entgegenkommt: die Vibration, die den Schall darstellt. Dieses Etwas ist das indische *Âkâsha*.

Aber das *Âkâsha* ist alldurchdringend, ebenso wie es der Lichtäther ist; *warum* aber dringt dann kein Klang an unser Ohr, wenn wir

---

ANM.: Der Leser vergegenwärtige sich die Erscheinungen im Telephon oder noch besser die im Photophon. Es ist klar, dass die Wellen, die im letzteren Falle die Töne erzeugen, nicht von den sichtbaren Strahlen der Sonne stammen. Es sind lediglich akustische Wellen, während die Sonnenstrahlen Schwingungen des Lichtäthers sind. Was sind nun die akustischen Wellen? Zweifellos die Schwingungen des Klangäthers, eines Teiles des Prânas der Inder, des Âkâsha.

die Glasglocke lüftleer machen? Wir ersehen daraus, dass wir einen Unterschied machen müssen zwischen den Vibrationen der Elemente, die Klang, Licht usw. erzeugen und den Vibrationen der Medien, die diese Phänomene unseren Sinnen vermitteln. Es sind also nicht die Schwingungen der Ätherformen, der feinen *Tattwas*, die unserer Sinne vernehmen, sondern die von ihnen erzeugten Schwingungen verschiedenartiger Medien, also von Modifikationen der groben Materie, des *Sthûla Mahâbhûta*. Der Lichtäther ist ebenso gegenwärtig innerhalb eines verfinsterten Raumes wie außerhalb. Der kleinste Winkel innerhalb der Mauern ist von ihm erfüllt.

Aber warum ist es dann drinnen nicht so hell und leuchtend wie draußen? Weil unsere gewöhnliche Sehkraft nicht ausreicht, die Schwingungen des Lichtäthers zu erkennen. Sie erkennt nur die Schwingungen der Medien, die der Lichtäther durchdringt.

Und nicht alle Medien werden von dem Äther in gleicher Weise in Schwingung versetzt. Außerhalb des dunklen Zimmers bringt der Äther die Atome der Atmosphäre in den Zustand sichtbarer Schwingung, und es ist hell um uns. Dasselbe ist der Fall mit allen anderen Gegenständen, die wir sehen.

Der Äther, der diese Gegenstände durchdringt, versetzt sie zugleich in den Zustand der Schwingung, der erforderlich ist, sie dem Auge erkennbar zu machen.

Die Schwingungen, in welche die Sonne den unserm Planeten durchdringenden Äther versetzt, sind aber nicht stark genug, auch die tote Masse der Mauer zur Vibration zu bringen. Der innerhalb dieser Mauern eingeschlossene Äther ist deshalb von der Teilnahme an den Schwingungen des äußeren Äthers abgeschlossen.

Die Folge ist die Dunkelheit innerhalb des Raumes, der trotzdem von Teilen des Lichtäthers erfüllt ist. Ein elektrischer Funke in der luftleeren Glasglocke muss notwendigerweise unserem Auge sichtbar werden, weil das Glas, das mit dem eingeschlossenen Lichtäther in Kontakt ist, die Fähigkeit besitzt, in sichtbare Schwingungen versetzt zu werden, die sich dann dem äußeren Äther und damit unserem Auge mitteilen.

Das wäre nicht der Fall, wenn wir eine Glocke aus Porzellan oder Steingut nähmen. Diese Fähigkeit, in den Zustand sichtbarer Schwingungen versetzt zu werden, nennen wir bei Glas oder ähnlichen Körpern Durchsichtigkeit. Nun zurück zu unserem Klangäther (*Âkâsha*). Jede Form der groben Materie hat bis zu einem gewissen Grade das, was man gewissermaßen akustische Transparenz nennen kann.

Ich habe nun über die Natur dieser Schwingungen einiges zu sagen. Zweierlei muss hier besonders bemerkt werden. Zunächst, dass die äußere Form dieser Vibrationen der Ohrhöhle entspricht. Sie geben der Materie, die sie treffen, die Form einer punktierten Platte. Diese Punkte sind mikroskopisch kleine Vertiefungen in der Platte.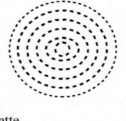

Die Vibrationen sollen ruckweise geschehen (*Sankrama*) und zwar nach allen Richtungen hin (*Sarvatogama*). Das will sagen, dass der Impuls auf demselben Wege zurückkehrt, auf dem er wirksam geworden, also auch wieder von allen Seiten.

Diese Ätherform versetzt die grobe Materie in ähnliche Schwingungen. Die Form der akustischen Schwingungen der Atmosphäre ist demnach ein treues Abbild der Ätherschwingungen. Und die Resultate der modernen Atmosphärenforschung entsprechen annähernd unserem Bilde. Ich gehe nun zum Gefühlsäther über (*Vâyu*). Diese Vibrationen sollen kugelförmig sein und spitzwinklig zur Wellenrichtung erfolgen (*Tiryak*). Nebenstehende Zeichnung veranschaulicht diese Bewegung auf der ebenen Fläche des Papiers.

Mutatis mutandis gilt hier auch das, was ich bereits über die Fortpflanzung des Âkâsha gesagt habe.

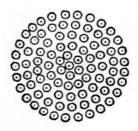

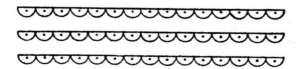

Der Geschmacksäther (*Apas Tattwa*) soll in seiner Gestalt dem Halbmond ähneln und außerdem abwärtsgerichtet sein. Seine Richtung ist also der des Lichtäthers entgegengesetzt. Diese Kraft erzeugt demnach Zusammenziehung. Das *Apas* lässt sich etwa in nebenstehender Weise veranschaulichen.

Den Prozess der Zusammenziehung werde ich näher beschreiben, wenn ich auf die Eigenschaften der Tattwas zu sprechen komme.

Der Geruchsäther (*Prithivî*) soll quadratischer Gestalt sein. Also etwa so:

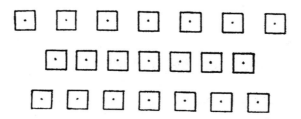

Er soll sich in der Wellenrichtung bewegen, also weder rechtwinklige noch spitzwinklig dazu, weder aufwärts, noch abwärts. Wellenrichtung und Quadrat liegen in der gleichen Ebene.

Das sind also die Formen und Bewegungsarten der fünf Äther. Von den fünf Sinnen des Menschen entspricht je einer diesen Ätherformen, und zwar:

1. *Akasha*, der Klängäther, dem Gehör.

2. *Vâyu*, der Gefühlsäther, dem Gefühl.

3. *Tejas*, der Lichtäther, den Farben.

4. *Apas*, der Geschmacksäther, dem Geschmack.

5. Prithivî, der Geruchsäther, dem Geruche.

Bei der Entwicklung beeinträchtigen diese Äther, indem sie ihre Hauptformen und Eigenschaften bewahren, einigermaßen die übrigen Tattwas. Diese Erscheinung bezeichnet man als *Panchikarana* oder Fünfteilung. Nehmen wir, wie es vielfach geschieht, H, P, R, V und L als algebraische Zeichen für die obigen 1, 2, 3, 4 und 5, so haben die Äther nach den Gesetzen des *Panchtkarana* folgende Formen:

$$(1)\ H = \frac{H}{2} + \frac{P}{8} + \frac{R}{8} + \frac{V}{8} + \frac{L}{8} \qquad \text{Ton Äther}$$

$$(2)\ P = \frac{P}{2} + \frac{H}{8} + \frac{R}{8} + \frac{V}{8} + \frac{L}{8} \qquad \text{Gefühlsäther}$$

$$(3)\ R = \frac{R}{2} + \frac{H}{8} + \frac{P}{8} + \frac{V}{8} + \frac{L}{8} \qquad \text{Lichtäther}$$

$$(4)\ V = \frac{V}{2} + \frac{R}{8} + \frac{H}{8} + \frac{P}{8} + \frac{L}{8} \qquad \text{Geschmacksäther}$$

$$(5)\ L = \frac{L}{2} + \frac{V}{8} + \frac{R}{8} + \frac{H}{8} + \frac{P}{8} \qquad \text{Geruchsäther}$$

Ein Molekül jeden Äthers besteht aus acht Atomen, und zwar aus vier der eigenen Gattung und je einem der vier übrigen Gattungen. Folgen de Tabelle zeigt die fünf Eigenschaften jedes der Tattwas nach den Gesetzen des *Panchikarana*:

	Ton	Gefühl	Geschmack	Farbe	Geruch
(1) H.	gewöhn-lich	.	.	.	
(2) P.	sehr hoch	ziemlich kühl	scharf	himmelblau	scharf
(3) R.	hoch	sehr heiß	heiß	rot	heiß
(4) V.	tief	kühl	Zusammen-ziehend	weiß	Zusammenzie-hend
(5) L.	sehr tief	Etwas warm	suß	gelb	süßlich

Es ist noch zu bemerken, dass die feinen Tattwas im Universum auf vier Ebenen existieren. Das Tattwa der höheren Ebene unterscheidet sich von dem der unteren Ebene durch eine größere Schwingungszahl. Die vier Ebenen sind folgende:

1. die physiologische	*Prâna,*
2. die mentale	*Manas,*
3. die psychische	*Vijñläna,*
4. die spirituelle	*Ananda.*

Ich will nun zunächst einige der sekundären Eigenschaften der Tattwas anführen.

1. Der Raum: Dieser ist eine Eigenschaft des *Âkâsha Tattwa.* Es ist behauptet worden, dass die Vibration dieses Äthers der Form der Ohrhöhle entspricht und dass in deren Substanz sich mikroskopisch kleine Punkte befinden (*Vindu*). Daraus folgt, dass die Zwischenräume zwischen diesen Punkten Raum für ätherische Minima bieten und ihnen Bewegung gestatten (*Avâkâsha*).

2. Die Bewegung: Diese ist eine Eigenschaft des *Vâyu Tattwa.* *Vâyu* ist selbst eine Form der Bewegung; denn die Bewegung nach allen Seiten ist eine große oder kleine Kreisbewegung. Das *Vâyu Tattwa* hat nun selbst die Form sphärischer Bewegung. Wenn zu der Eigenart, der verschiedenen Äther die stereotype Eigenart des *Vâyu* tritt, ergibt sich die Bewegung.

3. Die Ausdehnung: Diese ist eine Eigenschaft des *Tejas Tattwa.* Dies folgt ohne Weiteres aus der Art und Form der Bewegung, die man dieser ätherischen Vibration zuschreibt. A B C sei ein Klumpen Metall:

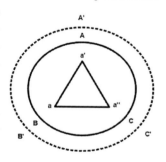

Nähern wir ihm eine Flamme, so wird der Lichtäther darin in Tätigkeit versetzt, der die groben Atome des Klumpens in analoge Schwingungen bringt. a sei ein solches Atom.

Unter der Einwirkung des *Tejas Tattwa* vibriert es nach a' und nimmt dann die symmetrische Lage a'' ein. In gleicher Weise ändert jedes Atom, des Klumpens seinen Platz. Schließlich hat dann das ganze Stück Metall die Form A' B' C' angenommen. Es hat eine Ausdehnung stattgefunden.

4. Die Zusammenziehung: Diese ist eine, Eigenschaft des *Apas Tattwa.* Wie schon oben bemerkt, wirkt dieses Tattwa entgegengesetzt, wie das *Agni* und es ist deshalb leicht verständlich, dass es die Zusammenziehung verursacht.

5. Kohäsion: Dieses ist eine Eigenschaft des *Prithivî Tattwa*. Dieses ist das Widerspiel des *Âkâsha*. *Âkâsha* schafft der Bewegung Raum, *Prithivî* leistet ihr Widerstand. Es ist das eine natürliche Wirkung der Form und Gestalt dieser, Schwingungsart. Es füllt die Zwischenräume des *Âkâsha* aus.

6.Weichheit: Diese ist eine Eigenschaft, des *Apas Tattwa*. Da sich die Atome eines in der Zusammenziehung begriffenen Körpers einander nähern und die halbmondförmige Gestalt der *Apas* annehmen, können sie leicht übereinander weggleiten. Die äußere Gestalt sichert den einzelnen Atomen ihre leichte Beweglichkeit. Das dürfte meines Erachtens genügen, die allgemeine Natur der Tattwas zu erklären. Die verschiedenen Phasen ihrer Manifestationen auf den verschiedenen Ebenen werden an anderer Stelle besprochen werden.

II.
Evolution

Es ist von Interesse, an der Hand dieser Theorie von den Tattwas die Entwicklung des Menschen und die Entstehung der Welt zu verfolgen. Die Tattwas sind, wie wir gesehen haben Modifikationen des *Swara*. Und über *Swara* finden wir Folgendes in unserem Buche:

Im *Swara* sind die Veden und die *Shâstras* enthalten, und im *Swara* ist Musik. Die ganze Welt ist im *Swara*; *Swara* ist das Leben selbst.

Die richtige Übersetzung des Wortes *Swara* ist *Lauf der Lebenswelle*. Diese Wellenbewegung ist die Ursache der Evolution der kosmischen und differenzierten Materie in das differenzierte All und dessen Involution in den Urzustand der Indifferenziertheit, und so fort immer und ewig. Woher kommt diese Bewegung? Diese Bewegung ist eben das Leben selbst. Das im Buche gebrauchte Wort *Atmâ* trägt in sich selbst die Idee der ewigen Bewegung, denn es stammt von der Wurzel at und diese heißt ewige Bewegung. Es ist bezeichnend, dass die Wurzel at zusammenhängt, eigentlich nur eine andere Form der Wurzeln ah, Atem und as, Sein darstellt.

Alle diese Wurzeln haben ihren Ursprung in dem Geräusch, das der Atem der lebenden Wesen hervorbringt. In der Wissenschaft vom Atem ist das Symbol der Einatmung *sa*, das der Ausatmung *ha*. Der Zusammenhang dieser Symbole mit den Wurzeln as und ah ist leicht erkennbar. Der technische Ausdruck für den Verlauf der Lebenswelle, von dem wir oben sprachen, ist *Hansachasa*, d. h. wechsel von *ha* und *sa*. Das Wort *Hansa* das auch verwendet wird, um Gott zu bezeichnen und das in einer großen Anzahl von Sanskritworten sich vorfindet, ist einfach eine symbolische Benennung der zwei großen ewigen Lebensprozesse — *ha* und *sa*.

Dieser uranfängliche Verlauf der Lebenswelle ist das Gleiche, was dann im Menschen die Form der Ein- und Ausatmung durch die Lungen annimmt, und ist die alldurchdringende Ursache der Evolution und Involution des Alls.

Das Buch fährt fort: *Es ist Swara, das den ersten Anhäufungen von Teilen des Alls Form verliehen hat; Swara verursacht Involution und Evolution; Swara ist Gott selbst, die höchste Kraft (Maheshwara).*

Swara ist der sichtbare Ausdruck der Einwirkung derjenigen Kraft auf die Materie, die wir im Menschen als Selbstbewusstsein bezeichnen. Diese Kraft wirkt natürlich ohne Unterlass. Sie ist immer tätig, und Evolution und Involution sind tatsächliche Notwendigkeiten ihrer unabänderlichen Existenz.

Swara hat zwei verschiedene Zustände. Auf der physischen Ebene ist der eine als Sonnenatem, der andere als Mondatem bekannt. Ich werde sie hinfort auf der gegenwärtigen Stufe der Evolution als positiv und negativ bezeichnen.

Die Periode, innerhalb der dieser Kreislauf auf den Punkt zurückkehrt, von dem er ausging, ist unter dem Namen Tag und Nacht des *Parabrahmân* bekannt.

Die Positive oder Evolutionsperiode ist der Tag des *Parabrahmân*; die Negative oder Involutionsperiode ist die Nacht des *Parabrahmân*.

Die Tage und Nächte folgen sich ohne Aufhören. Die Unterabteilungen dieser Periode umfassen alle Phasen der Existenz und es ist deshalb erforderlich, hier eine Zeitskala entsprechend den Hindu *Shâstras* zu geben.

Ich beginne mit dein *Truti*, als dem kleinsten Zeitmaße.

Die Einteilung der Zeit

$26^2/_3$ Trutis = 1 Nimesha = $^8/_{45}$ Sekunden.

18 Nimeshas = 1 Kâshta = $3^1/_5$ Sekunden = 8 Vipalas.

30 Kâshtas = 1 Kalâ = 1 $^3/_5$ Minuten = 4 Palas.

30 Kalâ = 1 Mahûrta = 48 Minuten = 2 Ghâris
30 Mahûrtas = 1 Tag und 1 Nacht = 24 Stunden = 60 Ghâris
30 Tage und Nächte und einige Stunden = 1 Pitrya Tag und Nacht = 1 Monat und einige Stunden.
12 Monate = 1 Daiva Tag und Nacht = 1 Jahr = 365 Tage 5 Stunden 30 Minuten und 31 Sekunden.

365 Daiva Tage und Nächte = 1 Daiva Jahr.
4800 Daiva Jahre = 1 Satya Yuga.
3600 Daiva Jahre = 1 Treta Yuga
2400 Daiva Jahre = 1DvaparaYuga.
1200 Daiva Jahre = 1Kali Yuga.

12000 Daiva Jahre = 1Chatur Yugas (vier Yugas)
12000 Chatur Yugas = 1Daiva Yugas
2000 Daiva Yugas = 1Tag und Nacht des Brahmâ.
365 Tage und Nächte des Brahmâ = 1Jahr des Brahmâ.
71 Daiva Yugas = 1 Manvantara.

12000 Jahre des Brahmâ = 1 Chatur Yuga des Brahmâ usw.
200 Yugas des Brahmâ = 1 Tag und Nacht des Parabrahmân.

Diese Tage und Nächte folgen sich ewig und von ihnen kommt der ewige Wechsel von Evolution und Involution.

Wir haben also fünferlei Tage und Nächte:

1. Die *Parabrahmischen*

2. Die *Brahmischen*

3. Die des *Daiva*

4. Die des *Pitrya*

5. Die des *Manusha*

Dazu kommen noch als sechste Gattung die manvatarischen Tage und Nächte (*Pralaya*).

Die Tage und Nächte des *Parabrahmân* folgen einander ohne Anfang und ohne Ende. Die Nacht (die negative Periode) und der Tag (die positive Periode) tauchen beide unter in *Sushumná* (die Übergangsperiode) und gehen unmerklich ineinander über. Und ebenso ist es bei den anderen Tagen und Nächten.

Alle Tage in dieser ganzen Einteilung sind dem Positiven, dem warmen Teil des Kreislaufes, die Nächte dem Negativen, dem kalten Teil des Kreislaufes geweiht. Die Eindrücke von Namen und Formen sowie die Fähigkeit, Eindrücke hervorzubringen, liegen in der positiven Phase der Existenz. Die Aufnahmefähigkeit für Eindrücke verleiht die negative Phase.

In der negativen Phase des *Parabrahmân* hat sich das *Prakriti*, das dem *Parabrahmân* wie ein Schatten folgt, mit evolutionärer Aufnahmefähigkeit gesättigt; sowie dann der warme Teil des Kreislaufes einsetzt, erleidet es Veränderungen und erscheint in veränderten Formen.

Der erste Eindruck, den der positive Teil des Kreislaufes auf das *Prakriti* ausübt, ist als *Âkâsha* bekannt. Dann treten nach und nach die übrigen Ätherformen in die Erscheinung. Diese Modifikationen des *Prakriti* sind die Ätherformen der ersten Stufe.

In diesen fünf Ätherformen, die nun die objektive Ebene bilden, wirkt der große Atem fort. Eine weitere Entwicklung greift Platz. Verschiedene Zentren bilden sich. Das *Âkâsha* bringt sie in eine Form, die ihnen zugleich die Bewegungsfähigkeit gibt. Mit dem Eintritt des *Vâyu Tattwa* erhalten diese elementaren Äther die Gestalt von Kugeln.

Dies war der Beginn der Gestaltung oder dessen, was man den Prozess der Verdichtung nennt. Diese Kugeln sind unsere *Brahmândas*. In ihnen entwickeln sich die Äther sekundär weiter. Es tritt die sogenannte Fünfteilung ein. In diese brahmische Sphäre, in der die neuen Äther Gelegenheit zur Bewegung finden, dringen nun zuerst das *Tejas Tattwa* und sodann das *Apas Tattwa* und entwickeln ihre Tätigkeit.

Jede tattwische Eigenschaft wird durch diese Art des Kreislaufes in diesen Sphären erzeugt und wohnt ihnen dann inne. Mit dem Eintritt des *Apas* ist die Bildung vollendet. Es hat sich im Lauf der Zeit ein Zentrum und eine Atmosphäre gebildet. Und die Sphäre ist das selbstbewusste Universum.

In dieser Sphäre tritt, jenem Vorgang entsprechend, ein dritter ätherischer Zustand in die Erscheinung. In dem kühleren, vom Zentrum entfernteren Teile der Atmosphäre bilden sich wieder Zentren anderer Art.

Dadurch trennt sich der brahmische Zustand der Materie wieder in zwei verschiedene Zustände. Und dann tritt wieder ein neuer Zustand ein, dessen Zentren Sonnen oder Devas genannt werden.

Wir haben also viererlei Zustände der feinen Materie im Universum:

l. *Prâna*, die Lebensmaterie, mit der Sonne als Zentrum.

2. *Manas* die mentale Materie, mit dem *Manu* als Zentrum.

3. *Vijñâna*, die psychische Materie, mit *Brahmâ* als Zentrum.

4. *Ânanda*, die spirituelle Materie mit *Parabrahmân* als ewiges Substrat.

Jeder höhere Zustand ist positiv im Vergleich mit dem niedrigeren und jeder Niedrigere entsteht durch eine Verbindung der positiven und der negativen Phase des Höheren.

1. Prâna enthält drei Arten von Tagen und Nächten in sich, entsprechend der obigen Zeiteinteilung.

  a. unsere gewöhnlichen Tage und Nächte;

  b. die helle und die dunkle Hälfte des Mondkreislaufes, die Tage und Nächte des *Pitrya*;

  c. die nördliche und die südliche Hälfte des Jahres, die Tage und Nächte des *Devas*.

Indem diese drei Arten von Nächten auf die irdische Materie einwirken, verleihen sie ihr die Aufnahmefähigkeit der kühlen negativen, dunklen Phase der Lebensmaterie. Da die betreffenden Tage erst später kommen, prägen die Nächte der Lebensmaterie ihren Stempel auf. Die Erde selbst wird durch sie zu einem Lebewesen mit einem Nordpol, in dem eine Zentralkraft die Magnetnadel an sich zieht, und einem Südpol, in dem eine Kraft wirkt, die man als Abglanz des nördlichen Polarzentrums bezeichnen könnte. In ähnlicher Weise konzentriert sich die Sonnenkraft auf die östliche Hälfte und die Mondkraft — ein Abglanz der Ersteren auf die westliche Hälfte.

Diese Zentren entwickeln sich tatsächlich schon, ehe die Erde in der groben Materie auftaucht. In derselben Weise bilden sich die Zentren der anderen Planeten. Sobald die Sonne in den Bereich des Manu kommt, zerlegt sich die Materie, in der die Sonne sich bewegt und lebt, in zwei Zustände, den Positiven und den Negativen. Wenn das solare *Prâna* einige Zeit dem negativen, dunklen Zustande ausgesetzt war und sich auf seinem Kreislauf der Quelle der positiven Phase dem *Manu* nähert, prägt sich ihm das Gesicht des *Manu* auf. Dieses Manu ist aber die Weltseele und alle Planeten mit ihren Bewohnern, sind Phasen ihrer Existenz. Doch hiervon später. Für jetzt genügt es, wenn wir uns gegenwärtig halten, dass das Leben der Erde oder das terrestrische *Prâna* vier Kraftzentren aufweist.

Wenn die Erde aus der kühlen negativen Zone ihres Kreislaufes in die positive Phase tritt, so entwickelt sich auf ihr dass, irdische Leben in all seinen Formen. Meine Aufsätze über das *Prâna* werden das noch deutlicher zur Anschauung bringen.

2. Manas steht im Zeichen des *Manu.* Die Sonne kreist rund um diese Zentren mit ihrer ganzen prânischen Atmosphäre. Aus diesem System entstehen die Lokas oder Lebehsphären, von denen die Planeten eine Klasse bilden.

Vyâsa zählt die Lokas in seinem Kommentar des *Yogashâstra* (Pâda 111 in Sutra 26) auf.

Der Satz läutet:

Durch das Nachdenken über die Sonne wird man wissend über die physische Schöpfung.

Und dies führt der verehrte Kommentator folgendermaßen aus:

Es gibt sieben Lokas (Sphären der Existenz).

1. *Bhûrlokâ* dehnt sich aus bis zu Meru.

2. *Antarikshaloka* dehnt sich aus vom Rücken des *Meru* bis zu *Dhruva*, dem Polarstern, und enthält die Planeten, die *Nakshatras* und die Sterne.

3. Darüber liegt *Svarloka*, das fünffach und *Mahendra* geweiht ist.

4. *Maharloka, Prajâpati* geweiht.

5. *Janaloka, Brahmâ* geweiht.

6. *Taparloka, Brahmâ,* geweiht.

7. *Satyaloka, Brahmâ* geweiht.

Es ist nicht meine Absicht, jetzt schon die Bedeutung dieser Lokas darzulegen. Es mag für den Augenblick genügen, darauf hinzuweisen, dass die Planeten, die Sterne, die Mondhäuser alle Äußerungen des Manu sind, gerade wie alle Organismen der Erde der Sonne ihr Dasein verdanken.

Das solare *Pranâ* wird durch die manvantarische Macht auf diese Einflüsse vorbereitet.

In ähnlicher Weise hängt das *Vijñâna* mit den Tagen und Nächten des *Brahmâ*, das *Anânda* mit denen des *Parabrahman* zusammen.

Es ergibt sich aus dem Gesagten, dass der ganze Schöpfungsvorgang auf jeder Ebene des Lebens durch die fünf *Tattwas* in ihren zweifachen Modifikationen, der negativen und der positiven, bewirkt wird. Nichts ist im Universum, das nicht in den universellen tattwischen Gesetzen inbegriffen wäre.

Nach dieser sehr kurzen Exposition über die Theorie der tattwischen Entwicklung folgt eine Reihe von Aufsätzen, die von den feinen Zuständen der Materie handeln, mehr im Detail auf die Wirkung der tattwischen Gesetze auf jenen Ebenen eingehen und von den Einflüssen dieser Ebenen auf das menschliche Leben.

III.

Die gegenseitigen Beziehungen zwischen den Tattwas und den Prinzipien

Âkâsha ist das wichtigste der *Tattwas*. Es muss als etwas Selbstverständliches jedem Wechsel des Zustandes auf jeder Ebene des Lebens vorhergehen und folgen. Ohne *Âkâsha* können Formen weder entstehen noch vergehen. Aus *Âkâsha* entsteht jegliche Form und jegliche Form lebt in *Âkâsha*. Das *Âkâsha* ist voll von Formen in allen Stadien der Möglichkeit. Es tritt immer zwischen zwei der fünf *Tattwas* und immer zwischen zwei der fünf Prinzipien.

Die Entstehung der Tattwas ist immer ein Teil der Entstehung einer gewissen aus der *Ishvara* abgeschlossenen Form. Die ersten *Tattwas* manifestieren sich in der Weise, dass sie das Bestreben haben, das zu bilden, was wir einen Körper nennen, eine prâkritische Form. Im Innern des unermesslichen *Parabrahman* existieren unendlich viele solcher Zentren. Eines dieser Zentren beeinflusst einen gewissen Teil des Unendlichen und damit tritt sofort das *Âkâsha Tattwa* in Funktion. Die Ausdehnung des *Âkâsha* ist identisch mit der Ausdehnung des Universums und außer seinem Wirkungskreise kommt das *Ishvara*. Zu diesem Zwecke kommt aus diesem *Âkâsha* das *Vâyu Tattwa*. Es durchdringt das ganze All und besitzt ein gewisses Kraftzentrum, dass das Universum als ein Ganzes zusammenhält und es dadurch von anderen Welten trennt (*Brahmândas*).

Es ist schon erwähnt worden und wird auch weiterhin noch ausführlicher erklärt werden, dass jedes *Tattwa* eine positive und eine negative Phase besitzt. Nach Analogie des Sonnensystems ist es offenbar, dass ein vom Zentrum entfernteres Atom sich zu dem näherliegenden negativ verhält. Wir könnten auch sagen, es sei kälter, da, wie wir später sehen werden, die Hitze nicht eine der Sonne allein innewohnende Eigenschaft ist, denn all die höheren Zentren besitzen einen bedeutenderen Wärmegrad als die Sonne selbst.

In dieser brahmischen Sphäre des *Vâyu*, außer in einem kleinen Raum zunächst dem parabrahmischen *Âkâsha*, wirkt auf jedes Atom des *Vâyu* ein von einer entgegengesetzten Kraft Erfülltes. Die entfernteren und daher kälteren Atome wirken auf die näheren und daher wärmeren ein. Die im Gleichen und die im entgegengesetzten Sinne vor sich gehenden Vibrationen halten sich die wage, und beide zusammengehen in den âkâshischen Zustand über. Während nun ein Teil dieses Raumes von dem aus dem parabrahmischen *Âkâsha* unausgesetzt ausströmenden brahmischen *Vâyu* gesättigt ist, geht der übrige Teil mit äußerster Geschwindigkeit in den Zustand des *Âkâsha* über.

Dieses *Âkâsha* erzeugt das brahmische *Agni Tattwa*. Das *Agni Tattwa* erzeugt in gleicher Weise mithilfe eines anderen Âkâsha das Apas Tattwa und dieses in gleicher Weise das *Prithivî*. Es ergibt sich daraus, dass das brahmische *Prithivî* die Eigenschaften aller übrigen *Tattwas* neben seiner eigenen enthält.

Der Urzustand des Universums, der Ozean der psychischen Materie, ist nun als Ganzes zum Sein erstanden. Diese Materie ist ohne Zweifel fein, sehr fein, und sie ist nur grob im Vergleich mit der Materie der fünften Ebene. In diesem Ozean leuchtet der Geist des *Ishvara*, und dieser Ozean mit allen seinen Manifestationsmöglichkeiten ist das selbstbewusste Universum.

Auch in diesem psychischen Ozean sind die ferner liegenden Atome negativ im Verhältnis zu den näher liegenden. Auch hier geht mit Ausnahme eines gewissen Teiles, der durch den konstanten Zufluss des psychischen *Prithivî* mit diesem Element gesättigt ist, der ganze Raum in einen âkâshischen Zustand über. Diese zweite *Âkâsha* ist erfüllt von den sogenannten Manus in ihrem potenziellen Stadium. Die *Manus* sind eben so viele Gruppen von gewissen mentalen Formen, die Ideen der verschiedenen Gattungen und Arten, die später entstehen sollen. Mit einer von diesen wollen wir uns näher beschäftigen.

Im evolutionären Kreislauf des großen Atems entwickelt sich *Manu* aus diesem *Âkâsha* in derselben Weise, wie *Brahmâ* aus dem *parabrahmischen Âkâsha*. Das Erste und überwiegende in der mentalen Sphäre ist das *Vâyu*; ihm folgen in regelmäßiger Reihe das *Tejas*, das *Apas* und das *Prithivî*. Die mentale Materie folgt wieder den gleichen Gesetzen und geht in gleicher Weise in den âkâshischen Zustand über, der in diesem Falle von unendlich vielen Sonnen erfüllt ist. Sie entstehen in derselben Weise und wirken nach dem gleichen Prinzip, das aber jetzt schon leichter zu begreifen ist als vorher.

Denn jedermann kann schon aus eigener Erfahrung bestätigen, dass die von der Sonne weiter abliegenden Teile des Systems kälter sein müssen als die ihr näher liegenden. Jedes einzelne Atom des *Prâna* ist kühler als das ihm zunächst der Sonne näher liegende Atom. Auch hier halten sich die in einem und im anderen Sinne vor sich gehenden Vibrationen das Gleichgewicht.

Mit Ausnahme eines kleinen Teiles in der Nähe der Sonne, der unausgesetzt von dieser mit den *Tattwas des Prâna* gespeist wird, geht das *Prâna* in den âkâshischen Zustand über.

Es muss hier erwähnt werden, dass das ganze *Prâna* aus unzähligen winzigen Punkten besteht. Diese Punkte werde ich in Zukunft mit *Trutis* bezeichnen und möchte nicht unterlassen zu sagen, dass diese *Trutis* es sind, die auf der irdischen Ebene als Atome (Anu oder Paramânu) auftreten. Wir wollen sie Sonnenatome nennen. Diese Sonnenatome sind verschieden geartet, je nachdem eines oder das andere der *Tattwas* in ihm vorwiegt.

Jeder Punkt des *Prâna* ist ein getreues Abbild des Ganzen. In jedem Punkt ist auch jeder andere Punkt dargestellt. Jedes Atom hat deshalb als Komponenten alle vier *Tattwas* in verschiedenen Verhältnissen je nach seiner Stellung zu den anderen Atomen. Die verschiedenen Arten dieser Sonnenatome werden auf der irdischen Ebene durch die verschiedenen chemischen Elemente repräsentiert.

Das Spektrum jedes irdischen Elements weist die Farbe oder die Farben des charakteristischen *Tattwas* eines Sonnenatoms der gleichen Substanz auf. Je größer die Hitze ist, der eine Substanz unterworfen ist, desto mehr nähert sich ihr Zustand dem Solaren. Hitze zerstört also das irdische Kleid der Sonnenatome.

So zeigt das Natriumspektrum die Anwesenheit des gelben *Prithivî*, das des Lithiums das rote *Agni* und das gelbe *Prithivî*, das des Caesiums das rote *Agni* mit einer grünen Nebenfarbe aus dem gelben *Prithivî* und dem blauen *Vâyu*. Rubidium weist Rot, Orange, Gelb, Grün und Blau auf, d. h. *Agni, Prithivî* und *Agni, Prithivî, Prithivî* und *Vâyu* und schließlich *Vâyu*.

All diese Arten von solaren Atomen, die das solare *Prâna* in seiner ganzen Ausdehnung bilden, gehen in den âkâshischen Zustand über.

Während die Sonne sich einen konstanten Vorrat an Atomen zurückbehält, wandern die, die in den âkâshischen Zustand übergehen, in das planetare *Vâyu* hinüber.

Bestimmte Teile des solaren *Âkâsha* trennen sich naturgemäß von anderen, entsprechend den verschiedenen Schöpfungsideen, die werden sollen. Diese Teile des *Âkâsha* nennt man *Lokas*. Die Erde selbst ist solch ein Loka und heißt *Bhurloka*. Zur ferneren Illustration der Gesetze werde ich die Erde heranziehen.

Der Teil also des solaren *Âkâsha*, aus dem unmittelbar die Erde entsteht, gebärt zunächst das terrestrische *Vâyu*. Jedes, einzelne Element ist nun in dem Zustand des *Vâyu Tattwa*, das wir gasförmig nennen wollen.

Das *Vâyu Tattwa* ist kugelförmig und auch der noch gasförmige Planet zeigt diese Gestalt. Das Zentrum, der Gaskugel übt auf das umhüllende Gas Anziehung aus. Sobald diese Gaskugel zu existieren beginnt, ist sie auch schon, außer anderen von außen wirkenden folgenden zwei Einflüssen unterworfen:

1. dem Einfluss der Sonnenhitze,

2. dem Einfluss, den die Atome innerhalb je nach ihrer Lage aufeinander ausüben.

Die Sonnenhitze wirkt auf zweierlei Weise auf die Gaskugel. Sie verleiht der, der Sonne näherliegenden Hemisphäre größere Wärme als der entgegengesetzten.

Die Oberflächenluft der sonnennahen Hemisphäre steigt, nachdem sie einen gewissen Grad solarer Energie angesammelt hat, der Sonne entgegen. Die kühlere Luft strömt nach und nimmt ihren Platz ein.

Aber wohin geht dann diese Oberflächenluft? Über die Grenzen der irdischen Sphäre kann sie nicht hinaus, die vom solaren *Âkâsha* umhüllt ist und durch, dass das solare *Prâna* immer wieder ergänzt wird. Die Luft beginnt deshalb einen Kreislauf und so erklärt sich die Rotationsbewegung der Kugel. Das ist also der Anfang der Achsendrehung der Erde.

Indem nun die solare Energie die Gaskugel durchdringt, erreicht sie das Zentrum und verleiht schließlich dem Ganzen den Auftrieb gegen die Sonne. Jedoch kann die Gaskugel diesem Drange nicht folgen, da bei einer weiteren Annäherung an die Sonne das Gleichgewicht der Kräfte gestört wird, das der Erde ihre Eigenart gibt. Ein *Loka*, das der Sonne näher steht als unser Planet, kann unmöglich dieselben Lebensbedingungen aufweisen wie dieser.

Während nun die Sonne die Erde an sich heranzuziehen bestrebt ist, halten die Gesetze, nach denen diese, Jahr um Jahr dahinrollen muss, sie in dem Kreise, den sie ihr vorgezeichnet. So treten sich zwei Kräfte gegenüber. Getrieben von der einen, möchte sich die Erde der Sonne nähern; gehalten von der anderen, muss sie in der ihr vorgeschriebenen Entfernung bleiben. Diese Kräfte sind die Zentrifugal- und die Zentripetalkraft, und aus ihrem Zusammenwirken entsteht die jährliche Umdrehung der Erde um die Sonne.

Ferner endet die innere gegenseitige Einwirkung der Atome mit einer Verwandlung der ganzen Gaskugel, mit Ausnahme des oberen Teiles, in den âkâshischen Zustand. Aus diesem âkâshischen Zustand entsteht dann der feurige (zum *Agni Tattwa* gehörige), Zustand der irdischen Materie. Dieser geht dann in gleicher Weise in den des *Apas*, dies in den des *Prithivî* über.

Derselbe Prozess wiederholt sich in dem uns wohlbekannten Wechsel der Aggregatzustände. Ein praktisches Beispiel wird den Vorgang am besten illustrieren.

Nehme Eis. Dieses ist fest oder, wie es die Lehre vom Atem nennt, im Stadium des *Prithivî*. Eine der Eigenschaften des *Prithivî* ist, wie sich der Leser entsinnen wird, die Kohäsivkraft. Wir wollen nun dem, Eis eine Wärmequelle nahe bringen. Wärme, die ins Eis übergeht, gibt das Thermometer an. Wenn die Temperatur auf 78 Grad (*25,5 °C*) gestiegen ist, ändert sich der Zustand des Eises. Aber das Thermometer bleibt nun nicht mehr auf der bisherigen Höhe; die 78 Grad (*25,5 °C*) sind also latent geworden.

Wir wollen nun ein Pfund kochendes Wasser einer Temperatur von 536 (*226,6 °C*) Grad aussetzen. Es ist allgemein bekannt, dass diese große Wärmemenge aufgezehrt wird, um das Wasser in den gasförmigen Aggregatzustand überzuführen.

Betrachten wir nunmehr den umgekehrten Prozess. Wir kühlen Wasser im gasförmigen Zustand ab. Wenn die Kälte genügend groß ist, um die Wärme, die das Wasser im gasförmigen Zustand erhält, aufzuheben, geht der Dampf in den âkâshischen Zustand über und aus diesem in den des *Tejas*. Es ist hierbei nicht erforderlich, dass sich der ganze Dampf auf einmal verwandelt.

Der Übergang geschieht allmähliche. So wie die Kälte nach und nach den Dampf durchdringt, tritt auch das *Tejas* nach und nach ein und durch seine Vermittelung das *Âkâsha*, in dem sich jenes während der Dauer der Latenz befand. Dies zeigt das Thermometer an. Wenn dann das Ganze in den feurigen Zustand übergegangen ist und das Thermometer 536 Grad (*226,5 °C*) anzeigt, tritt das zweite *Âkâsha* in die Erscheinung. Aus diesem *Âkâsha* heraus kommt dann das flüssige Stadium zustande, und zwar bei gleicher Temperatur, da die ganze Wärme in den âkâshischen Zustand gebunden bleibt und deshalb vom Thermometer nicht angezeigt wird.

Kühlt man nun die Flüssigkeit weiter ab, so tritt wiederum Wärme zutage, und wenn sie 78 Grad (*25,5 °C*) erreicht hat, hat sich auch der feurige Zustand eingestellt, nachdem die ganze Wärme in das *Âkâsha* übergegangen ist. Und immer mehr Wärme geht in den âkâshischen Zustand über, das Thermometer beginnt zu fallen, und aus diesem *Âkâsha* heraus bildet sich dann das *Prithivîstadium* des Wassers — Eis.

Wir sehen also, dass Wärme, die durch den Einfluss der Kälte abgegeben wird, in einen âkâshischen Zustand übergeht, der das Substrat einer höheren Phase, und umgekehrt, dass die Wärme, die absorbiert wird, in ein anderes *Âkâshisches Stadium* übergeht, welche das Substrat einer niedrigeren Phase bildet.

In der gleichen Weise ändert sich auch die irdische gasförmige Sphäre zu ihrem jetzigen Zustand. Das eben beschriebene Experiment gibt uns wertvolle Fingerzeige über das Verhältnis der verschiedenen *Tattwas* zueinander.

In erster Linie bestätigt es die außerordentlich wichtige Behauptung der Atemlehre, dass jeder folgende tattwische Zustand die Eigenschaften aller vorhergehenden in sich enthält. Wir sehen, dass die Kälte auf den gasförmigen Zustand des Wassers einwirkt und dass die latente Wärme des Dampfes ausgeglichen wird und in den âkâshischen Zustand übergeht. Das muss aber der Fall sein, nachdem gleiche und entgegengesetzte Schwingungen derselben Kraft sich immer die Waage, halten, woraus *Âkâsha* resultiert. Daraus entsteht weiterhin *Tejas*. Dies ist jenes Stadium, in dem die latente Wärme des Dampfes frei wird. Ich möchte gleich bemerken, dass dieses Stadium nicht von Dauer ist.

Die *Tejasform* des Wassers, wie jeder anderen Substanz, kann nicht längere Zeit bestehen, da der größere Teil der irdischen Materie in den niedrigeren und deshalb negativen Zuständen des Apas und des *Prithivî* sich befindet. Und wenn einmal aus irgendeinem Grunde eine Substanz die Form der Tejas annimmt, beginnen sofort die sie umgebenden Objekte mit Gewalt darauf hinzuwirken, dass sie in den nächsten âkâshischen Zustand übergeht.

Alle Dinge, die gegenwärtig im Zustande des *Apas* oder des *Prithivî* existieren, finden es gänzlich den Gesetzen ihrer Existenz widersprechend, im Zustand des *Tejas* (feurig) zu verharren, wenn sie nicht durch äußere Einflüsse dazu gezwungen werden.

So hat ein Atom gasförmigen Wassers, ehe es in den flüssigen Zustand übergeht, die drei Stadien, das âkâshischen, das gasförmige und das des *Tejas*, bereits durchgemacht.

Es muss deshalb die Eigenschaften der drei *Tattwas* besitzen, worüber wohl kein Zweifel besteht. Nur das Bestreben nach Kohäsion ist vorhanden und diese ist eben eine Eigenschaft des *Prithivî*.

Was aber sehen wir, wenn dieses Atom flüssigen Wassers zu Eis wird? Alle vorhergegangenen Stadien müssen sich wiederholen. Die Kälte wird der latenten Wärme des flüssigen Zustandes die Waage halten und es wird *Âkâsha* eintreten. Aus diesem *Âkâsha* wird sich der gasförmige Zustand entwickeln.

Dieser gasförmige Zustand (*Vâyava*) zeigt sich in den Kreis- und anderen Bewegungen des flüssigen bei Einwirkung von Kälte. Die Bewegung ist allerdings nicht von Dauer, und wenn sie aufhört, (indem der âkâshische Zustand eintritt) entwickelt sich der Zustand des *Tejas*. Auch dieser währt nicht lange und es bildet sich auf dem Wege über *Akasha* das Eis.

Wir wissen, dass alle vier Stadien der irdischen Materie in unserer Sphäre vorkommen. Dass Gasförmige repräsentiert unsere Atmosphäre; dass feurige (*Tejas*) ist die normale Temperatur des Erdenlebens; dass flüssige (*Apas*) ist der Ozean; das feste (*Pârthiva*) ist die Terra Firma. Keines dieser Stadien besteht aber vollständig isoliert von den anderen.

Eines greift in das Gebiet des anderen über, und deshalb ist es schwer einen Raum zu finden, der vollkommen nur von einem von ihnen erfüllt ist. Zwei einander benachbarte *Tattwas* finden sich öfter in größerer Menge vereinigt als einander ferner liegende. So findet sich *Prithivî* in größerer Ausdehnung mit Wasser verbunden als mit *Agni* oder *Vâyu*, *Apas* mehr mit *Agni* als mit *Vâyu* und *Vâyu* öfter mit *Agni* als mit den anderen. Aus dem Gesagten erhellt, dass, entsprechend der Lehre von den *Tattwas*, die Flammen und andere leuchtende Körper auf Erden nicht im irdischen *Tejas* (feurigen) Stadium sich befinden. Ihr Zustand nähert sich vielmehr dem Solaren.

IV.

Prana (I)

Die Zentren des Prâna. Die Nâdis. Die tattwischen Lebenszentren. Der gewöhnliche Wechsel des Atems

Prâna ist, wie schon gesagt, der Zustand der tattwischen Materie, die, die Sonne umgibt und in der sich die Erde und die anderen Planeten bewegen. Es ist der nächsthöhere Zustand nach dem terrestrischen. Die irdische Sphäre ist von dem Sonnenprâna durch ein *Âkâsha* getrennt. Dieses *Âkâsha* ist der direkte Ursprung des irdischen *Vâyu*, dessen charakteristische Farbe Blau ist. Dies ist der Grund, warum der Himmel uns blau erscheint.

Obgleich an diesem Punkte des Himmels das *Prâna* in das *Âkâsha* übergeht, dass das irdische *Vâyu* erzeugt, werden doch die Strahlen der Sonne, die von außen auf die Sphäre fallen, an ihrer Reise in deren Inneres nicht verhindert.

Sie werden zurückgeworfen, dringen aber trotzdem auch in das Innere der irdischen Sphäre ein. Durch diese Strahlen übt der Ozean des *Prâna*, der unsere Sphäre umschließt, einen organisierenden Einfluss auf diese aus.

Das irdische *Prâna,* das Leben der Erde, das sich in der mannigfachen Form der lebenden Organismen der Erde manifestiert, ist, als Ganzes genommen, nichts anderes als eine Modifikation des solaren *Prâna*.

Da die Erde sich sowohl um ihre eigene Achse als auch um die Sonne dreht, zeigen sich zweierlei Zentren im irdischen *Prâna*. Während der täglichen Umdrehung sendet jeder Punkt, der von der Sonne direkt bestrahlt wird, einen positiven Lebensstrom von Osten nach Westen gerichtet aus. Während der Nacht findet das Umgekehrte statt.

Beim jährlichen Kreislauf geht der positive Strom von Norden nach Süden, und zwar während der sechs Sommermonate, dem Tage der *Devas* und der Negative während der übrigen sechs Monate, der Nacht der *Devas*.

Der Norden und der Osten gehören deshalb den positiven Strömen; die anderen Himmelsgegenden den Negativen. Die Sonne ist die Beherrscherin des Positiven, der Mond der Beherrscher des negativen Stromes, weil das negative *Prâna* während der Nacht durch den Mond der Erde vermittelt wird.

Das irdische *Prâna* ist demnach ein ätherisches Wesen mit zwei Wirkungszentren. Das Erste ist das Nördliche, das Zweite das südliche. Die zwei Hälften dieser Zentren sind das östliche und das westliche Zentrum. Während der sechs Sommermonate rinnt der Lebensstrom von Norden nach Süden, während der Wintermonate rinnt der negative Strom im entgegengesetzten Sinne. Mit jedem Monat, mit jedem Tage, mit jedem *Nimesha* nimmt der Strom ab und geht, da die tägliche Umdrehung bestehen bleibt, schließlich eine östliche oder westliche Richtung an.

Der nördliche Strom rinnt während eines Erdentages von Osten nach Westen, während der Nacht von Westen nach Osten. Die Richtungen des anderen Stromes sind diesen entgegengesetzt. So gibt es in der Praxis tatsächlich nur zwei Ströme, den östlichen und den westlichen.

Der Unterschied zwischen der nördlichen und der südlichen Strömung macht sich im Erdenleben praktisch gar nicht fühlbar. Diese zwei Ströme erzeugen im irdischen *Prâna* zwei verschiedene Modifikationen des *Äthers*. Die Strahlen jeder der beiden ätherischen Modifikationen gehen, von verschiedenen Zentren auslaufend ineinander über, indem eine der anderen Leben, Kraft, Gestalt und andere Eigenschaften verleiht. Den vom nördlichen Zentrum ausgehenden Strahlen entlang laufen die Ströme des positiven *Prâna*; entlang denen des südlichen Zentrums die Ströme des negativen *Prâna*. Die östlichen und westlichen Kanäle dieser Ströme werden *Pingalâ* bzw. *Idâ* genannt und sind zwei der bekannten *Nâdis* der Tantristen. Die anderen Beziehungen des *Prâna* werden wir am besten erläutern, wenn wir es mit dem menschlichen Körper in Verbindung gebracht haben.

Der Einfluss dieses irdischen *Prâna* entwickelt zwei Wirkungszentren in der groben Materie, die bestimmt ist, den menschlichen Körper zu bilden. Ein Teil der Materie lagert sich um das nördliche, der andere Teil um das südliche Zentrum. Das nördliche bildet das Hirn, das südliche das Herz. Die allgemeine Gestalt des irdischen *Prâna* ist die einer Ellipse, deren nördlichen Brennpunkt das Gehirn, deren südlichen das Herz einnimmt. Die Linie, längs der sich die positive Materie sammelt, verbindet diese beiden Brennpunkte.

In der Mittellinie vereinigen sich die östliche und die westliche, die linke und die rechte Hälfte der Säule. Die Säule ist das Rückenmark. Die Mittellinie heißt auch Sushumnâ, von der rechts beziehungsweise links *Pingalâ* und *Idâ* liegen. Die pranischen Strahlen, die nach beiden Seiten von diesen *Nâdis* ausgehen, sind nur deren Verzweigungen und bilden mit ihnen das Nervensystem.

Das negative Prâna sammelt sich um das südliche Zentrum, und dieses bildet sich zu einer ähnlichen Form wie das Erstere. Hier bilden die rechte und die linke Seite die beiden Herzhälften. Jeder Teil hat wieder zwei Hauptzweige, die sich ihrerseits immer mehr verästeln. Auf jeder Seite öffnet sich eine Vene und eine Arterie, und diese zerlegen das Herz in vier Kammern, die vier Blütenblätter des Lotus des Herzens.

Die rechte Seite des Herzens mit all den dazu gehörenden Verzweigungen nennt man *Pingalâ*, die linke *Idâ*, die Mitte *Sushumnâ*.

Die drei Bezeichnungen verwendet man speziell für das Nervensystem, während man das Herz am besten mit dem Namen Lotus belegt. *Prâna* wirkt vorwärts und rückwärts, einwärts und auswärts. Die Ursache liegt in dem ewigen Wechsel des Wesens des *Prâna*. So wie das Jahr weiterschreitet, greift jeden Augenblick eine Änderung des Zustandes im irdischen *Prâna* Platz, und zwar vermöge der wechselnden Stärke der solaren und lunaren Strömungen.

So ist eigentlich streng genommen jeder Augenblick eine neue Erscheinung des *Prâna*. So wie Buddha es meint, wenn er sagt: *Alles Leben ist nur ein Augenblick.* Der Augenblick, der als Erster den Keim in die Materie wirft, aus dem sich die zwei Zentren bilden sollen, ist die erste Ursache des organischen Lebens. Wenn die nachfolgenden Momente in ihren tattwischen Wirkungen der ersten Ursache günstig gegenüberstehen, gewinnt der Organismus Kraft und wächst; ist dies nicht der Fall, so bleibt der Versuch fruchtlos. Einer dieser Augenblicke weckt allgemeines Leben, der andere tötet alles, was ins Leben treten will.

Daraus entsteht ein System vor- und rückschreitender Bewegung. Ein Moment des *Prâna* wirkt bis zu den äußersten Enden der Leitungen, seien es nun Gefäße oder Nerven; der andere verleiht den entgegengesetzten Impuls. In wenigen Augenblicken spielt sich die Vorwärts- und Rückwärtsbewegung ab und die Länge dieser Perioden differiert bei den verschiedenen Organismen. Wenn das *Prâna* seine Vorwärtsbewegung einleitet, atmet die Lunge ein; tritt es in die Rückwärtsbewegung, so setzt der Prozess der Ausatmung ein.

Prâna bewegt sich im *Pingalâ*, wenn es aus dem nördlichen Zentrum nach Osten schreitet, und vom südlichen Zentrum nach Westen. Es bewegt sich im *Idâ*, wenn es vom nördlichen Zentrum nach Westen, vom südlichen Zentrum nach Osten schreitet. Das heißt also im ersten Falle, dass das *Prâna* aus dem Gehirn, nach der rechten Seite, durch das Herz nach der linken Seite und von da zum Gehirn zurückströmt; oder dass vom Herzen der Strom nach der linken, durch das Gehirn nach der rechten Seite, und von da zum Herzen zurückgeht. Im zweiten Falle ist es umgekehrt.

Um sich anders auszudrücken, im ersten Falle geht *Prâna* aus dem Nervensystem durch die Rechte, das Blutgefäßsystem passierend und über die Linke zum Nervensystem zurück, oder aus dem Gefäßsystem über die Linke, durch das Nervensystem und die Rechte passierend, zum Blutgefäßsystem zurück. Die zwei Ströme wirken im gleichen Sinne. Im letzteren Falle ist es umgekehrt.

Der linke Teil des Körpers, der Nerven und Blutgefäße enthält, möge *Idâ*, der rechte *Pingalâ* genannt werden. Die linken und die rechten Bronchien bilden ebenso gut wie andere Körperteile auf *Idâ* und *Pingalâ* bezügliche Partien. Aber was ist *Sushumnâ*? Ein anderer Name für *Sushumnâ* ist *Sandhi*, die Stelle, wo sich *Idâ* und *Pingalâ* vereinigen. Von ihm aus kann das *Prâna* den Weg nach rechts oder den nach links einschlagen oder, unter gewissen Bedingungen, auch nach beiden Seiten. Es ist die Stelle, die *Prâna* passieren muss, wenn es von der rechten zur linken oder von der linken zur rechten Seite wechselt. Es kann also sowohl der Spinal- als auch der Herzkanal mit dieser Bezeichnung belegt werden.

Der Spinalkanal erstreckt sich von *Brahmârandra*, dem nördlichen Zentrum des *Prâna*, durch die ganze Wirbelsäule (*Brahmâdan-*

da). Der Herzkanal erstreckt sich vom südlichen Zentrum mitten durch die Herzmasse. Wenn das *Prâna* aus dem linken Spinalkanal nach der rechten Seite durch das Herz geht, arbeitet die rechte Lunge; der Atem dringt durch das rechte Nasenloch ein und verlässt den Körper auf dem gleichen Wege. Wenn das *Prâna* dann den südlichen Kanal erreicht, geht der Atem, wie man genau beobachten kann, durch keines der Nasenlöcher. Und wenn es dann aus dem Herzkanal nach der linken Seite strömt, so beginnt der Atem durch das linke Nasenloch aus- und einzugehen, und das so lange, bis das *Prâna* wieder den Spinalkanal erreicht hat. Auch hier fühlt man wieder keinen Atem.

Die Einwirkung dieser beiden Stadien des *Prânakreislaufes* auf den Atem ist identisch und deshalb bezeichnet man sowohl den nördlichen als auch den südlichen Kanal mit *Sushumnâ*. Wir wollen uns nun vorstellen, dass eine Ebene mitten zwischen dem Spinal- und dem Herzkanal hindurchläuft. Diese Ebene schneidet *Sushumnâ*. Aber wohlgemerkt, diese Ebene besteht nur in der Vorstellung, nicht in Wirklichkeit. Vielleicht ist es korrekter ausgedrückt, wenn wir sagen, dass, wenn die Strahlen des positiven *Idâ* und *Pingalâ* nach beiden Seiten in der Form von Nerven, die des negativen *Idâ* und *Pingalâ* in gleicher Weise in Form von Blutgefäßen ausströmen, die Strahlen des *Sushumnâ* sich über den ganzen Körper mitten zwischen den Nerven und Blutgefäßen ausbreiten, positive und negative *Nâdis*. Die Atemlehre beschreibt das *Sushumnâ* in folgender Weise:

Wenn der Atem ein und ausgeht, einmal durch das rechte, einmal durch das linke Nasenloch, so ist das auch Sushumnâ. Wenn sich Prâna in jenem Nâdi befindet, brennen die Feuer des Todes; das nennt man Vishuna. Wenn er sich einen Augenblick durch das Rechte, einen Augenblick durch das Linke bewegt, so nennt man das den ungleichen Zustand (Vishunabhâva); wenn er aber durch beide zugleich geht, so nennen das die Weisen Vishuna. = Manifestation v. Sushumna

Und weiter:

Sushumnâ tritt dann ein, wenn das *Prâna* von *Idâ* nach *Pingalâ* übergeht und umgekehrt; ebenso beim Übergang eines *Tattwas* in das andere.

Sushumnâ hat auch noch zwei andere Funktionen. Es wird *Vedoveda* in einer, *Sandhyasandhi* in der anderen Manifestation genannt. Da aber die nach rechts oder links gehende Richtung des vom Herzen ausströmenden *Prâna* mit der nach links oder nach rechts gehenden Richtung des spinalen Kreislaufes zusammenfällt, so gibt es einige Schriftsteller, die auf das doppelte *Sushumnâ* verzichten. Nach ihnen ist der Spinalkanal allein das *Sushumnâ*. Das *Uttaragítâ* und das *Shatachakra Nirüpana* sind Bücher, die diese Meinung unterstützen. Diese Erklärungsmethode beseitigt allerdings eine Menge Schwierigkeiten. Dass, was diese Anschauungsweise am meisten empfiehlt, ist ihre verhältnismäßige Einfachheit. Der rechtsgewendete Herzstrom und der linksgewendete Rückenmarkstrom können ohne Schwierigkeit als linksgewendete Rückenmarkströme, die beiden übrigen Ströme als rechtsgewendete Rückenmarkströme angesehen werden.

Und noch etwas spricht für diese Auffassung. Das Nervensystem repräsentiert die Sonne, das Blutgefäßsystem den Mond. Hiernach liegt die eigentliche Lebenskraft in den Nerven. Die Positive und die negative, die solare und die lunare, Phase der Lebensmaterie sind nur verschiedene Phasen des *Prâna*, der Solarmaterie. Die entferntere und deshalb kühlere Materie ist negativ im Vergleich mit der näheren und wärmeren. Es ist also, um mich nicht immer in technischen Ausdrücken zu bewegen, die Nervenkraft, die sich in verschiedener Weise in dem System der Blutgefäße manifestiert. Die Blutgefäße sind einfach die Leiter der Nervenkraft. Hier, in dem Nervensystem, liegen die wahren Lebenskräfte der groben Körpermaterie, das *Idâ*, das *Pingalâ* und das *Sushumnâ*. Diese sind also dargestellt durch die Wirbelsäule und den rechten und den linken Sympatheticus mit all ihren über den ganzen Körper verlaufenden Verzweigungen.

Die Entwicklung der zwei Zentren ist das erste Stadium in der Bildung des Embryos. Die Materie, die sich um das nördliche Zentrum ansammelt, ist die Wirbelsäule; die Materie um das südliche Zentrum ist das Herz. Die tägliche Umdrehung teilt jede dieser Grundsäulen in eine rechte und linke Hälfte. Die gegenseitige Einwirkung der Zentren aufeinander bildet dann in jedem von ihnen eine obere und untere Hälfte. Dies geschieht in derselben Weise und nach demselben Prinzip, wie sich eine Leydener Flasche durch Berührung mit einer negativ geladenen Stange mit positiver Elektrizität lädt.

Jedes der zwei Zentren weist also eine Vierteilung auf:

1. die rechte obere Seite

2. die rechte untere Seite

3. die linke obere Seite

4. die linke untere Seite

Beim Herzen nennt man diese vier Teile die rechten beziehungsweise linken Aurikeln und Ventrikeln. Die *Tantras* bezeichnen die vier Abteilungen als die vier Blütenblätter des Lotus und bezeichnen sie mit verschiedenen Buchstaben. Die positiven Blätter des Herzens bilden den Ursprung der positiven Blutgefäße, der Arterien; von den negativen gehen die negativen Blutgefäße, die Venen, aus. Dieses negative Prâna enthält zehn Kräfte: l. *Prâna,* 2. *Apâna,* 3. *Samâna,* 4. *Vyâna,* 5. *Udâna,* 6. *Krikila,* 7. *Nâga,* 8. *Devadatta,* 9. *Dhananjava,* 10. *Kurma.*

Diese zehn Kräfte nennt man *Vâyus.* Das Wort *Vâyu* stammt von der Wurzel *va,* bewegen, und bedeutet somit bewegende Kraft. Es wäre ein Irrtum zu glauben, dass die Tantristen diese als gasförmig ansehen. Ich werde in Zukunft von den *Vajus* als von Kräften oder von motorischen Wirkungen sprechen.

Einige führen diese zehn Kräfte auf die ersten fünf zurück, indem sie von der Ansicht ausgehen, dass die letzten fünf nur Modifikationen der Ersten sind, die, die wichtigsten Funktionen des *Prâna* darstellen. Es ist das aber nur eine Frage der Einteilung.

Von dem linksseitigen positiven Blatt steigt das *Prâna* hinauf in ein *Nâdi,* das sich innerhalb des Brustkastens in die Lunge verzweigt und von da in ein *Nâdi,* das sich in das rechte negative Blatt öffnet. Es ist also eine Art Kreislauf (*Chakra*). Dieses *Nâdi* nennt man in der modernen Wissenschaft die Lungenarterie und -vene. Die beiden Hälften der Lunge bilden sich durch die abwechselnde Tätigkeit der positiven und negativen Pânas der östlichen und westlichen Kräfte.

In gleicher Weise zweigen sich von dem rechtsseitigen positiven Blatt mehrere *Nâdis* ab, die aufwärts und abwärts gehen; im ersten Fall unter der Einwirkung der südlichen Kräfte. Diese beiden *Nâdis* münden nach einem Kreislauf durch die oberen beziehungsweise unteren Teile des Körpers in der linken negativen Seite des Herzens. Zwischen der linken positiven und der rechten negativen Seite geht der Kreislauf (*Châkra*) vor sich.

Dieses *Châkra* umfasst die Lungenarterie, die Lunge und die Lungenvene. Der Brustkasten umschließt dieses *Châkra*, der im Verhältnis zu den unteren Körperpartien, in denen die Verzweigungen des unteren *Châkra* verlaufen, positiv ist.

Dieses untere *Châkra* verbindet die rechte positive und die linke negative Seite des Herzens.

In dem oben erwähnten *Châkra* (das im Brustkorb verläuft) ist der Sitz des *Prâna*, der Ersten und wichtigsten der zehn Manifestationen. Einatmung und Ausatmung sind also die unfehlbaren Anzeichen des Wechsels des *Prâna*, und der Lungentätigkeit gab man die gleichen Namen.

Die anderen Leibesfunktionen korrespondieren gleichfalls mit dem Wechsel des *Prâna*. Im unteren negativen *Châkra* befindet sich der Sitz der anderen Lebensäußerungen. *Apâna* wohnt in den Gedärmen, Samâna im Nabel usw. *Udâna* hat seinen Sitz in der Kehle, *Vyâna* ist über den ganzen Körper verteilt.

Udâna verursacht das Aufstoßen; *Kurma* besorgt das öffnen und schließen der Augen; *Krikila* verursacht im Magen Hunger. Kurz, von den vier Herzabteilungen geht ein großes Netzwerk von Blutgefäßen aus. In jeder Seite des Körpers liegen Blutgefäße, die durch unzählige feine Kanäle, die Kapillargefäße, miteinander zusammenhängen.

Wir lesen darüber im Prashopanishad:

Vom Herzen gehen die Nâdis aus. Es gibt solcher Nâdis 101 (Pradhâna Nâdis); jedes von ihnen verzweigt sich wieder in 100 Zweige und jeder von diesen wieder in 72000 Ästen.

Wir haben also 10 100 Nâdis und 727 200 000 kleinere *Nâdis*, die man Zweignâdis nennt. Die Terminologie ist vom Baum entnommen. Seine Wurzel ist das Herz. Von diesem gehen verschiedene Stämme aus. Diese teilen sich in Äste und diese wieder in Zweige; alle Nâdis zusammengezählt ergeben 727 210 201.

Das eine ist *Sushumnâ*, die übrigen sind paarweise über den ganzen Körper verteilt. So heißt es im *Katupanishad* (6. Valli, 16. Mantra):

Hundertundein Nâdi gehen direkt vom Herzen aus. Von diesen mündet eines in den Kopf. Was durch diesen Kanal geht, wird unsterb-

lich. Die übrigen senden das Lebensprinzip in verschiedenen Zuständen aus.

Das eine *Nâdi*, das zum Haupte geht, bemerkt der Kommentator, ist das *Sushumnâ*. Das *Sushumnâ* ist also jenes *Nâdi*; dessen Nervensubstrat oder Kraftreservoir das Rückenmark ist. Von den übrigen Hauptnâdis ist *Idâ* das Reservoir der Lebenskraft, die in der linken Körperhälfte wirkt und sich in fünfzig Nebennâdis spaltet.

Das Gleiche findet auf der rechten Seite statt. Die *Nâdis* verzweigen sich dann weiter, wie, oben beschrieben. Die *Nâdis* dritten Grades sind so fein, dass sie nur durch das Mikroskop erkennbar sind. Die Verzweigungen des *Sushumnâ* über den ganzen Körper dienen während des Lebens dazu, um das *Prâna* aus den positiven in die negativen Körperteile und umgekehrt zu leiten. Diese winzigen Blutleiter bezeichnet die moderne Wissenschaft als Kapillargefäße.

Die *Brahmanen* halten ohne Zweifel das Herz für den Ausgangspunkt des Gefäßsystems, die Yogis dagegen den Nabel. Wir lesen darüber in der Atemlehre: Von dem Nabel gehen 72 000 *Nâdis* aus, die sich über den ganzen Körper verteilen. Dort schläft die Göttin *Kundalini* wie eine Schlange ...

Von diesem Zentrum gehen zehn *Nâdis* aufwärts, zehn abwärts und zwei und zwei gekrümmt.

Die Zahl 72 000 ist das Resultat ihrer eigenartigen Berechnung. Es tut nichts zur Sache, welcher Rechnungsart wir uns anschließen, wenn wir das Ganze begriffen haben.

Durch diese *Nâdis* laufen die verschiedenen Kräfte, die den physiologischen Menschen bilden und erhalten. Diese Kanäle laufen in einzelnen Teilen des Körpers, in denen sich das *Prâna* verschieden manifestiert, zusammen. Es ist gerade wie wenn Wasser, das von der Höhe niederfließt, sich in verschiedenen Seen ansammelt, die ihrerseits wieder Flüsse nach allen Richtungen hin aussenden.

Diese Zentren sind:

1. die Hände,

2. die Füsse,

3. das Zentrum der Sprache,

4. das Zentrum der absondernden Kräfte,

5. die Zeugungsorgane,

6. das Zentrum der Verdauung,

7. das Atemzentrum,

8. das Zentrum der fünf Sinne.

Diejenigen der *Nâdis*, die zu den Ausgängen des Körpers führen, sind die bedeutungsvollsten; man nennt sie deshalb die wichtigsten zehn im ganzen System.

Es sind die:

1. *Gandhâri* – geht zum linken Auge.

2. *Hastijihvâ* – zum rechten Auge.

3. *Pushâ* – zum rechten Ohr.

4. *Yashasvini* – zum linken Ohr.

5. *Alambusha* oder, wie es in einem Manuskript abweichend geschrieben wird, *Alammukha* – zum Mund. Dies ist offenbar der Speisekanal.

6. *Kuhû* – zu den Zeugungsorganen.

7. *Shankini* – zu den ausscheidenden Organen.

8. *Idâ* – zum linken Nasenloch.

9. *Pingalâ* – zum rechten Nasenloch. Es scheint, dass man diesen lokalen *Nâdis* aus dem Grunde diese Namen gegeben hat, weil die Manifestationen des Prâna in der Lunge die gleiche Bezeichnung tragen.

10. *Sushumnâ*, das schon in seinen verschiedenen Phasen und Manifestationen erklärt worden ist.

Der Körper hat noch zwei weitere Ausgänge, die ihre natürliche Ausbildung beim Weibe finden die Brüste. Es ist sehr leicht denkbar, dass das *Nâdi Damini*, das wir nicht besonders angeführt haben, zu einer von diesen leitet. Wie das nun auch sei, das Prinzip der Teilung und Klassifikation ist klar, und das ist bereits ein tatsächlicher Gewinn.

Auch die moralischen und intellektuellen Kräfte haben ihren Platz in diesem System. So lesen wir im *Vishramupanishad* (die obige Figur möge zum leichteren Verständnis dienen):

1. Wenn die Seele im östlichen Teil oder Blütenblatt, das weiß ist, sich befindet, ist sie zu Geduld, Edelmut und Ehrfurcht geneigt.

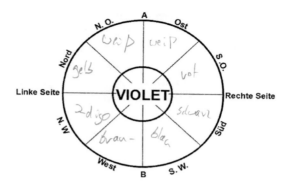

2. Wenn die Seele im südöstlichen Teil, der rot ist, sich befindet, ist sie zu Schlaf, Empfindungslosigkeit und üblen Leidenschaften geneigt.

3. Wenn die Seele im südöstlichen Teile wohnt, der schwarz von Farbe ist, dann ist sie zu Ärger, Melancholie und Bosheit geneigt.

4. Wenn die Seele im südwestlichen Teil, der blau von Farbe ist, sich befindet, ist sie zu Eifersucht und Ränken geneigt.

5. Wenn die Seele sich im westlichen Teil, der braun von Farbe ist, befindet, ist sie zu Frohsinn, Verliebtheit und Lustigkeit geneigt.

6. Wenn die Seele sich im nordwestlichen Teil, der Indigofarben ist, befindet, neigt sie zu Ängstlichkeit, Ruhelosigkeit, Unzufriedenheit und Gleichgültigkeit.

7. Wenn die Seele sich im nördlichen Teil, der von gelber Farbe ist, befindet, neigt sie zu Liebe, Freude und Eitelkeit.

8. Wenn die Seele sich im nordöstlichen Teil, der von weißer Farbe ist, befindet, ist sie zu Mitleid, Versöhnlichkeit, Nachdenklichkeit und Religiosität geneigt.

9. Wenn die Seele sich in einem der Sandhis (Vereinigung) dieser Teile befindet, entsteht Krankheit und Verwirrung in Körper und Heimat, und die Seele neigt zu übler Gemütsstimmung.

10. Wenn die Seele sich in der Mitte befindet, deren Farbe violett ist, dann geht der Verstand über die drei Eigenschaften der Maya und sie neigt zur Intelligenz.

Wenn eines dieser Zentren in Aktion ist, wird sich die Seele des entsprechenden Gefühles bewusst und neigt zu ihm. Die mesmerischen Striche haben lediglich den Zweck, auf diese Zentren zu wirken. Diese Zentren befinden sich im Kopfe sowohl wie im Brustkasten, im Unterleib wie in den Lenden usw. Diese Zentren tragen zusammen mit dem Herzen selbst den Namen *Padna* oder *Kamala* (Lotus). Manche von ihnen sind groß andere wieder klein, sehr klein. Der tantrische Lotus ist vom Typus eines Pflanzenorganismus, eine Wurzel mit verschiedenen Stämmen. Diese Zentren sind Reservoire von allerlei Kräften und in ihnen ruhen die Wurzeln der *Padmas*; die *Nâdis*, die von den Zentren ausgehen, sind ihre verschiedenen Zweige.

Die Nervengeflechte der modernen Anatomie fallen mit diesen Zentren zusammen. Nach dem, was wir oben gesagt haben, will es scheinen, dass die Zentren von den Blutgefäßen gebildet werden. Aber die Nerven und die Blutgefäße unterscheiden sich voneinander nur als verschiedene Vehikel des positiven und des negativen *Prâna*. Die Nerven sind das positive, die Blutgefäße das negative System des Körpers.

Wo Nerven sind, da sind auch korrespondierende Blutgefäße. Beide werden ohne Unterschied *Nâdis* genannt. Die einen haben als Zentrum den Lotus des Herzens, die anderen den tausend blättrigen des Gehirns. Das Gefäßsystem ist ein genaues Abbild des Nervensystems, sozusagen nur sein Schatten.

Wie das Herz, so besitzt das Gehirn seine obere und untere Hälfte, das große und das kleine Gehirn und seine rechte und seine linke Seite.

Die Nerven, die nach beiden Seiten des Körpers verlaufen und von dort zurückkehren, entsprechen zusammen mit denen, die die oberen und unteren Partien des Leibes zu versorgen haben, den vier Blütenblättern des Herzens. Auch dieses System hat eben so viel Energiezentren wie das Erstgenannte. Die Zentren beider Systeme fallen zusammen.

Sie sind in der Tat identisch die Nervengeflechte und Ganglien der modernen Anatomie. So sind meiner Ansicht nach die tantrischen *Padmas* die Zentren nicht nur der Nervenkraft des nördlichen, positiven, sondern auch notwendigerweise des negativen *Prâna*.

Die Übersetzung des Werkes über Atemwissenschaft, das nun dem Leser vorliegt, hat zwei Abteilungen, welche die Handlungen aufzählen, die wahrend des positiven und des negativen Atemzuges geschehen sollen. Sie sagen damit eigentlich nicht viel Neues, denn es kann leicht nachgewiesen werden, dass manche Handlungen durch positive Energie, andere durch negative Energie begünstigt werden. Das Einnehmen von Chemikalien und deren Verarbeitung sind Handlungen so gut wie andere.

Einige der Substanzen werden leichter vom positiven *Prâna* (z. B. Milch und andere fettige Stoffe), andere vom negativen *Prâna* (solche Nahrung, die der Magen leicht verdaut) assimiliert. Einige unserer Empfindungen wirken dauernder auf das negative, andere auf das positive *Prâna*.

Prâna hat also im Mutterleib die grobe Materie in Nerven- und Blutgefäße zerlegt. Das *Prâna* besteht, wie wir gesehen haben, aus den fünf *Tattwas*, und die *Nâdis* dienen lediglich als Bahnen für die Bewegung der tattwischen Ströme. Die oben erwähnten Kraftzentren sind Zentren tattwischer Kräfte. Die tattwischen Zentren der rechten Körperhälfte sind solar, die der linken Körperhälfte lunar.

Die lunaren sowohl wie die solaren Zentren werden auf fünferlei Arten beschrieben. Ihre Art wird durch das bestimmt, was wir die Nervenganglien nennen. Die halbmondförmigen Ganglien sind die Reservoire des *Apas Tattwa*. In gleicher Weise haben wir Reservoire auch für die übrigen Kräfte. Aus diesen Zentralreservoiren durchlaufen die tattwischen Ströme die gleichen Bahnen und versehen so die Aufgaben, die ihnen im physiologischen Haushalt zugewiesen sind.

Alles im menschlichen Körper, was mehr oder weniger fest ist, besteht aus dem *Prithivî Tattwa*. Aber auch in diesen wirken die übrigen Tattwas und verleihen den verschiedenen Teilen des Leibes ihre besonderen Eigenschaften.

So erzeugt und erhält das *Vâyu Tattwa* unter anderem die Haut. Das positive *Tattwa* gibt uns die positive, das negative *Tattwa* die negative Haut. Jede von diesen hat wieder fünf Schichten:

1. Das reine *Vâyu*, 2. *Vâyu-Agni*, 3. *Vâyu-Prithivi*, 4. *Vâyu-Apas*, 5. *Vâyu-Âkâsha*. Diese fünf Klassen von Zellen weisen folgende Gestalt auf:

1. Das reine *Vâyu*. Dessen Zellen zeigen die kugelförmige Gestalt des *Vâyu*.

2. Die Zellen des *Vâyu-Agni* sind eine Komposition von Dreieck und Kreis und sehen etwa so aus:

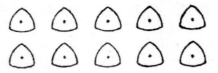

3. Die Zellen des *Vâyu-Prithiv* sind kombiniert aus dem quadratischen *Prithiví*.und dem sphärischen *Vâyu*.

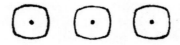

4. *Vâyu-Apas*. Dessen Zellen sind elliptisch, etwa aus dem Halbmond und der Kugel kombiniert.

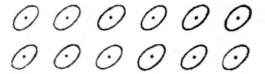

5. Die Zellen des *Vâyu-Âkâsha* sind abgeplattete Kugeln mit punktförmigen Eindrücken.

Die mikroskopische Untersuchung der Haut wird beweisen, dass die Zellen wirklich dieser Beschreibung entsprechen.

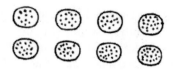

Ebenso sind Knochen, Muskeln und Fett Produkte des *Prithivî*, des *Agni* und des *Apas*. *Âkâsha* erscheint in verschiedenen Zusammensetzungen. Wo immer Raum für irgendeine Substanz ist, da ist *Âkâsha*. Das Blut ist eine Mischung von Nährsubstanzen, die vom *Apas Tattwa* des *Prâna* im flüssigen Zustand erhalten werden. Während also, wie wir gesehen haben, das terrestrische *Prânâ* eine ausgesprochene Manifestation des solaren *Prâna* ist, ist das menschliche *Prâna* eine Manifestation beider. Der Mikrokosmos ist ein getreues Abbild des Makrokosmos.

Die vier Blätter des Lotos des Herzens verzweigen sich in zwölf *Nâdis* (k, kh, g, gh, n, ch, chh, j, jh, n, t, th). Ebenso hat das Gehirn zwölf Paare von Nerven. Das sind die zwölf Zeichen des Tierkreises in ihrer positiven und negativen Phase. In jedem Zeichen geht die Sonne einunddreißig Mal auf und unter. Wir haben deshalb einunddreißig Nervenpaare. Anstatt von Paaren sprechen wir in der Ausdrucksweise des *Tantras* von *Chakras* (Kreisen oder Scheiben).

Wo immer die einunddreißig *Chakras* des Rückenmarkes, verbunden mit den zwölf Nervenpaaren des Gehirns, den Körper passieren, finden wir Seite an Seite mit ihnen die aus den zwölf *Nâdis* des Herzens entspringenden Blutgefäße. Der einzige Unterschied zwischen den *Chakras* des Herzens und denen des Rückenmarks ist der, dass die Ersteren der Länge nach, die Letzteren quer durch den Körper ziehen.

Die sympathischen Nerven bestehen aus Reihen tattwischer Zentren, der *Padmas* oder *Kamalas*. Diese Zentren liegen in all den oben erwähnten einunddreißig *Chakras*. So zweigen von den zwei Aktionszentren, dem Gehirn und dem Herzen, die Zeichen des Tierkreises in ihrem positiven und ihrem negativen Aspekt, ein System von *Nâdis*, ab.

Die *Nâdis* der beiden Zentren greifen so ineinander über, dass sie oft Seite an Seite laufen. Die einunddreißig *Chakras* des Rückenmarks treten in die Erscheinung, und korrespondieren mit den einunddreißig Sonnenaufgängen, und die des Herzens mit den einunddreißig Sonnenuntergängen des Tierkreises. In diesen *Chakras* wirken verschiedene tattwische Zentren; die einen sind positiv, die anderen negativ. Die Ersteren unterstehen dem Gehirn, mit dem sie durch die sympathischen Nerven verbunden sind; die Letzteren dem Herzen, mit dem sie in verschiedener Weise in Verbindung stehen.

Dieses Doppelsystem nennt man auf der rechten Seite *Pingalâ*, auf der linken Idâ. Die Ganglien der *Apaszentren* sind halbmondförmig, die des *Tejas*, des *Vâyu*, des *Prithivî* und des *Âkâsha* beziehentlich dreieckig, sphärisch, viereckig oder kreisförmig. Die der zusammengesetzten *Tattwas* haben auch zusammengesetzte Formen. Jedes tattwische Zentrum hat Ganglien aller es umgebenden *Tattwas*.

In diesem System von *Nâdis* kreist nun das *Prâna*. Wenn die Sonne im Makrokosmos ins Zeichen des Widders tritt, geht das *Prâna* in die entsprechenden *Nâdis* (Nerven) des Gehirns. Von dort sinkt es jeden Tag gegen das Rückenmark. Mit Sonnenaufgang tritt es in das erste spinale *Chakra* der rechten Seite, also in das *Pingalâ*. Durch die Nerven der rechten Seite fließt es weiter, indem es zugleich allmählich in die Blutgefäße eindringt. Gegen Mittag ist das *Prâna* stärker im *Nerven-Chakra* als im *Venen-Chakra*. Um die Mittagsstunde haben beide gleiche Kraft. Am Abend, bei Sonnenuntergang, ist das *Prâna* mit seiner ganzen Kraft in die Blutgefäße übergegangen.

Von dort nimmt es seinen Weg zum Herzen, dem negativen, südlichen Zentrum. Von da ergießt es sich in die Blutgefäße der linken Seite, aus denen es nach und nach in die Nerven übertritt. Um Mitternacht ist die Kraft gleichmäßig auf diese und die Blutgefäße verteilt; am Morgen (*Pratâhsandhyâ*) ist das *Prâna* gerade wieder am Rückenmark angelangt und beginnt von da den zweiten Kreislauf (*Chakra*).

In dieser Weise geht also der solare Kreislauf des Prâna vor sich. Der Mond zeugt ebensolche, aber kleinere. Der Mond bewegt sich etwa zwölf Mal um die Erde, bis sich diese einmal um die Sonne dreht. Deshalb passiert der Mond außerdem zwölf weitere Chakras, während die Sonne eines durchmisst (d. h. während sechzig Charis, einem Tag und einer Nacht). Wir haben also innerhalb 24 Stunden auch noch 12

Wechsel des *Prâna* zu beachten. Angenommen der Mond begänne gleichfalls im Widder seinen Kreislauf, so beginnt er gleichfalls im ersten *Chakra* und braucht 58' 4" vom Rückenmark zum Herzen und ebenso viel vom Herzen zum Rückenmark.

Beide *Prânas* bewegen sich in ihren Kreisen entlang den tattwischen Zentren, die wir oben näher geschildert haben. Jedes von ihnen ist zu jeder Zeit über den ganzen Körper in derselben Phase des tattwischen Zentrums. Es manifestiert sich zuerst in den Zentren des *Vâyu*, dann in denen des *Tejas*, drittens in denen des *Prithiví* und schließlich in denen des *Apas*. Nach jedem tritt *Âkâsha* ein, dem unmittelbar *Sushumnâ* folgt.

Wenn das *Prâna* auf seinem lunaren Kreislauf vom Rückenmark nach rechts geht, kommt der Atem aus dem rechten Nasenloch, und solange es in der rechten Körperhälfte bleibt, wechseln die *Tattwas* vom *Vâyu* bis zum *Apas*. Tritt es dann in die Vorderseite der rechten Körperhälfte, dann wechseln die *Tattwas* zurück vom *Apas* bis zum *Vâyu*. Tritt *Prâna* in das Herz, so geht überhaupt kein Atem aus der Nase. Geht es auf die linke Seite über, so beginnt der Atem aus dem linken Nasenloch zu gehen, und solange es sich im vorderen Teil der linken Körperhälfte befindet, wechseln die *Tattwas* von *Vâyu* bis *Apas*. Sie wechseln dann wieder zurück, wie vorhin gezeigt, bis das Prâna das Rückgrat erreicht, wo das *Âkâsha* des *Sushumnâ* eintritt.

Dieses ist der Kreislauf des *Prâna*, wie er sich im Zustand völliger körperlicher Gesundheit zeigt. Der Impuls, der dem lokalisierten *Prâna* so durch die Kräfte der Sonne und des Mondes erteilt wird, wirkt in der gleichen Weise immer und immer. Der Einfluss des menschlichen freien Willens und anderer Kräfte ändern die Form des lokalen *Prâna* und individualisieren es so, dass es von dem universellen terrestrischen und ekliptischen *Prâna* deutlich unterschieden werden kann.

Durch den veränderlichen Charakter des *Prâna* aber wird die Ordnung der tattwischen und der positiven und negativen Kreisläufe in verschiedener Weise beeinflusst. Krankheit ist das Resultat dieser Veränderungen. In der Tat ist der Gang des Atems das untrüglichste Merkmal für die tattwischen Veränderungen im Körper. Das Gleichgewicht der positiven und negativen tattwischen Strömungen äußert sich in Gesundheit, während Störungen ihrer Harmonie Krankheit erzeugen.

Die Wissenschaft vom Atem ist deshalb von der größten Wichtigkeit für jeden, der für seine eigene Gesundheit und die seiner Mitgeschöpfe besorgt ist. Sie ist zugleich der bedeutungsvollste, der nützlichste, leichteste und interessanteste Teil des Yoga. Sie lehrt uns unseren Willen so zu lenken, dass die erwünschten Veränderungen in der Ordnung und Natur unserer positiven und negativen tattwischen Strömungen eintreten.

Das geschieht in folgender Weise. Jede physische Tätigkeit ist *Prâna* in einem gewissen Stadium. Ohne *Prâna* kein Geschehen, und jedes Geschehen ist das Resultat verschiedener Harmonien der tattwischen Ströme. Die Bewegung z. B. ist das Resultat der Tätigkeit der *Vâyu-Zentren* in dem betreffenden Körperteil. Sind aber z. B. die *Prithivî-Zentren* tätig, so äußert sich das in Gefühlen der Freude und Zufriedenheit. Und ebenso ist es mit allen anderen Empfindungen.

Wir wissen, dass wenn wir auf einer Seite liegen, wir unsere Lage wechseln, wenn der Atem gerade aus dem Nasenloch kommt, das wir durch unsere Lage verdecken. Wir können daraus schließen, dass der Atem immer aus dem Nasenloch der Seite tritt, auf der wir nicht liegen. Wenn wir also sehen, dass es wünschenswert erscheint, die negativen Bedingungen unseres Körpers in positive zu verwandeln, so ist es geraten zu diesem Hilfsmittel zugreifen. Wir werden nächstens darüber sprechen, welchen physiologischen Einfluss *Prâna* auf das materielle Leben ausübt, und umgekehrt, wie man durch materielle Handlungen *Prâna* beeinflussen kann.

V.
Prâna (II)

Das *Prânamâya Kosha* (der Kreis des Lebens) spielt sich Tag und Nacht in drei Zuständen ab; Wachen, Träumen und Schlafen (*Jâgrat, Swapna, Sushupti*). Diese drei Zustände rufen entsprechende Erscheinungen in dem *Manomaya Kosha* (dem mentalen Kreis) hervor und daher kommt es, dass man sich dieser Zustände bewusst ist. Das Bewusstsein liegt tatsächlich hinter dem *Prâna*. Die *Saiten* (tattwischen Linien) des ersteren Instruments sind feiner als die des Letzteren, d. h., jene haben mehr Schwingungen im gleichen Zeitabschnitt als diese. Sie sind so abgestimmt, dass wenn die einen schwingen, sich auch die anderen in Schwingungen versetzen.

Die wechselnden Zustände rufen im Bewusstsein Parallelerscheinungen hervor und deshalb wissen wir von den Phänomenen. Doch damit wollen wir uns jetzt nicht beschäftigen. Ich will zunächst nur überall die Zustände des *Prâna* — natürliche oder künstlich herbeigeführte — sprechen, die die Summe unserer irdischen Erfahrung ausmachen und die in jahrtausendelanger Entwicklung das Bewusstsein selbst aus seiner Latenz wachgerufen haben. Diese wechselnden Zustände zerfallen, wie ich schon oben sagte, in drei große Gruppen: das Wachen, das Träumen und das Schlafen.

Das Wachen ist der Positive, das Schlafen der negative Zustand, während der Traum eine Vereinigung beider (*Sushumnâ Sandhi*) darstellt. Wie wir festgestellt haben, wirkt die Sonne in ihrem Laufe während des Tages in positivem Sinne, solange wir wach sind. Wenn es Nacht wird, hat sich das positive Element vollständig des Körpers bemächtigt. Es wirkt dermaßen stark; dass die Sinnes- und Bewegungsorgane ihren Zusammenhang mit der umgebenden Welt verlieren.

Aufnahme und Bewegungsfähigkeit hören auf und der Schlafzustand tritt in seine Rechte. Das Übermaß positiver Ladung erschlafft die tattwischen Saiten der verschiedenen Wirkungszentren und sie hören demgemäß auf, auf die gewöhnlichen, ätherischen Einflüsse der äußeren Natur zu reagieren. Wenn in diesem Augenblick die Stärke des positiven Elementes die normalen Grenzen überschreiten würde, wäre der Tod die unmittelbare Folge und das *Prâna* hätte keine Verbindung mehr mit dem materiellen Körper, dem Träger der äußeren tattwischen Zustände.

Aber in diesem Augenblick tritt das *Prâna* aus dem Herzen, der negative Strom setzt ein, und beginnt die Einflüsse des positiven auszugleichen. Wenn dann *Prâna* das Rückenmark erreicht, ist der positive Einfluss gänzlich paralysiert und wir erwachen. Wenn nun in diesem Moment aus irgendeinem Grunde der negative Einfluss seine Grenzen überschreiten würde, wäre der Tod die Folge, aber da setzt um Mitternacht wieder der positive Strom ein und beginnt die Wirkungen des negativen aufzuheben.

Das Gleichgewicht der positiven und negativen Ströme also ist es, das Leib und Seele zusammenhält. Wird dieses Gleichgewicht durch das Übermaß des einen Elementes gestört, so tritt der Tod ein. Wir sehen also, dass der Tod vom Rückenmark oder vom Herzen aus erfolgen kann. Im ersteren Falle entströmen die vier höheren Prinzipien dem Körper durch den Kopf, das *Brahmârandra*, dem Rückenmark entlang; im Letzteren dem Munde durch die Lunge und die Luftröhre.

Außerdem kennt man allgemein noch sechs andere tattwische Todesarten. Sie alle unterscheiden sich durch die Wege, auf denen die

Positiv	Negativ
1. *Prâna*, rechte Lunge	1. *Prâna*, linke Lunge.
2.*Apâna*, der kotausscheiden de Apparat - die Eingeweide usw.	2. *Apâna*, der Harnapparat.
3.*Samâna*, der Magen.	3. *Samâna*, der Zwölf finger- darm.
4. *Vyâna*, über den gan zen Körper, erscheint in den ver- schiedenen Zuständen, in den verschiedenen Gliedern, (der rechten Seite).	4. *Vyâna*, über den ganzen Körper, auf der linken Seite.
5. *Udâna*, in der Nähe des Herzens und Spinalzentrum, (der rechten Seite) und der Keh- le.	5. *Udâna*, das Herz und Spinalzentrums der linken Seite usw.

höheren Prinzipien den Leib verlassen. Davon später mehr. Wir wollen jetzt die verschiedenen Zustände des *Prâna* näher betrachten. Gewisse Manifestationen des Prâna finden wir in allen drei Zuständen gleichermaßen in Tätigkeit.

Diese Manifestationen sind, wie ich schon sagte, von verschiedenen Schriftstellern unter fünf Kategorien zusammengefasst worden.

Sie haben ihre verschiedenen Wirkungszentren in den einzelnen Teilen des Körpers, durch die sie sich ihre Herrschaft über die einzelnen Partien des physischen Kreislaufes sichern.

1. *Prâna* ist die Manifestation des Lebenskreises, der die atmosphärische Luft von außen in das Innere des Systems saugt.

2. *Apâna* ist diejenige Manifestation, die, von innen aus wirkend, alles, was unnötig geworden ist, aus dem Organismus herausschafft.

3. *Samâna* ist die Manifestation, welche die Nahrung zubereitet und in Form von Säften den verschiedenen Körperteilen zuführt.

4. *Vyâna* ist die Manifestation, welche die einzelnen Teile des Körpers befähigt, ihre Beschaffenheit beizubehalten und den Fäulnisprozessen entgegenwirkt, die sich im Tode des Leibes bemächtigen.

5. *Udâna* ist die Manifestation, welche die Lebensströme wieder zu ihren Zentren zurückleitet, zum Herzen und zum Gehirn, und deshalb diejenige Manifestation, die den Tod, den lokalen oder allgemeinen, des Körpers verursacht.

Zieht sich *Prâna* aus irgendeinem Teil des Leibes zurück (aus diesem oder jenem Grunde), so verliert dieser Teil, die Fähigkeit sich zu betätigen. Das ist örtlicher Tod. Auf diese Weise werden wir taub, blind oder stumm usw. Es leiden unsere Verdauungskräfte usw. ...

Der allgemeine Tod äußert sich ähnlich. Wird einer der beiden Ströme übermächtig, bleibt *Prâna* im *Sushumnâ* und tritt nicht mehr heraus.

Die erworbene Kraft des Körpers beginnt dann zu schwinden, und zwar sterben die einzelnen Teile um so rascher ab, je weiter sie von den Zentren entfernt sind, also vom Herzen oder vom Gehirn.

Der Pulsschlag hört zuerst in den Extremitäten auf und zieht sich immer mehr gegen das Herz zurück, bis er schließlich nur mehr in diesem fühlbar ist. Dieser gleiche Impuls, aufwärtsgerichtet, erzeugt

unter günstigen Bedingungen Wachstum, Beweglichkeit und Gewandt-
heit. Außer den bereits erwähnten Körperteilen hält aber *Vyâna* auch
die fünf Sinnesorgane und die fünf Bewegungsorgane in ihrer Gestalt.

Die Organe des materiellen Körpers und die Kräfte des *Prâna*,
die sich in ihnen manifestieren, haben den gleichen Namen. Es sind
Folgende:

Aktive-Organe und Kräfte	Sinnesorgane und Kräf te
1. *Vâk* die Stimmorgane und die Rede	l. *Chakush*, Auge und Sehkraft
2. *Pâni*, die Hände und das Greifvermögen	2. Haut und Tastsinn
3. *Pâda*, Füße und Geh vermö-gen	3. Ohr und Gehör (*Shrotra*)
4. *Pâyu*, der After	4. *Rasanâ* Zunge und Ge-schmack
5. *Upasthâ*, die Zeugungsorgane und der Geschlechtstrieb	5. *Gandha*, Nase und Geruch

Tatsache ist, dass die verschiedenen Kräfte die entsprechenden
Organe des Lebensprinzips sind.

Es ist nun vielleicht ganz interessant, die tattwischen Veränderungen und Einflüsse der einzelnen Lebensmanifestationen zu betrachten. Im gesunden Zustand wirkt *Prâna* zugleich über das ganze System
hin in einer Form der tattwischen Zentren.

Wir sehen, dass während des positiven und des negativen
Kreislaufes fünf tattwische Veränderungen eintreten.

Die Farbe des *Prâna* während der Herrschaft des negativen
Kreislaufes ist reines Weiß, während des positiven Kreislaufes ein
rötliches Weiß. Das Erstere ist ruhiger und sanfter als das Letztere.

Die tattwischen Veränderungen geben nun jeder von diesen
beiden Farben fünf neue Farbnuancen:

Positiv—rötlich weiß	Negativ—rein weiß
1. *Vâyu* Tattwa—Grün	l. *Vâyu* Tattwa—Grün
2. *Agni* Tattwa—Rot	2. *Agni* Tattwa—Rot
3. *Prithivî* Tattwa—Gelb	3. *Prithiv* Tattwa—Gelb
4. *Apas* Tattwa—Weiß	4. *Apas* Tattwa—Weiß
5. *Âkâsha* Tattwa—Schwarz	5. *Âkâsha* Tattwa—Schwarz

Offenbar bestehen zwischen den positiven und negativen tattwischen Farbentönen Unterschiede. Es gibt also zehn Hauptfarbentöne.

Der positive Strom — das rötliche Weiß —ist wärmer als das negative, das reine Weiß. Man kann also allgemein sagen, dass der positive Strom warm, der negative kalt ist. Jeder von ihnen hat wieder fünf tattwische Temperaturphasen. Das *Agni* ist heiß; das Gelb kommt ihm nahe; *Vâyu* ist kühl und *Apâs* ist kalt. *Âkâsha* ist weder warm noch kalt.

Dieser Zustand ist deshalb der gefährlichste von allen, und verursacht, wenn er länger anhält, Krankheit, Schwäche und Tod. Es ist unzweifelhaft, dass, wenn die kühleren Tattwas nicht rechtzeitig nach den wärmeren einsetzen, um deren angesammelte Wirkung zu paralysieren, die Lebensfunktionen gestört werden. Die richtige Farbe und die richtige Temperatur, in denen diese *Tattwas* am wirksamsten sind, erleiden Störungen, und je nach deren Grad ist Krankheit, Schwäche oder Tod die Folge. Das Gleiche ist der Fall, wenn nach den kühleren *Tattwas* nicht rechtzeitig die wärmeren einsetzen.

Selbstverständlich sind die Übergänge zwischen den tattwischen Farben und Temperaturen keine schroffen. Eine geht langsam und unmerklich in die andere über und die tattwischen Mischungen geben unzählige Farbentöne, ebenso viele, als das solare *Prâna* besitzt. Jede dieser Farben hat die Tendenz, den Körper gesund zu erhalten, wenn sie nur so lange in Wirkung bleibt, als ihr eigentümlich ist; geht der Wechsel anders vor sich, dann resultiert Krankheit. Es sind also so viele Krankheiten möglich, als es Farben in der Sonne gibt.

Hält sich eine Farbe länger, so kann dies nur auf Kosten einer oder mehrerer anderer geschehen; umgekehrt, wenn eine Farbe zu kurze Zeit anhält, so müssen offenbar eine oder mehrere andere ihre Stelle ersetzen. Hieraus ergibt sich eine zweifache Art der Krankheitsbehandlungen. Aber ehe wir davon sprechen, wollen wir so genau wie möglich die Gründe erforschen, welche die theoretischen Idealperioden der *Tattwas* verlängern oder abkürzen.

Wir gehen noch einmal auf das *Prâna* zurück. Diese in der Lunge lokalisierte Manifestation des Lebensprinzips ist die wichtigste von allen, weil ihr Wirken uns mit einem verlässlichen Maßstab des tattwischen Zustandes des Leibes versieht. Deswegen hat man dieser Manifestation ganz besonders den Namen *Prâna* zugeteilt.

Wenn nun das *Prâna* in den Tejaszentren (d. h. den Zentren des Lichtäthers) in der Lunge wirksam wird, dehnt sich diese zu einer dreieckigen Form aus; die atmosphärische Luft dringt ein, und der Prozess der Einatmung ist vollendet. Mit jedem *Truti* erhält der Strom des *Prâna* einen entgegengesetzten Impuls. Mit diesem entgegengesetzten Impuls geht die Lunge in ihre ständige Form zurück und die überschüssige Luft wird ausgetrieben. Dies ist der Prozess der Ausatmung.

Die Luftteilchen, die so aus der Lunge ausgestoßen werden, haben dreieckige Form. Der Wasserdampf, der in der Expirationsluft schwebt, liefert uns die Möglichkeit, diese Behauptung durch ein Experiment zu beweisen. Wir nehmen einen glatten, glänzenden Spiegel und lassen den Atem aus der Nase langsam auf die kalte Fläche treten.

Der Wasserdampf der Luft kondensiert sich und es wird sich zeigen, dass er eine bestimmte Flächenform aufweist. Im Falle des reinen *Agní* ist die Figur auf dem Spiegel ein Dreieck. Es ist am besten, wenn eine andere Person den Spiegel beobachtet, da der Hauch ja nur einen Moment haftet und leicht den Blicken des Experimentators entschwindet.

Unter dem Einfluss der anderen *Tattwas* nimmt die Lunge auch andere Formen an, die sich auf der Fläche des Spiegels erkennen lassen. Im *Apâs* haben wir den Halbmond, im *Vâyu* den Kreis, im *Prithiví* ein Viereck. Durch die Verbindung der *Tattwas* bilden sich dann auch kombinierte Figuren, Rechtecke, Sphäroide usw.

Es muss auch erwähnt werden, dass der Lichtäther die aus der Atmosphäre gezogene Materie zu den Zentren des Lichtäthers trägt und von da zu den übrigen Teilen des Körpers. Ebenso tragen die anderen Ätherarten ihre Materie zu den bezüglichen Zentren. Es ist unnötig, die einzelnen Manifestationen der Reihe nach durchzugehen.

Es darf aber nicht vergessen werden, dass, wenn auch die fünf *Tattwas* in allen fünf Manifestationen wirksam sind, doch jede Manifestation einem dieser *Tattwas* entspricht. So wiegt im *Prâna* das *Vâyu Tattwa* vor, im *Samâna* das *Agnî*, im *Apâna* das *Prithivî*, im *Vyâna* das *Apâs*, im *Udâna* das *Âkâsha*. Ich möchte hier den Leser erinnern, dass die allgemeine Farbe des *Prâna* weiß ist, und eben haben wir gesehen, dass das *Apâs Tattwa* im *Vyâna* vorwiegt. Die Dunkelheit des *Âkâsha* ist die Finsternis des Todes usw., erzeugt durch *Udâna*.

Während des Lebens treten diese Veränderungen des *Prâna* immer in Zwischenräumen von sechsundzwanzig Minuten ein. Dies ändert sich nicht im Wachen, Schlafen oder im Träumen. Nur im *Âkâsha* oder in den beiden *Sushumnâs* werden die Veränderungen einen Augenblick potenziell, weil von ihnen aus die tattwischen Manifestationen auf die Ebene des Körpers übertragen werden.

Wenn dieser Augenblick sich verlängert, bleiben die Kräfte des *Prâna* potenziell, und im Tode ist demnach *Prâna* im potenziellen Stadium. Wenn aber die Ursachen, welche die Periode des *Sushumnâ* zu verlängern und dadurch den Tod herbeizuführen trachten, beseitigt sind, geht das *Prâna* aus dem potenziellen in den wirksamen, je nach dem positiven oder negativen Zustand über.

Er verleiht der Materie Energie und die Möglichkeit, die Form anzunehmen, auf welche die angesammelten Potenziale hinzielen.

Einiges wollen wir nun sagen über

Die Sinnes und Tätigkeitsorgane

Alle Tätigkeit ist, wie ich vorausschicken will, tattwische Wirkung. Die Tätigkeit wird ausgeübt während des wachen Zustandes, nicht aber im Schlaf oder Traum. Die zehn Organe haben folgende zehn Hauptfarben:

Sinnesorgane	Tätigkeitsorgane
1 Auge, *Agni*, Rot	1. Hand, *Vâyu*, Blau
2 Ohr, *Âkâsha*, Schwarz	2. Fuß, *Prithivî*, Gelb
3. Nase, *Prithivî*, Gelb	3. Zunge (Sprache), *Apâs*, Weiß
4. Zunge (Geschmack), *Apas*, Weiß	4. After, *Âkâsha*, Schwarz
5. Haut, *Vâyu*, Blau	5. Schamteile, *Agni*, Rot

Obgleich dies die zehn hauptsächlichsten Tattwas in den verschiedenen Zentren sind, so existieren doch alle anderen Tattwas in untergeordneter Position. So haben wir im Auge ein rötliches Gelb, ein rötliches Weiß, ein rötliches Schwarz, ein rötliches Blau und analog in den anderen Organen. Die Fünfteilung jeder der Farben ist nur eine allgemeine; tatsächlich existieren in jeder von ihnen ungezählte Nuancen.

Zu jeder Tätigkeit jedes dieser zehn Organe im Besonderen und des Körpers im Allgemeinen gehört eine besondere Farbe, die Farbe der speziellen tattwischen Bewegung, die den Akt bildet.

Aus all diesen Veränderungen des *Prâna* besteht nun unsere ganze irdische Erfahrung. Ausgerüstet mit diesem Apparat beginnt *Prâna* seine irdische Pilgerschaft zusammen mit einem Bewusstsein, das allein bestrebt ist, das „Ich bin" des *Ahankâra* oder *Vijáñâna*, des vierten Prinzips von unten mit den Manifestationen des *Prâna* in Einklang zu bringen. Die Zeit drückt ihm die unzähligen Farbentöne des Universums auf. Die Gesichts-, Gefühls-, Geschmacks-, Gehörs- und Geruchseindrücke wirken im *Prâna*, genau, wie die tägliche Erfahrung uns lehrt, dass ein elektrischer Strom mehrere Botschaften zu gleicher Zeit vermittelt.

Das gleiche findet bezüglich der Tätigkeitsorgane und der fünf übrigen Hauptfunktionen des Körpers statt, die sich im *Prâna* ansammeln, bis sie zu ihrer Zeit in Erscheinung treten. Einige Beispiele werden das klar zeigen. Wir wollen zuerst die *Geschlechtsfunktionen* betrachten.

Geschlechtsfunktionen

Das generative *Agni Tattwa* des Mannes ist positiv, das des Weibes negativ. Das Erste ist heißer, rauer und ruheloser als das Letztere; dieses ist kühler, weicher und ruhiger als das Erstere. Ich will mich jetzt nur auslassen über die Färbung des *Prâna* bei der Ausübung oder Nichtausübung dieser Fähigkeit.

Das positive *Agni* ist bestrebt, sich mit dem Negativen zu vereinigen und umgekehrt. Hat es keine Gelegenheit hierzu, dann wirken die wiederholten Impulse dieses *Tattwas* auf sich selbst zurück, sie werden immer heftiger und nehmen eine immer tiefere rote Farbe an. Die Zentren des *Agni Tattwa*, die über den ganzen Körper verteilt sind, werden kräftiger in ihren Wirkungen, während alle anderen sich allgemein rötlich färben. Augen und Magen werden leistungsfähiger. Wenn aber der Mann seinen geschlechtlichen Instinkten nachgibt, so färbt sich sein *Prâna* nach dem weiblichen *Agni* und umgekehrt, d. h., alle Zentren dieses *Tattwas* werden geschwächt und das ganze *Prâna* nimmt weibliche Farbe an. Der Magen wird kühl, die Augen verlieren ihre Schärfe und die Manneskraft nimmt ab. Nimmt mehr als ein weibliches *Agni* vom männlichen *Prâna* Besitz, oder, umgekehrt, so wird das antagonistische *Tattwa* noch tiefer und stärker. Das ganze *Prâna* wird in größerer Ausdehnung zerstört und größere Schwäche ist das Resultat, Spermatorrhöe, Impotenz und andere antagonistische Farben bemächtigen sich des *Prâna*. Außerdem stoßen sich die speziellen Eigenschaften der verschiedenen männlichen oder weiblichen Agnis gegenseitig ab.

Der Mensch hat aber auch die Fähigkeit des Gehens.

Gehen

Das *Prithivî Tattwa* der Füße gewinnt an Kraft, die gelbe Farbe durchdringt das ganze *Prâna*. Die Zentren des *Prithivî* über den ganzen Körper hin beginnen sich lebhafter zu betätigen; *Agni* empfängt eine milde, wohltätige Ergänzung seiner Kräfte, das ganze System neigt zu gesundem Gleichgewicht, es ist weder heiß noch kalt, und ein allgemeines Gefühl der Zufriedenheit und Frische, Fröhlichkeit und Lebenslust sind das Resultat.

Sprache

Wir wollen noch die Sprache in den Bereich unserer Betrachtungen ziehen, uns aber doch nicht weiter mit den Tätigkeitsorganen befassen. Die Gabe (*Shakti*) der Sprache (*Vâk, Sarasvatî*) ist eine der hervorragendsten des indischen Pantheons.

Das Hauptingrediens des *Prâna*, das dieses Organ formt, ist das *Apas Tattwa*. Die Farbe der Göttin ist deshalb weiß. Die Stimmbänder und davor der Kehlkopf bilden das *Vina* (Musikinstrument) der Göttin.

In diesem Teil des Stimmapparates ist A B der Kehlkopf, ein breiter Knorpel, der der Kehle ihre Form gibt und beim Manne mehr hervorragt als beim Weibe. Unter diesem ist ein ringförmiger Knorpel, der Ringknorpel (C). Hinter diesem, oder man kann sagen, auf diesem sind die Saiten a und b aufgespannt.

Geht beim Atmen atmosphärische Luft über diese Saiten, so werden diese in Schwingung versetzt und es entsteht ein Ton. Gewöhnlich sind diese Saiten zu locker, um einen Ton zu geben.

Das *Apas Tattwa*, die milchweiße Göttin der Sprache, vollbringt das äußerst wichtige Werk sie anzuspannen. Wenn der aus halbmondförmigen Atomen bestehende Strom des *Apas Tattwa* an den Muskeln dieser Saiten entlangstreift, werden diese sozusagen aufgeraut und dadurch, dass sie sich biegen, angespannt.

Die Stärke dieser Biegung hängt ab von der Stärke des passierenden Apasstromes. Je stärker die Biegung, desto gespannter die Saiten. Der Kehlkopf dient dazu, die Intensität der so erzeugten Laute zu erhöhen. Dies wird genügen, um zu zeigen, dass das wirkliche Agens bei der Erzeugung der Sprache das *Apas Tattwa* oder das Prâna ist. Es gibt verschiedene ätherische Bedingungen der äußeren Welt, die, die Zentren des *Apas Tattwa* erregen; der Strom läuft an den Saiten entlang, sodass sie sich anspannen und ertönen. Aber die Erregung dieser Zentren kann auch aus der Seele durch das Bewusstsein kommen. Die im Laufe der Entwicklung entstandene Verwendung der Sprache zum Ausdruck der Gedanken ist die Heirat *Brahmâs* (des *Vijñânamaya*

Kosha, der Seele) mit Sarasvati, der im Menschen lokalisierten Gabe der Sprache.

Das *Apas Tattwa* des Stimmapparates, obgleich die Hauptkraft bei der Erzeugung der Sprache, wird, den Umständen entsprechend, durch das Zusammenwirken mit den *anderen Tattwas* verschiedentlich modifiziert. Soweit das menschliche Erkennen reicht, hat man neunundvierzig dieser Variationen unter dem Namen *Swara* zusammengefasst. Zuerst existieren sieben Hauptnoten. Diese können positiv und negativ sein (*Tivra* und *Komala*) und jede von ihnen hat drei Unterabteilungen. Diese Noten lassen sich dann wieder in acht *Râgas* einteilen und jedes *Râga* hat mehrere *Râgínis*. Die *Râgínis* setzen sich aus anderen zusammen und jeder dieser Bestandteile hat wieder eine Anzahl Noten. Die Tonmöglichkeiten sind demnach nahezu unbegrenzte. Alle diese Verschiedenheiten haben ihre Ursache in der verschiedenen Spannung der Stimmbänder, der *Vínâ* der *Sarasvatí*, und die Spannungen variieren wieder je nach der Stärke des passierenden Apasstromes, der seinerseits durch die mitwirkenden *Tattwas* beeinflusst wird.

Jede Tonvariation hat demnach ihre eigene Färbung, die auf das ganze *Prâna* in ihrer besonderen Weise einwirkt. Der tattwische Effekt dieser Töne ist in Musikwerken niedergelegt; und durch die Macht der Töne können allerlei Krankheiten geheilt, gute und böse Leidenschaften dem *Prâna* aufgedrückt werden. *Sarasvatí* ist eine allmächtige Göttin und leitet uns je nach den Umständen zum Guten oder Bösen. Wenn ein Lied oder ein Ton vom *Agni Tattwa* gefärbt ist, dann färbt sich auch das *Prâna* rot, ebenso wie das *Vâyu*, das *Apas*, das *Âkâsha* und das *Prithiví* beziehentlich blau, weiß, schwarz oder gelb wirken. Der rotgefärbte Gesang macht warm; er kann Ärger, Schlaf, gute Verdauung und das Gefühl der roten Farbe erzeugen. Der *Âkâsha* gefärbte Gesang erzeugt Furcht, Vergesslichkeit usw. In gleicher Weise können Gesänge unserem *Prâna* die Farbe der Liebe, der Feindschaft, der Anbetung, der Reinheit, der Unmoralität usw. verleihen.

Wir wollen nun die Sache von einer anderen Seite betrachten. Wenn die Worte, die wir reden, die Farbe des *Agni Tattwa* tragen, Ärger, Liebe, Wollust, färbt sich auch unser *Prâna* rot, und diese Röte überträgt sich auf unser Äußeres. Es kann uns aufzehren, wir werden schlaff und hager aussehen und unter tausend Krankheiten leiden. Ein schrecklicher Lohn für hässliche Worte. Wenn unsere Rede voll ist von göttlicher

Liebe und Anbetung, Güte und Reinheit, und jedem Freude bereitet, der sie hört, es sind da die Farben des *Prithivî* und des *Apas* wirksam, werden wir selbst liebreich und beliebt, verehrend und verehrungswürdig, gütig und edel, gefällig und freundlich, zufrieden und freigebig. Die Lehre von der Sprache selbst, das *Satya des Patanjali*, ist deshalb eine der höchsten Wissenschaften des Yoga.

Sinnliche Eindrücke färben das *Prâna* in gleicher Weise. Wenn wir uns zu sehr den Eindrücken des Gesichtes, dem Hören angenehmer Geräusche, dem Genuss feiner Wohlgerüche usw. hingeben, stärken sich die Farben der entsprechenden *Tattwas* und gewinnen einen übermächtigen Einfluss auf unser *Prâna*.

Sehen wir allzu gern schöne Frauen, hören wir allzu gern den Wohllaut ihrer Stimmen, dann sei uns der Himmel gnädig, denn der endliche und Haupteffekt wird sein, dass unsere *Prânas* mehr und mehr weibliche Färbung annehmen.

Diese Beispiele mögen genügen, um zu zeigen, wie die tattwischen Farben der umgebenden Natur sich im *Prâna* wirksam erweisen. Es muss noch betont werden, dass es keine neuen Farben sind, die sich im *Prâna* bemerkbar machen. Alle Farben des Universums sind schon in ihm enthalten, gerade wie in der Sonne, dem Prototyp des *Prâna*. Die Färbung, von der ich oben gesprochen, ist lediglich die Verstärkung der spezifischen Farbe bis zu einem Grade, dass alle übrigen Farben in den Hintergrund treten.

Diese Gleichgewichtsstörungen sind es, welche die unzähligen Varianten des menschlichen *Prânas* hervorbringen und zugleich das unendliche Heer von Krankheiten erzeugen, denen alles Fleisch unterworfen ist.

Wir ersehen also daraus, dass jede Handlung des Menschen seinem *Prâna* eine besondere Färbung verleiht, und umgekehrt, dass die Farbe wieder die grobe Materie des Leibes beeinflusst. Aber wann beeinflusst die spezielle tattwische Farbe den Körper? Doch offenbar nur unter entsprechenden tattwischen Bedingungen des umgebenden Universums.

Das heißt also z. B. wenn das *Agni Tattwa* sich in irgendeinem Zeitabschnitt eines Prânas bemächtigt hat, dass dann mit der Wiederkehr dieses Zeitabschnittes sich auch der tattwische Einfluss wieder bemerkbar macht. Ehe ich an die Lösung dieses Problems herantrete, möchte ich die folgenden Axiome dem Verständnis näher rücken:

Die Sonne ist die Hauptlebensspenderin eines jeden Organismus in dem ganzen System. In dem Augenblick, da ein neuer Organismus ins Leben tritt, ändert sich das Verhältnis der Sonne zu eben diesem Organismus. Sie wird nun zur Erhalterin seines positiven Lebens. Zugleich aber beginnt auch der Mond seinen Einfluss auf diesen Organismus auszuüben. Er wird zum Erhalter des negativen Lebens. Und auch jeder einzelne der Planeten erzeugt seine besonderen Strömungen im Organismus.

Der Einfachheit halber habe ich bis jetzt immer nur von Sonne und Mond gesprochen, den Beherrschern der positiven bezw. negativen Ströme der rechten und linken Körperhälfte, des Gehirns und des Herzens, der Nerven und der Blutgefäße. Sie sind die beiden Hauptlebensquellen, aber es darf keineswegs vergessen werden, dass die Planeten modifizierend auf die von jenen erzeugten Ströme einwirken. So sind, die wirklichen tattwischen Bedingungen eines Augenblicks nicht nur durch Sonne und Mond, sondern auch durch die sieben Planeten gegeben. Jeder Planet schafft die tattwischen Hauptbedingungen des Augenblicks und damit auch die des Organismus der ein Erzeugnis eben dieses Augenblicks ist.

Die Veränderungen korrespondieren mit der Manifestation der Farbe des *Prâna*, die gerade in diesem Moment die Vorherrschaft gewann. Nehmen wir z. B. an, die rote Farbe habe sich des *Prânas* bemächtigt, wenn sich der Mond im zweiten Grad des Zeichens der Waage befindet. Wenn nicht der Einfluss eines anderen Lichtkörpers störend eingreift, wird sich die rote Farbe immer dann zeigen, wenn der Mond wieder dieselbe Position erreicht.

Ist aber ein störender Einfluss vorhanden, dann wird sich die rote Farbe erst dann wieder zeigen, wenn der Einfluss behoben ist. Das kann nach einem Monat schon der Fall sein, aber sich auch Jahrhunderte lang hinaus schieben. Es ist sehr schwierig zu bestimmen, wann ein Geschehnis seine Wirkung zeigen wird. Es hängt auch zum guten Teil von der Stärke des Eindrucks ab. Die Stärke des Abdrucks kann in zehn Abstufungen ausgedrückt werden, wenn auch andere Schriftsteller mit der Teilung noch weiter gehen.

1. **Augenblicklich.** Dieser Stärkegrad kann seinen Einfluss da und dort ausüben.

2. **30° Grad Stärke.** In diesem Falle wird der Effekt dann eintreten, wenn sich sämtliche Planeten wieder im selben Zeichen befinden, wie zu der Zeit, da der Eindruck entstanden ist.

3. 15° Stärke. (*Horâ*)

4. l0° Stärke. (*Dreshkâna*)

5. 200' Stärke. (*Navânsha*)

6. 150' Stärke. (*Dvâdashânska*)

7. 6o' oder 1° Stärke. (*Trinshânsha*)

8. 1" Stärke. (*Kalâ*)

9. 1"' Stärke. (*Vipala*)

10. 1""'Stärke. (*Trutî*)

Nehmen wir an, in irgendeinem *Prâna* gewönne durch irgendeine Tätigkeit das *Agni Tattwa* die Größte, mit der Existenz des Körpers noch verträgliche Übermacht, dann wird es seinen Einfluss fortgesetzt ausüben, bis es sich zu einem gewissen Grade erschöpft hat.

Es wird dann latent werden und sich erst wieder zeigen, wenn die Planeten wieder in denselben Häusern stehen. Ein Beispiel wird das noch besser zeigen. Angenommen, die im Folgenden beschriebene Stellung der Planeten gäbe die tattwische Bedingung, unter der irgendeine Farbe sich des *Prânas* bemächtigt hat. Am Donnerstag, den 3. April, sei also folgende Konstellation gewesen:

	Zeichen	**Grad**	**Minute**	**Sekunde**
Sonne	11	22	52	55
Mars	5	28	1	40
Merkur	10	25	42	27
Saturn	3	9	33	30
Venus	11	26	35	17
Mond	8	16	5	9
Jupiter	7	15	41	53

Zu dieser Zeit also soll das betreffende Ereignis eintreten. Der Einfluss verschwindet mit dem zweistündigen Mondstrom. Er wird dann latent und bleibt latent, bis die Planeten sich wieder in der gleichen Position befinden. Solcher Positionen gibt es, wie wir gesehen haben, neun und mehr.

Zugleich mit der Zeit, in der eine Farbe das Übergewicht im *Prâna* gehabt hat, schwindet auch deren Einfluss auf den materiellen Körper und wird latent. Er zeigt sich im Allgemeinen erst wieder, wenn die Sterne wieder in die gleichen Häuser treten. In dieser Zeit ist aber etwas von der Stärke geschwunden und die Kraft beginnt sich zu äußern, wenn die halben Häuser eintreten, und so fort in der oben angegebenen Reihenfolge der Stärken. Es gibt ohne Zweifel eine Menge Augenblicke, in denen die Konstellation nur annähernd der gegebenen entspricht, und hier wird der Einfluss versuchen sich zu äußern, wenn es auch zu dieser Zeit eben nur ein Versuch bleibt.

Diese Bemerkungen mögen, wenn sie auch notgedrungen sehr kurz ausfielen, zeigen, dass der durch irgendein Geschehnis auf das *Prâna* ausgeübte Einfluss, möge er auch noch so geringfügig sein, tatsächlich lange Zeiträume beansprucht, um völlig zu verschwinden, da seine Abnahme immer erst erfolgt, wenn dieselbe Konstellation eintritt, wie sie in dem Augenblick des Ereignisses war.

Die Kenntnis der Astronomie ist deshalb in der vedischen okkulten Religion von hoher Bedeutung. Die folgenden Bemerkungen machen vielleicht das Gesagte noch etwas verständlicher.

Das *Prânamaya Kosha* ist, wie schon öfter bemerkt, ein genaues Abbild des terrestrischen *Prâna*. Die periodischen Ströme feinerer Naturkräfte, die auf der Erde existieren, wirken in den Prinzipien des Lebens nach denselben Gesetzen; wie der Zodiakus, so ist auch das *Prânamaya Kosha* in Häuser geteilt usw.

Die nördliche und die südliche Neigung der Achse geben uns das Herz und das Gehirn. Von jedem von ihnen gehen zwölf Zweige aus, welche die zwölf Bilder des Tierkreises darstellen.

Die tägliche Umdrehung ergibt die einunddreißig Chakras, deren wir schon Erwähnung getan haben. Diese Chakras sind ebenso eingeteilt wie die Zeichen des Tierkreises. Von der Teilung der Halbhäuser wurde bereits gesprochen. Es gibt ein positives und ein negatives Halbhaus.

Dann haben wir ein drittel, ein neuntel, ein zwölftel Haus bis herab zu einem Grad oder dessen Unterabteilungen. Jedes dieser Chakras, sowohl die Täglichen wie die Jährlichen, ist in Wirklichkeit ein Kreis von 360 Grad, wie die großen Kreise der Himmelskugeln. Durch diese Chakras gehen sieben Arten von Lebensströmen:

1. Sonne,

2. Mond,

3. Mars, *Agni,*

4. Merkur, *Prithivî,*

5. Jupiter, *Vâyu,*

6. Venus, *Apas,*

7. Saturn, *Âkâsha.*

Es ist nicht unmöglich, dass denselben Chakras entlang alle oder einer oder mehrere dieser verschiedenen Ströme zugleich laufen. Ich möchte hier den Leser noch einmal an das Beispiel der elektrischen Ströme der modernen Wissenschaft erinnern. Offenbar wird der tatsächliche Zustand des *Prâna* durch die Lage der verschieden lokalisierten Ströme bestimmt. Wenn also nun ein oder andere der tattwischen Ströme durch eine Handlung von unserer Seite erregt wird, so kann der tattwische Effekt erst dann in seiner vollen Stärke eintreten, wenn auf einen Grad genau dieselbe Konstellation eintrifft.

Es können ja zu verschiedenen Zeiten die Einwirkungen sich zum Teil bemerkbar machen, aber in voller Stärke wird es nur geschehen, wenn dieselbe Lage bis auf den winzigsten Bruchteil eines Grades die gleiche ist.

Das nimmt aber Jahrtausende um Jahrtausende in Anspruch und es ist undenkbar, dass ein tattwischer Effekt im gleichen Leben noch eintritt. Daraus leiten wir die Notwendigkeit der Reinkarnation auf Erden ab.

Die angesammelten tattwischen Wirkungen der irdischen Wirksamkeit geben jedem Leben seine charakteristische Färbung. Diese Färbung verschwindet allmählich, je nachdem die sie zusammensetzenden Farben eine nach der anderen verlöschen oder schwächer werden.

Wenn die Farbenkomponenten zerronnen sind, so erlischt auch die resultierende Hauptfarbe des Lebens. Der materielle Körper, der durch diese spezielle Farbe ins Leben gerufen wurde, reagiert nun nicht mehr auf das jetzt wesentlich anders gefärbte *Prâna*. Dieses tritt nicht mehr aus dem *Sushumnâ*. Und die Folge davon ist der Tod.

Der Tod

Wie ich schon gesagt habe, gibt es zwei Arten des Todes: den Positiven durch das Gehirn und den Negativen durch das Herz. Also ein Tod durch das *Sushumnâ*, in dem die *Tattwas* alle potenziell sind. Der Tod kann aber auch auf dem Wege der anderen *Nâdis* eintreten. In diesem Falle muss aber eines oder mehrere der *Tattwas* vorwiegen.

Nach dem Tode wendet sich das Prâna nach verschiedenen Richtungen, je nach dem es seinen Weg aus dem Leibe genommen hat.

1. Das negative *Sushumnâ* leitet es nach dem Mond.

2. Das positive *Sushumnâ* leitet es zur Sonne.

3. Das *Agni* der anderen *Nâdis* leitet es zu den Bergen, die man *Raurava* (Feuer) nennt.

4. Das *Apas* der anderen *Nâdis* leitet es zu dem Hügel, den man *Ambarîsha* nennt usw. Das *Âkâsha*, das *Vâyu* und das *Prithivî* leiten es beziehentlich zu *Anadathâmisra*, *Kalasutra* und *Mahâkâla* (vgl. Yoga Sutra, Pada III, Aphorismus 26, Kommentar).

Der negative Weg ist der, den das *Prâna* gewöhnlich nimmt. Dieser Weg führt zum, Monde (dem *Chandraloka*), weil der Mond der Beherrscher des negativen Systems, der negativen Ströme und, des negativen *Sushumnâ*, des Herzens, ist, dass demnach eine Fortsetzung des lunaren *Prâna* darstellt. Das *Prâna*, das eine wesentlich negative Farbe besitzt, kann keinen anderen Weg als diesen wählen und fließt naturgemäß in die Reservoirs, die Zentren des negativen *Prâna*. Die Menschen, in denen der zweistündige lunare Strom mehr oder minder regelmäßig kreist, nehmen diesen Weg.

Das *Prâna*, das die Intensität seiner irdischen Färbung verloren hat, beeinflusst nun die lunare Materie seiner Stärke entsprechend und erzeugt dort für sich selbst eine Art passiven Lebens. Der Geist ist hier

in einem traumartigen Zustand. Die tattwischen Eindrücke der angesammelten Kräfte spielen sich vor ihm ab in der gleichen Weise, wie
es in unseren irdischen Träumen geschieht.

Der einzige Unterschied ist der, dass in diesem Zustande keine
Einwirkungen der Verdauung vorhanden sind, welche die tattwischen
Eindrücke so stark und plötzlich auftreten lassen, dass sie schreckhaft
wirken. Dieser Traumzustand zeichnet sich durch vollkommene Ruhe
aus. Was immer unser Geist an interessanten irdischen Erfahrungen
gesammelt, was wir gedacht, gehört, gesehen und an was wir uns erfreut
haben, das Gefühl der Freude und Zufriedenheit die Wonne und
Fröhlichkeit des *Apas* und des *Prithivî*, die wohligen Liebesgefühle des
Agni, das süße Vergessen des *Âkâsha*, all das erscheint eins nach dem
andern, aber in vollkommener Ruhe. Die quälenden, schmerzlichen
Eindrücke können nicht auftreten, weil Schmerz nur da entsteht, wo
Kräfte auf den Geist einwirken, der außer Harmonie mit seiner
Umgebung steht. Diesen Zustand, in dem sich nun der Geist befindet,
nennt man *Chandraloka*. Wir werden diesen Zustand besser verstehen
lernen, wenn wir auf die tattwischen Ursachen der Träume zu sprechen
kommen.

Lange Zeiträume dauert dieses *Loka*, während dessen, entsprechend den für das *Prâna* geltenden Gesetzen, im Geiste die
Eindrücke des früheren Lebens erlöschen. Die intensiven tattwischen
Farben, die das rastlos tätige *Prâna* ihm aufgeprägt hat, verblassen nach
und nach, bis schließlich der Geist mit dem *Prâna* in ein ewig
währendes Gleichgewicht kommt. Nun haben beide die Färbung des
früheren Lebens verloren. Vom *Prâna* kann man sagen, dass es nun
eine neue Erscheinungsform, vom Geist, dass er ein neues Bewusstsein
aufweist. Wenn beide in diesem Zustande sind, beide noch sehr
schwach, dann beginnen die angesammelten tattwischen Kräfte des
Prâna sich zu betätigen, wenn wieder die gleiche Konstellation der
Himmelskörper eintrifft. Diese ziehen uns dann wieder aus dem lunaren
ins irdische *Prâna* zurück.

Der Geist besitzt in diesem Zustande keine bemerkenswerte
Individualität und das *Prâna* trägt ihn dahin, wohin er vermöge seiner
Affinität paßt. Er verbindet sich also mit solchen solaren Strahlen, die
eine ähnliche Färbung aufweisen; die mächtigen Potenzen, die in dem
zukünftigen Menschenwesen zunächst noch vollkommen latent sind.

Mit den Strahlen der Sonne tritt er, entsprechend den Gesetzen der Vegetation, in ein Samenkorn, das ähnliche Farben zeigt. Jedes Samenkorn hat seine ausgesprochene Individualität, die seiner selbstständigen Existenz entspricht, und es mögen in so manchem Getreidekorn menschliche Potenzen ruhen, die ihm seine eigene Individualität verleihen.

In derselben Weise kehren menschliche Individualitäten aus den fünf Zustandsformen zurück, die wir als Höllen bezeichnen. In diesen Zustandsformen gehen nach dem Tode solche Menschen über, die übermäßig und heftig sich dem Genuss der Eindrücke des einen oder anderen *Tattwas* hingeben. Wenn die tattwische Eigenschaft die Intensität verlieren, die das Gleichgewicht stört und daher Leiden verursacht, so vereinigt sich das individuelle *Prâna* mit der lunaren Sphäre und tritt die gleiche Reise an, die wir vorhin geschildert haben.

Auf dem positiven Wege durch das Brâhmarandhra erreichen die *Prânas*, die den allgemeinen Einwirkungen der Zeit nicht mehr unterliegen und deshalb unter gewöhnlichen Bedingungen nicht mehr zur Erde niedersteigen. Die Zeit ist es, welche die *Prânas* vom Monde zurückbringt, und die kleinste tattwische Anlage tritt wieder in Kraft mit dem Eintritt entsprechender astraler Bedingungen. Da aber die Sonne selbst die Zeitmesserin ist und der stärkste Faktor in der Bestimmung der tattwischen Bedingungen des solaren *Prâna*, so ist es ausgeschlossen, dass die Zeit einen Einfluss auf diesen ausübt. Deshalb nehmen nur solche *Prânas* den Weg zur Sonne, in denen keine tattwische Farbe mehr das Übergewicht hat. In diesem Zustande befindet sich allein das *Prâna* der Yogis. Durch die fortwährende Ausübung der acht Zweige des Yoga wird das *Prâna* von jeder ausgesprochen persönlichen Färbung gereinigt, und da unter gewöhnlichen Umständen auf ein solches *Prâna* die Zeit keinen Einfluss ausübt, so wendet es sich der Sonne zu. Diese *Prânas* haben also keine persönliche Färbung; sie alle, die gemeinhin eine ähnliche Färbung besitzen, vereinigen sich mit der Sonne. Aber ihre Bewusstseinsformen sind verschieden. Sie unterscheiden sich voneinander je nach dem besonderen Wissensgebiet, das sie kultiviert haben, oder je nach den besonderen und verschiedenen Methoden mentaler Betätigung auf Erden. In diesem Zustande unterliegt das Bewusstsein nicht mehr, wie im Monde, den Eindrücken des *Prâna*. Fortgesetzte Übung hat den

Geist des Yoga zu einem unabhängigen Schöpfer gemacht, der einzig von der Seele abhängt und dem *Prâna* seine eigenen Formen und Farben verleiht. Es ist das eine Art *Moksha*.

Obgleich die Sonne die allmächtige Herrin des Lebens ist und die tattwische Beschaffenheit des *Prâna* keinen Einfluss auf das *Prâna* ausübt, das sich mit der Sonne vereinigt hat, so unterliegt dieses doch planetarischen Einflüssen, und es gibt Zeiten, in denen dieser Effekt so stark ist, dass die irdischen Bedingungen, unter denen das Bewusstsein vorher existiert hat, wieder gegenwärtig werden. Ein heißes Begehren, dasselbe Gute auf Erden nochmals zu tun, was es in seinem früheren Leben getan, ergreift Besitz von ihm und zwingt es, wieder zur Erde zurück zukehren. *Shankarâchârya* erwähnt in seinem Kommentar über das *Brahmâsutra* das *Apantârtamâh*, einer der vedischen Rishis, in dieser Weise am Ende des *Dwâpara* und am Anfang des *Kali Yuga*, als *Krishna Dvaipâyana* auf Erden erschien.

VI.
Prâna (III)

Da es mir wünschenswert erscheint, so viel als möglich die Eigenschaften des *Prâna* klarzustellen, gebe ich im Nachfolgenden noch einige Zitate aus dem *Prashnopanishad*. Sie werden die Materie noch interessanter gestalten und sie in einer fasslicheren und anziehenderen Form darstellen.

Der, welcher die Geburt, den Eintritt, die Manifestationen, die Regeln und die mikrokosmischen Erscheinungen des *Prâna* kennt, wird durch dieses Wissen unsterblich.

Praktische Kenntnis der Lebensgesetze und die Unterordnung der eigenen Natur unter das Geheiß dieser Gesetze muss naturgemäß dazu führen, dass die Seele aus dem Schatten des Lebens in das belebende Licht der Sonne tritt. Das bedeutet Unsterblichkeit, also die Überwindung des irdischen Todes.

Aber wir wollen nun weiter hören, was das Upanishad über das *Prâna* noch zu sagen weiß.

Die Geburt des Prâna

Das *Prâna* ist aus dem *Atmâ* geboren; es gehört zum *Atmâ*, wie der Schatten zum Körper.

Kommt der menschliche Körper oder irgendein anderer Organismus in das Licht der Sonne, so wirft er in den dahinter befindlichen Raum, den Ozean des *Prâna*, einen Schatten. In gleicher Weise wird das *Prâna* als Schatten in der makrokosmischen Seele sichtbar (*Ishvara*), weil das makrokosmische Bewusstsein dazwischen tritt (*Manu*). Kurz, das *Prâna* ist der Schatten des *Manu*, der aus dem Lichte des Logos, dem makrokosmischen Zentrum, entsteht.

Die Sonnen verdanken ihre Geburt in diesem Schatten dem Einfluss der makrokosmischen mentalen Ideen auf diesen. Diese Sonnen, die Zentren des *Prâna*, werden ihrerseits wieder die positiven Ausgangspunkte der weiteren Entwicklung.

Die *Manus*, die ihren Schatten durch Vermittelung der Sonne werfen, erzeugen in diesem Schatten die Planeten usw. Die Sonnen erzeugen ihre Schatten mithilfe der Planeten und bilden so die Monde. Dann beginnen die verschiedenen Zentren auf den Planeten zu wirken und die Sonne steigt auf sie hernieder in Gestalt von verschiedenen Organismen, den Menschen eingeschlossen.

Die makrokosmischen Erscheinungen

Das *Prâna* ist im Makrokosmos, als dem Ozean des Lebens, mit der Sonne als Zentrum, begründet. Es erscheint in zwei Existenzphasen, dem *Prâna*, der solaren positiven Lebensmaterie und dem *Rayi*, der lunaren negativen Lebensmaterie. Das Erstere ist die nördliche und östliche Phase, das Letztere die südliche und westliche Phase. In jedem Moment des irdischen Lebens wirken somit das nördliche und das südliche Zentrum des *Prâna*; die Zentren, aus denen die nördliche und die südliche Phase der Lebensmaterie entspringen, auf uns ein. Mit der östlichen und westlichen Hälfte ist es ebenso.

In jedem Zeitmoment, d. h., in jedem *Truti* gibt es Millionen von *Trutis*, vollständigen Organismen im Raum. Dies erfordert eine gewisse Erklärung. Die Einheiten des Raumes und der Zeit sind identisch, eben ein *Truti*. Nehmen wir ein *Truti* heraus. Wir wissen, dass in jedem Zeitmoment die tattwischen Strahlen des *Prâna* in jeder Richtung von jedem Punkt zu jedem Punkt gehen.

Aus dieser Betrachtung ergibt sich, dass jedes *Raumtruti* ein getreues Abbild des ganzen Apparates des *Prâna* mit all seinen Zentren und Seiten, mit seinen positiven und negativen Beziehungen ist. Um dieses Große in wenigen Worten zu sagen: jedes *Raumtruti* ist ein vollständiger Organismus. In dem Ozean des *Prâna*, der die Sonne umflutet, sind unzählige solcher *Trutis*.

Es ist nicht schwer zu verstehen, dass die folgenden Verhältnisse Unterschiede in der Farbe, Erscheinung und Form der *Trutis* hervorbringen:

1. Der Abstand vom Sonnenzentrum,

2. Die Lage zur Sonnenachse.

Ich nehme die Erde als Beispiel. Die Zone des Sonnenlebens, in der sich, gemäß der Entfernung und Lage zur Axe, die Erde bewegt, erzeugt das irdische Leben. Diese Zone des Erdenlebens ist als Ekliptik bekannt. Nun ist aber jedes *Truti* in dieser Ekliptik ein besonderer, individueller Organismus. So wie sich die Erde in ihrem jährlichen Kreislaufe dreht, d. h. so wie das *Truti* der Zeit wechselt, wechseln diese permanenten *Trutis* des Raumes ihre Lebensphasen. Aber ihre Beständigkeit wird niemals beeinträchtigt. Sie behalten trotz allem ihre Individualität.

Alle planetaren Einflüsse wirken auf die *Trutis*, wo immer auch die Planeten auf ihrer Reise sich befinden mögen. Der wechselnde Abstand und die wechselnde Neigung verursachen fortwährend einen Wechsel in den Lebensphasen.

Das *Raumtruti* sendet aus seiner konstanten Lage in der Ekliptik, indem es seine Verbindungen mit den Planeten aufrechterhält, seine tattwischen Strahlen nach allen Richtungen des Raumes. Und so kommen diese auch zur Erde.

Es ist ein Gesetz des Erdenlebens, dass der positive und der negative Lebensstrom, das *Prâna* und das *Rayi*, immer sich das Gleichgewicht halten. Wenn also im ekliptischen *Truti* die zwei Phasen der Lebensmaterie gleich stark sind, so setzen die tattwischen Strahlen, die von ihm ausgehen, die grobe Materie der Erde in Tätigkeit. Sofort, wenn das Gleichgewicht durch die tattwischen Einflüsse der Planeten gestört wird oder durch eine andere Ursache, ist irdischer Tod die Folge. Das bedeutet einfach, dass die tattwischen Strahlen des *Truti*, die auf die Erde gelangen, aufhören, die grobe Materie zu beeinflussen, obgleich sie immer auf die Erde fallen und obgleich das *Truti* unverändert auf seinem Platze in der Ekliptik steht. In diesem posthumen Zustande setzt das menschliche *Truti* die grobe Materie in dem Raumteil in Bewegung, dessen Gesetze vom relativen, positiven oder negativen Übergewicht mit diesem Zustande zusammenfallen. So wird, wenn die negative Lebensmaterie das *Rayi*, überstark wird, die Einwirkung des *Truti* von der Erde auf den Mond verlegt. In gleicher Weise kann es aber auf andere Sphären übergehen. Wenn das irdische Gleichgewicht wieder hergestellt, wenn dies posthume Leben ausgelebt ist, dann geht die Energetisierung wieder auf die Erde über.

Dieses ist die makrokosmische Erscheinung des *Prâna*, mit den Bildern aller Organismen auf Erden. Wir kommen nun zum Eintritt des *Prâna*.

Wie kommt das *Prânamaya Kösha*, das *Truti* des Makrokosmos, in den Körper? *Durch Handlungen, an deren Wurzel das Bewusstsein liegt*, sagt kurz das *Upanishad*. Wir haben schon erklärt, wie jede Tätigkeit die Natur des *Prânamaya Kosha* ändert, und ich werde in meinem Aufsatz, kosmische *Gemäldegalerie* ausführen, wie sich diese Veränderungen in dem kosmischen Abbild unseres Lebensprinzips darstellen. Offenbar wird durch diese Tätigkeiten die Veränderung in der allgemeinen Natur des *Prâna* und des *Rayi* hervorgerufen, von der wir schon sprachen. Es ist kaum nötig zu erwähnen, dass das Bewusstsein, der menschliche freie Wille, an der Wurzel der Tätigkeiten liegt, die das tattwische Gleichgewicht des Lebensprinzips stören. So kommt das *Prâna* in den Körper durch Tätigkeiten, an deren Wurzel das Bewusstsein liegt.

Die Orte der Manifestation

Wie die höchste Gewalt ihre Diener anweist, indem sie sagt: *regiere die und die Ortschaften*, so macht es auch das *Prâna*. Es verlegt seine verschiedenen Manifestationen auf verschiedene Plätze. Im *Pâyu* (After) und *Epastâ* ist das *Apâna* (die Kraft, die, die Faeces und den Urin entfernt) wirksam.

Im Auge und im Ohr sind die Manifestationen bekannt als Gesicht und Gehör (*Chakshuh* und *Shrotra*). Das *Prâna* bleibt sich, bei Mund und Nase herausgehend, selbst gleich. Dazwischen (zwischen den Manifestationsorten des *Prâna* und des *Apâna*, in der Nähe des Nabels) lebt das *Samâna*. Dieses verteilt Speise und Trank gleichmäßig über den ganzen Körper. Es gibt hier sieben Lichter. (Vermittels des *Prâna* wird das Licht der Erkenntnis auf Farbe, Form, Ton usw. geworfen.)

Im innersten Herzen ist dieses *Atmâ* (das *Prânamâya Kosha*) und in diesem die übrigen Kreisläufe. Hier gibt es hundertundein *Nâdi*, deren jedes hundert Kreisläufe enthält. In jedem dieser Zweignâdis gibt es 72 000 andere *Nâdis*. In diesem kreist das *Vyâha*.

Durch eines, das *Sushumnâ*, aufwärtsgehend, führt das *Udâna* zu guten Welten durch das Gute, zu bösen durch das Böse; durch beide zu der Welt der Menschen.

Die Sonne ist in der Tat das makrokosmische *Prâna*; sie geht auf und wirkt dadurch auf den Gesichtssinn. Die Kraft, die in der Erde wohnt, erhält die Kraft des *Apâna* aufrecht. Das *Âkâsha*, die ätherische Materie, das zwischen Himmel und Erde ist erzeugt das *Samâna*.

Die ätherische Lebensmaterie, unabhängig von ihrer Existenz zwischen Himmel und Erde, die den makrokosmischen Raum erfüllt, ist das *Vyâna*. Das *Tejas*, der Lichtäther, ist *Udâna*; hier wird das natürliche Feuer abgekühlt, der Eintritt des Todes.

Dann nähert sich der Mensch seiner zweiten Geburt. Die Organe und Sinne gehen in das Bewusstsein über; das Bewusstsein des Menschen vereinigt sich mit *Prâna*, dessen Manifestationen nun aufhören. Das *Prâna* ist mit dem *Tejas* kombiniert und trägt die Seele zu den sichtbaren Sphären.

Die verschiedenen Manifestationen des *Prâna* im Körper und die Orte, wo sie sich manifestieren, haben wir schon besprochen. Aber in den eben angeführten Zitaten erscheinen noch andere interessante Feststellungen. Es heißt dort, daß das *Atmâ*, das *Prânamaya Kosha* mit seinen Kreisläufen, in der Tat im Herzen lokalisiert sei. Das Herz repräsentiert, wie wir gesehen haben, die negative Seite des Lebens, das *Rayi*.

Wenn das positive *Prâna*, das speziell im Gehirn lokalisiert ist, auf das *Rayi*, das Herz und die von ihm ausgehenden *Nâdis*, einwirkt, treten die Formen des Lebens und die Handlungen des Menschen in die Erscheinung. Es ist also eigentlich die Denkkraft im Herzen, die in der Welt wirksam ist; sie ist also eigentlich die Herrin aller Sinnes- und Tätigkeitsorgane des Lebens.

Wenn sie im Herzen nicht lernt, auf dieser Erde zu leben, so verlieren Sinnes- und Tätigkeitsorgane ihre Lebensfähigkeit und die Verbindung mit der Welt hört auf. Das Wesen des Gehirns, das ja, außer durch Vermittelung des Herzens, keine Verbindung mit der Welt hat, verbleibt dann in ungestörter Reinheit; kurz, die Seele geht ins *Súrya-loka*, die Sonne, ein.

Das äußere Prâna

Der nächste Punkt von Interesse ist die Beschreibung der Wirkungen des äußeren *Prâna*, die an der Wurzel des individualisierten *Prâna* liegen und dessen Tätigkeit hervorrufen. Wir haben festgestellt, dass die Sonne das *Prâna* ist. Das ist offenbar und wurde schon wiederholt erwähnt.

Die wichtigste Lebensfunktion, die Ein- und Ausatmung, diejenige Funktion, die nach der Atemlehre das einheitliche Existenzgesetz des Universums auf allen. Ebenen darstellt, wird durch die Sonne selbst hervorgebracht und erhalten. Und dieser solare Atem bildet in seiner Erscheinung im Menschen den menschlichen Atem.

Die Sonne erscheint aber auch anderweitig wirksam. Dadurch, dass sie aufgeht, gibt sie dem Auge seine natürliche Funktion.

In ähnlicher Weise erzeugt die Kraft, die in der Erde ruht, die *Apânamanifestation* des *Prâna*. Dieses ist die Kraft, die alles an die Erde heranzieht, sagt der Kommentator. In der modernen Sprache nennt man es Gravitation.

Noch einiges möchte ich erwähnen über die *Udânamanifestation* des *Prâna*. Wie jeder weiß, gibt es eine Phase des mikrokosmischen *Prâna*, die alles, Namen, Formen, Geräusche, Gesichte und andere Gefühle, von einem Platze zum anderen trägt. Die lokalisierte Manifestation dieser Phase des *Prâna* nennt man *Udâna*, diejenige, die das Lebensprinzip von einem Platze zum anderen fortpflanzt. Die besondere Bestimmung ist festgelegt durch geschehene Handlungen, und das universale *Agni* trägt das Prâna zusammen mit der Seele nach verschiedenen Welten.

VII.
Prâna (IV)

Das *Prâna* ist demnach ein mächtiges Wesen und wenn all seine lokalisierten Manifestationen zusammenwirken könnten, ruhig und ihrem speziellen Charakter angemessen, ohne Zeit und Raum anderer Manifestationen zu beanspruchen, so möchte es wenig Böses in der Welt geben. Aber jede einzelne dieser Manifestationen betätigt ihre Gewalt über die arme, verwirrte menschliche Seele. Jede von ihnen beansprucht das ganze menschliche Leben als ihre eigene alleinige Domäne.

Das *Âkâsha*, das *Vâyu*, das *Agni*, das *Prithivî*, das *Apas*, die Sprache, das Gesicht, das Gehör, sie alle sagen klar und deutlich, dass sie allein die Beherrscher des menschlichen Körpers sind. Das ursprüngliche *Prâna*, das, dessen Manifestationen wir eben genannt haben, sagt: *Vergiss nicht; ich bin es, das den menschlichen Körper erhält, indem ich mich in fünf Teile zerlege.*

Wenn die fünf Teile des *Prâna* mit all ihren Unterabteilungen revoltieren, wenn jeder seine eigene Herrschaft zu behaupten beginnt und aufhört, für das allgemeine Wohl des obersten Herren, des eigentlichen Lebens sich zu betätigen, dann tritt das Leid seine traurige Herrschaft an und peinigt die arme Menschenseele.

Aber die Manifestationen des Prâna, mit Blindheit geschlagen, wollten nicht „gehorchen" den Befehlen ihres Herrn.

Es verlässt den Leib, und wenn es ihn verlässt, so folgen auch alle die anderen, kleineren Prânas; sie sind da, wo es ist.

Dann aber werden sie sehend.

Wie die Bienen ihrer Königin überall hin folgen, so folgen die Prânas, nämlich die Sprache, das Bewusstsein, das Auge, das Ohr, ihm in äußerster Hingabe und preisen es so.

Es ist das Agni, die Ursache der Wärme; es ist die Sonne, die Spenderin des Lichtes; es ist die Wolke, ist Indra, ist das Vâyu und das Prithivî; es ist das Rayi und das Deva, das Sat und das Asat, und es ist das Unsterbliche.

Wie die Speichen in der Nabe des Rades, so ist jedes Ding im Prâna befestigt, — die Hymnen des Rig, das Yajur, und die Sâma Vedas, das Opfer, die Kshatriyas und die Brahmânen usw.

Du bist der Ahne; du bewegst dich im Mutterleibe; du bist geboren in Gestalt von Vater oder Mutter; dir, o Prâna, das du mit deinen Manifestationen im Körper wohnst, dir bringen alle Kreaturen Geschenke.

Du bist der Bote für die Geschenke an die Devas, du bist der Überbringer der Weihgeschenke an die Väter; du bist die Tat und die Kraft der Sinne und der anderen Manifestationen des Lebens.

Du bist, o Prâna, der Herr über alles, der Rudra (Zerstörer) und der Erhalter; du kreisest als Sonne am Himmelsgewölbe, du bist der Erhalter der Himmelslichter.

Wenn du regnest, freut sich alle Kreatur, weil sie hofft, Speise in Fülle zu haben.

Du bist, o Prâna, rein von Natur; du verzehrst unsere Opfer, wie das Ekarshifeuer (der Atharvas); du bist der Erhalter aller Existenz; dir bringen wir Opfergaben; du bist unser Vater und Richter (oder der Erzeuger des Richters).

Mache gesund deine Erscheinungen, wie die Sprache, das Ohr und das Auge und all das, was zum Verstand gehört; wende dich nicht von uns.

Was immer in den drei Himmeln existiert, alles ist dem Prâna untertan. Schütze uns, wie die Mutter ihr Kind; gib uns Gesundheit und Klugheit.

Damit beschließe ich meine Abhandlung über das Prâna, das zweite Prinzip im Universum und im menschlichen Körper. Die diesem mächtigen Wesen geweihten Gebete, die ich eben zitierte, sind leicht zu verstehen, wenn man sich das vergegenwärtigt, was ich im Vorhergehenden darüber gesagt habe. Nun werde ich daran gehen die Wirkungen des universalen tattwischen Gesetzes des Atems auf der nächsthöheren Ebene, auf der des Bewusstseins (Manomaya Kosha), zu schildern.

AN M. Rayi und Asat sind die negativen, Deva und Sat die posiliven Phasen der Lebensmaterie.

V.
Das Bewusstsein

Einleitung

Keine Theorie des Lebens ist zugleich so einfach und so großartig wie die Lehre vom Atem (*Swara*). Es ist die eine universale Bewegung, die im Mâya vermöge des unsichtbaren Substrates des Kosmos, des Parabrahman der Veden, erscheint. Am besten übersetzt man *Swara* mit *Lebensstrom*.

Die indische Lehre vom Atem erforscht und formuliert die Gesetze, oder besser gesagt, das universelle Gesetz, nach dem der Lebensstrom, die bewegende Kraft der universellen Intelligenz, wie Emerson sich so schön ausdrückt, den Draht der Gedanken entlang läuft und die Evolution und Involution, und alle Phänomene des menschlichen Lebens, die physiologischen, mentalen und spirituellen lenkt. In diesem Universum nach seiner ganzen Länge und Breite gibt es kein Phänomen, sei es groß oder klein, das nicht seine natürlichste, verständlichste und geeignetste Erklärung in der Theorie der fünf Manifestationsformen dieser universellen Bewegung, den fünf elementaren *Tattwas*, fände. In den vorhergehenden Aufsätzen habe ich versucht zu erklären, wie jedes physiologische Phänomen von den fünf *Tattwas* hervorgebracht wird. Gegenstand dieses Aufsatzes ist es, in Kürze die verschiedenen Phänomene zu betrachten, die sich in dem dritten höheren Körper des Menschen, dem *Manomaya Kosha*, dem Bewusstsein, abspielen, und darauf hinzuweisen, wie symmetrisch und allgemein die *Tattwas* die Bildung und Wirkungsweise dieses Prinzips hervorbringen.

Erkenntnis

In der gewöhnlichen Sprache ist es die Erkenntnis, die das Bewusstsein vom rein physiologischen Leben (*Prâna*) unterscheidet, aber wir werden nach einer kurzen Betrachtung sehen, dass verschiedene Grade der Erkenntnis sehr wohl als die unterscheidenden Charakteristika der fünf Zustände der Materie, die wir im Menschen die fünf

Prinzipien nennen, angesehen werden können. Warum ist die Erkenntnis nur eine Art tattwische Bewegung des Atems, die durch die Anwesenheit eines mehr oder minder hohen Grads des Elementes *Ahankara* (Egoismus) zu Selbstbewusstsein gebracht wird? Dieses ist ohne Zweifel der Standpunkt des vedischen Philosophen, wenn er die Intelligenz als die bewegende, als die erste Ursache des Universums bezeichnet. Das Wort *Swara* ist nur ein Synonym für Intelligenz, die eine Manifestation des Einen, das ins *Prakriti* herniedersteigt.

Ich sehe etwas, heißt von unserem Standpunkt aus gesehen, dass mein *Manomaya Kosha* in visuelle Schwingungen versetzt worden ist.

Ich höre etwas, heißt, dass mein *Manomaya Kosha* in einem Zustand akustischer Schwingung sich befindet.

Ich fühle etwas bedeutet, dass mein Bewusstsein von Gefühlsschwingungen erregt wird.

Und so ist es mit den anderen Sinnen.

Ich liebe bedeutet, dass mein Bewusstsein sich in einem Zustand liebender Schwingungen befindet (einer Art Anziehung).

Der erste Zustand, der des *Anandamaya*, ist der des höchsten Erkennens. Dort gibt es nur ein Zentrum, das Substrat für die ganze Unermesslichkeit des *Parabrahmân* und die ätherischen Vibrationen seines Atems sind einheitlich durch die ganze Unendlichkeit. Es gibt nur ein Erkennen, nur eine Intelligenz. Das ganze Universum mit seinen sämtlichen Möglichkeiten und Tatsachen ist ein Teil dieses Erkennens. Dies ist der höchste Zustand der Wonne. Es gibt dort noch kein Selbstbewusstsein, da das Ich nur eine relative Existenz hat, und ein Du und ein Er bestehen muss, ehe ein Ich möglich ist.

Das Ego nimmt Form an, wenn auf der zweiten Existenzebene, mehr als ein kleineres Zentrum ins Dasein tritt. Man hat diesem Zustand deswegen den Namen *Ahankâra* gegeben. Die ätherischen Impulse dieser Zentren sind auf ihre besondere Domäne im Raum beschränkt und sind in jedem Zentrum verschieden.

Sie können aber einander beeinflussen in der gleichen Weise, wie die individualisierten ätherischen Impulse eines Menschen die des anderen beeinflussen. Die tattwische Bewegung eines brahmischen Zentrums erfolgt entlang derselben allgemeinen Linie wie die der anderen. Zwei verschiedene Impulse sind so in einem Zentrum begründet. Der stärkere Impuls heißt Ich, der schwächere je nachdem Du oder Er. Dann kommt *Manas*. *Viraj* ist das Zentrum und *Manu* die Atmosphäre dieses Zustandes.

Diese Zentren liegen außerhalb der menschlichen Erkenntnissphäre, aber sie wirken nach den gleichen Gesetzen, die für den ganzen übrigen Kosmos gelten. Die Sonnen kreisen um die Viråts in derselben Weise, wie die Planeten um die Sonne kreisen.

Die Funktionen des Bewusstseins

Das *Manu* ist ähnlich zusammengesetzt wie das *Prâna*; nur besteht es aus den fünf *Tattwas* in einem noch mehr verfeinerten Zustand, und diese erhöhte Feinheit stattet die *Tattwas* mit verschiedenen Funktionen aus.

Die fünf Funktionen des *Prâna* haben wir schon aufgezählt. Im Folgenden führen wir die fünf Funktionen des *Manas* auf, wie sie *Patanjali* und nach ihm *Vyâsa* angibt.

1. Mittel der Erkenntnis (*Pramâna*)

2. Falsche Erkenntnis (*Viparyaya*)

3. Zusammengesetzte Vorstellung (*Vikalpa*)

4. Schlaf (*Nidra*)

5. Gedächtnis (*Smriti*)

Alle Manifestationen des Bewusstseins fallen unter diese Hauptabteilungen. So umfasst das *Pramâna*:

a) Wahrnehmung (*Pratyaksha*), b) Folgerung (*Anumâna*), c) Autorität (*Agama*), *Viparyaya* umfasst:

a) Unwissenheit (*Avidyâ, Tamas*), b) Egoismus (*Asmitâ, Moha*), c) Erinnerung (*Râga, Mahâmoha*), d) Abwehr (*Tâmisra, Dvesha*), e) Selbsterhaltungstrieb (*Abhinivesha, Andhatâmisra*).

Die übrigen drei Hauptabteilungen haben keine bestimmten Unterabteilungen. Ich werde nun nachweisen, dass alle Modifikationen des Gedankens Formen tattwischer Bewegungen auf der mentalen Ebene sind.

1. Mittel der Erkenntnis (*Pramâna*).

Das Wort *Pramâna* (Mittel der Erkenntnis) ist von zwei Wurzeln herzuleiten, dem prädikativen ma und dem derivativen *ana*, mit dem Präfix *pra*. Die Wurzel ma bedeutet ursprünglich *gehen, sich bewegen* und im Zusammenhang damit *messen*. Das Präfix *pra* gibt der Wurzel den Begriff der Fülle, da sie mit der Wurzel *pri* füllen zusammenhängt.

Das, was ein Ding auf gleiche Höhe mit einem anderen hebt oder senkt, ist das *Pramâna* dieses Dinges. Indem ein Ding das *Pramâna* eines anderen wird, bekommt es Eigenschaften, die es vorher nicht besaß. Die Ursache dieser Zustandsveränderung ist eine gewisse Bewegungsart, denn nur die Bewegung ist es, die eine Zustandsveränderung hervorruft. Dies ist also die genaue Bedeutung des Wortes *Pramâna*, angewandt auf eine besondere Manifestation des Bewusstseins.

Pramâna ist eine besondere tattwische Bewegung des mentalen Körpers; es versetzt diesen mentalen Körper in einen Zustand, der dem irgendeines anderen Dinges gleicht. Das Bewusstsein kann in eben so vielen Formen erscheinen, als ihm die äußeren *Tattwas* einzuprägen vermögen, und diese Formen hat Patanjali unter drei große Abteilungen gebracht.

a) Wahrnehmung (Pratyakasha)

Diese ist die Zustandsveränderung, die, die Tätigkeit der fünf Sinnesorgane im Bewusstsein hervorruft. Das Wort ist zusammengesetzt aus *prati „zurück"* und *Akasha „Sinn, Sinnesorgan"*. Sie ist die sympathische tattwische Vibration, die ein Sinnesorgan bei einem Kontakt mit seinem Objekt im Bewusstsein hervorruft. Diese Veränderungen können in fünf Hauptabteilungen eingeordnet werden, entsprechend der Anzahl der Sinne.

Das Auge verleiht dem *Tejas* seine Schwingungen; die Zunge, die Haut, das Ohr und die Nase beziehentlich dem *Apas*, dem *Vayu*, dem *Akâsha* und dem *Prithivî*. Das reine *Agni* verursacht die Wahrnehmung von Rot, das *Tejas-Prithivî* von Gelb, das *Tejas-Apas* von Weiß, das *Tejas-Vâyu* von Blau usw. Andere Farben in tausenderlei Nuancen werden im Bewusstsein durch die gemischten Vibrationen hervorgerufen. Das *Apas* erweckt das Gefühl des Weichen, das *Vâyu* das des Rauen, das *Agni* das der Härte. Wir erkennen durch das Auge nicht allein Farben, sondern auch Formen; es sei hier daran erinnert, dass jede tattwische Vibration ihre besondere Form hat und dass alle Teile der groben Materie auf die entsprechend geformten tattwischen Schwingungen reagieren. So kann also eigentlich die Form mit allen Sinnen erfasst werden. Das Auge kann die Formen sehen, die Haut sie fühlen, die Zunge sie schmecken usw. Dass mag vielleicht paradox erscheinen, ich mochte aber betonen, dass eine Möglichkeit nicht nach der tatsächlichen Erscheinung beurteilt werden darf. Das Ohr könnte recht gut Formen hören, wenn es nicht durch den überwiegenden Gebrauch von Auge und Hand für diesen Zweck unbrauchbar gemacht worden wäre. Die eine Form ist in mindestens fünf Arten erkennbar, und jede Art nennt dasselbe Ding mit einem anderen Namen. Am besten wird diese Behauptung durch die Physiologie der fünf Sinne unterstützt.

Die Vibrationen des reinen *Apas* erzeugen einen zusammenziehenden Geschmack; die des *Apas-Prithivî* einen süßen, die des *Apas-Agni* einen heißen, die des *Apas-Vâyu* einen sauren usw. Unzählige Übergangsvariationen des Geschmackes werden durch die verschiedenen Vibrationen in ihren Mischungen verursacht.

Ähnlich liegt der Fall mit den vokalen und sonstigen Veränderungen der Vibrationen. Es ist klar, dass unsere ganze Wahrnehmungsfähigkeit nichts anderes ist als eine wirkliche tattwische Bewegung des Mentalkörpers, erzeugt durch die sympathischen Schwingungen des *Prâna*, genau, wie eine Saite von bestimmter Spannung von selbst ertönt, wenn der gleiche Ton in einer anderen Saite erklingt.

b) Folgerung (Anumâna)

Das Wort *Anumâna* hat dieselben Wurzeln wie das Wort *Pramâna*. Der Unterschied liegt nur im Präfix. Wir haben hier *anu* nach, anstelle von *pra*. Folgerung (*Anumâna*) ist also Nachbewegung. Wenn das Bewusstsein imstande ist, zwei Vibrationen zu einer und derselben Zeit festzuhalten, so muss, wenn die eine dieser Vibrationen wahrgenommen wird, sich auch die andere einstellen. Ich nehme an, ein Mann kneift mich. In meinem Bewusstsein spielt sich eine ganze Reihe von Vorgängen ab, die darin gipfeln, dass ich wahrnehme, dass mich jemand kneift. Ich nenne dies Schmerz. Es sind also zwei Arten tattwischer Bewegung in Tätigkeit, eine nach der anderen. Wenn ich nun zu einer anderen Zeit den gleichen Schmerz empfinde, wird sich das Bild des mich kneifenden Mannes sofort in meinem Bewusstsein einstellen. Diese Nachbewegung ist eben die Folgerung. Induktion und Deduktion sind beide nur Abarten dieser Nachbewegung. So scheint z. B. die Sonne immer in einer gewissen Himmelsrichtung aufzugehen. Diese Himmelsrichtung hängt in meinem Bewusstsein eng mit der Tatsache des Sonnenaufganges zusammen. Wann immer ich an einen Sonnen-aufgang denke, stellt sich auch der Begriff der betreffenden Himmels-richtung bei mir ein. Ich sage deshalb, es ist eine Regel, dass die Sonne dort aufgeht. Die Folgerung ist also nichts anderes als eine tattwische Bewegung, die von einer anderen ausgelöst wird.

Wir lernen durch Erfahrungen, bzw. es entstehe Prägung

c) Autorität (Agâma)

Die dritte Modifikation der Mittel der Erkenntnis (*Pramâna*) ist die Autorität (*Agâma*). Was ist das? Ich lese im Geografiebuch oder höre von den Lippen meines Lehrers, dass England vom Meer umgeben ist. Was hat nun diese Worte in meinem Bewusstsein mit dem Bilde verbunden, das ich mir von England, vom Ozean und ihren Beziehungen zueinander gemacht habe? Offenbar ist es nicht Wahrnehmung, aber auch nicht Folgerung, die naturgemäß sinnliche Erkenntnis vorausset-zen. Aber was ist es dann. Es muss eine dritte Modifikation geben.

Die Tatsache, dass das gesprochene Wort in unserem Be-wusstsein Vorstellungen auszulösen vermag, ist von größtem Interesse. Jeder indische Philosoph erkennt diese Tatsache als eine dritte Modifi-kation des Bewusstseins, aber der moderne europäische Philosoph räumt ihr diese Stelle nicht ein.

Es besteht kein Zweifel, dass die zu dieser mentalen Modifikation gehörige Farbe sich von der mit der Wahrnehmung oder, der Folgerung korrespondierenden unterscheidet. Die zu der Wahrnehmung gehörige Farbe ist immer einfacher Natur. Eine gewisse Phase der Tejasschwin-gungen muss immer in der visuellen Modifikation vorwiegen, und entsprechend korrespondieren die Schwingungen der anderen *Tattwas* mit unseren verschiedenen Sinnesmodifikationen. Jede dieser Manifes-tationen hat ihre eigene besondere Farbe. Das Rot wird so gut in den optischen wie in den akustischen und den übrigen Vibrationen erscheinen, aber das Rot der optischen Vibrationen wird klar und frisch sein; das des Geruchsorgans wird mit Gelb, das der Tastorgane mit Blau und das des Schalläthers mit Schwarz gemischt sein. Es besteht deshalb keine geringe Wahrscheinlichkeit, dass die Tonvibrationen mit den reinen Vibrationen der Wahrnehmung zusammenfallen. Die Tonvibrationen sind doppelter Natur, sie können auf jeden Fall nur mit den Vibrationen des *Anumâna* kongruieren und auch hier können sie nur mit den Tonschwingungen zusammenfallen. Eine kurze Betrachtung wird ergeben, dass ein Unterschied zwischen den Tonschwingungen und den Schwingungen des *Anumân* ist. Im *Anumâna* wird eine gewisse Tonmodifikation in unserem Bewusstsein von einem visuellen Eindruck gefolgt, und diese beiden Schwingungen behalten in unserem Bewusstsein eine gleich wichtige Stellung. Wir verbinden zwei Wahrnehmungen miteinander, vergleichen sie und sagen, die eine folgt aus der anderen. In der verbalen Modifikation besteht keine Vergleichsmöglichkeit, kein gleichzeitiges Bewusstwerden, kein Zusammenfallen zweier Wahrnehmungen. Die eine verursacht die andere ohne Zweifel, aber wir sind uns dieser Tatsache nicht voll bewusst. Im *Anumâna* bringt die auf kurze Zeit zusammenfallende Anwesenheit von Ursache und Wirkung eine Veränderung in der Farbe der Wirkung hervor. Der Unterschied ist weniger bedeutend in der vokalen als in der Schwingung des *Anumâna*. Axiomatische Kenntnis ist heute kein Produkt der Folgerung mehr, so wie es ohne Zweifel in der Vergangenheit war; sie ist heute vielmehr eine Eigenschaft des Bewusstseins.

2. Falsche Erkenntnis (Viparyaya)

Dieses ist die zweite mentale Modifikation. Auch dieses Wort ist abgeleitet von einer Wurzel, die Bewegung bedeutet, *i* oder *ay* *„gehen, sich bewegen"*. Das Präfix pari hängt zusammen mit der Wurzel pra und gibt der Wurzel denselben Sinn. Parayaya bedeutet also im eigentlichen Sinne genau dasselbe wie Pramâna. Das Wort *Viparyaya* heißt also: *eine Bewegung, die anders ist als die, die mit dem Objekt zusammenfällt*. Die Schwingungen des *Pramâna* entsprechen in der Natur den Schwingungen des wahrgenommenen Objekts; nicht aber die des *Viparyaya*. Gewisse erworbene Bedingungen des Bewusstseins drücken den Wahrnehmungen eine neue eigene Farbe auf und unterscheiden sie so von den Wahrnehmungen des *Pramâna*. Es gibt fünf Modifikationen dieser Manifestation.

a) Unwissenheit (Avidyâ)

Auf diesem Felde betätigen sich besonders alle Modifikationen des *Viparyaya* (falsche Erkenntms). Das Wort stammt von der Wurzel *vid wissen*, dem Präfix a und dem Suffix *ya*. Die ursprüngliche Bedeutung der Wurzel ist *sein, existieren*. Das Wort *Vidyâ* heißt also *der Zustand eines Dinges, wie es ist*, oder mit einem Wort der Mentalebene ausgedrückt *Kenntnis*. So lange ich im Gesicht eines menschlichen Wesens nichts anderes sehe als eben ein Gesicht, kann meine mentale Schwingung als *Vidyâ* bezeichnet werden.

Sobald ich aber einen Mond oder etwas anderes sehe, was kein Gesicht ist, wenn ich auf ein Gesicht schaue, kann man meine mentale Vibration nicht mehr *Vidyâ* nennen, sondern muss sie als *Avidyâ* bezeichnen. *Avidyâ* ist also keine negative Auffassung, sondern ist ebenso positiv wie *Vidyâ* selbst. Es ist ein großer Fehler zu glauben, dass die Worte die mit privativen Präfixen verbunden sind, immer nur Abstraktionen und keine Realitäten bedeuten. Aber das nur nebenbei. Der Zustand des *Avidyâ* ist ein solcher, in dem die mentale Vibration durch die des *Âkâsha* getrübt ist, oder der anderer *Tattwas*, die so falsche Bilder erzeugen. Die allgemeine Erscheinungsform des *Avidyâ* ist das *Âkâsha* — Dunkelheit, und deshalb wird das Wort *Tamas* synonym für *Avidyâ* gebraucht.

Dieses allgemeine Vorherrschen der Dunkelheit wird durch irgendeinen Defekt des individuellen Bewusstseins hervorgerufen, weil wie wir aus täglicher Erfahrung wissen, ein gegebenes Objekt nicht in jedem Bewusstsein die gleiche Vibration auslöst.

Was ist aber ein solcher mentaler Defekt? Er erklärt sich aus der Natur der angesammelten potenziellen Energie des Bewusstseins. Dieses Ansammeln potenzieller Energie ist ein philosophisches Problem von höchster Bedeutung und eines, das die Lehre von der Seelenwanderung am fasslichsten erklärt. Dieses sogenannte Gesetz des *Vasâna* möchte ich im Folgenden weiter erläutern.

Wenn ein Ding in eine besondere tattwische Bewegung versetzt wird, sei es eine innere oder eine äußere, so erwirbt es die Fähigkeit, weiterhin leicht in den gleichen Zustand versetzt zu werden und einem entgegengesetzten Zustand zu widerstehen. Bleibt das Ding längere Zeit dem gleichen Einfluss ausgesetzt, so wird die Wirkung ein notwendiges Attribut dieses Dinges. Diese Wirkung wird dann sozusagen zur zweiten Natur.

Wenn z. B. ein Mensch seinen Körper an eine besondere Art von Betätigung gewöhnt hat, werden gewisse Muskeln leichter in Tätigkeit gesetzt. Irgendeine andere Art der Betätigung, die andere Muskelpartien beansprucht, wird dann als ermüdend empfunden, und zwar deswegen, weil diese Muskeln der ungewohnten Bewegung Widerstand entgegensetzen. Ähnlich verhält es sich mit dem Geistigen. Wenn ich, wie es ja noch bei vielen der Fall ist, die festgewurzelte Überzeugung habe, dass die Erde flach ist und dass die Sonne um sie kreist, dann wird es geraume Zeit bedürfen, bis ich von dieser Überzeugung abgebracht werden kann. Dies Phänomen könnte mit tausenderlei Beispielen erhärtet werden. Ich möchte hier nur feststellen, dass ich unter der oben genannten angesammelten Energie die Fähigkeit des Geistes verstehe, leicht in einen gewissen Zustand versetzt zu werden und einem anderen Widerstand zu leisten. Im Sanskrit nennt man sie *Vasâna* oder *Sanskâra*.

Das Wort *Vasâna* kommt von der Wurzel *vas beharren*. Es bedeutet das Verharren oder Festhalten irgendeiner vibratorischen Bewegung im Geiste. Durch dieses *Vasâna* werden gewisse Wahrheiten dem Geiste unauslöschlich eingeprägt, aber nicht nur Wahrheiten, sondern auch alles das, was man als natürliche Anlagen, moralisch, physisch, und geistig bezeichnet.

Der einzige Unterschied der einzelnen *Vasânas* liegt in ihrer größeren oder geringeren Stabilität. Die *Vasânas*, die sich dem Geiste im Laufe der natürlichen Entwicklung einprägen, sind unveränderlich. Die Wirkungen der freien menschlichen Handlungen aber sind zweierlei Art. Wenn die Handlung der evolutionären fortschreitenden Flut der Natur zuwiderläuft, dann schwächt sich ihre Wirkung unter der immer wiederkehrenden Unterströmung der Evolution mehr und mehr ab. Wenn aber beide im gleichen Sinn wirken, so resultiert größere Kraft. Die letztere Art von Handlungen nennen wir tugendhaft, die Erstere lasterhaft.

Dieses *Vasâna*, die vorübergehende Machtsphäre des entgegengesetzten Willens, erzeugt die falsche Erkenntnis. Nehmen wir an, der positive Strom habe in einem Menschen die Stärke a. Stellt sich diesem ein negativer Strom von gleicher Stärke entgegen, so werden beide bestrebt sein, sich aufzuheben. Es wird also eine gewisse Anziehung stattfinden. Können sich die Ströme nicht vereinigen, so steigert sich ihre Intensität und sie sind so imstande, dem Körper selbst Schaden zuzufügen, kommen sie aber zusammen, so erschöpfen sie sich aneinander.

Diese Erschöpfung erzeugt ein Gefühl der Erleichterung im Geiste. Der progressive, evolutionäre Strom betätigt sich nun mit erneuter erhöhter Kraft und ein Gefühl der Zufriedenheit ist das Resultat. Diese tattwische Störung des Willens wird so lange sie stark genug ist, allen Wahrnehmungen und Begriffen eine besondere Färbung verleihen. Sie wird nicht in ihrer wahren Gestalt, sondern als Ursache der Freude erscheinen.

Einmal werden wir sie eine Blume, das andere Mal Mond nennen. Es sind Manifestationen des *Avidyâ*. *Avidyâ* besteht, wie *Patanjali* sagt, in der Wahrnehmung des Ewigen, Reinen, Schönen und Übersinnlichen, im Endlichen, Unreinen, Hässlichen und Sinnlichen. Das ist die Genesis des *Avidyâ*, dass, wie wir schon gesehen, eine Realität und nicht nur eine negative Auffassung ist. Dieses mentale Phänomen erzeugt folgende vier Modifikationen:

b) Egoismus (Asmitâ)

Asmitâ (Egoismus) ist die Überzeugung, dass das wahre Leben (*Purusha Swara*) identisch ist mit den verschiedenen mentalen und physiologischen Modifikationen, dass das höhere Selbst identisch ist mit dem niedrigeren, dass die Summe unserer Wahrnehmungen und Begriffe das wirkliche Ego ist und dass außer diesem pichts besteht. Im gegenwärtigen Evolutionszirkel und den Vorhergehenden ist der Geist hauptsächlich die Beute solcher Vorstellungen und Begriffe gewesen. Die wirkliche Lebenskraft hat sich bisher nicht außer uns gezeigt und daher kommt es, dass wir glauben, das Ego sei dasselbe wie die mentalen Phänomene. Es ist klar, dass an der Wurzel dieser Auffassung *Avidvâ* liegt.

c) Erinnerung (Râga)

Das oben erwähnte irrige Gefühl der Freude ist die Ursache dieses Zustandes. Wenn irgendein Ding in unserem Bewusstsein wiederholt das Gefühl der Freude hervorruft, so neigt das Bewusstsein naturgemäß dazu, sich immer und immer wieder in diese angenehme tattwische Schwingung zu versetzen.

Das Gefühl der Freude und das Bild das anscheinend diese Freude erregenden Objektes sind bestrebt, sich einander zu nähern, und dies äußert sich in einer gewissen Sehnsucht nach dem betreffenden Objekt, in dem Wunsch, es nicht entwischen zu lassen; es ist, wie gesagt, die Freude (*Râga*).

Wir müssen hier näher auf dieses Gefühl der Zufriedenheit und seinen Gegensatz, Freude und Schmerz, eingehen. Die Sanskritworte für diese beiden Zustände sind beziehentlich *Sukha* und *Duhkha*. Beide enthalten die Wurzel *khan graben*; der Unterschied liegt in den beiden Präfixen.

Das erstere Präfix enthält die Idee des Leichten und leitet diese Idee von dem unbehinderten leichten Fluss des Atems ab. Das gesamte Wort *Sukha* bedeutet also *leichtes Graben*, ein Graben da, wo die Scholle nur geringen Widerstand entgegensetzt.

Ins Geistige übertragen ist das *Sukha*, was auf das Bewusstsein leicht Eindruck macht. Der Akt muss also in der Natur seiner Vibrationen mit den vorherrschenden Bedingungen der mentalen Schwingungen übereinstimmen.

Die Entstehung des Begehrens und dessen, was wir Freude nennen, das heißt, das Gefühl der Genugtuung, hervorgerufen durch äußere Einflüsse, beginnt mit gewissen Wahrnehmungen und Auffassungen, die sich im Bewusstsein festwurzeln.

Dieses Wurzelfassen ist in der Tat nur ein Verwischen der ursprünglichen Eindrücke, die aus dem evolutionären mentalen Fortschritt stammen. Wenn die Berührung mit dem Objekt für einen Augenblick die Wolke von dem klaren Horizont des Bewusstseins entfernt, empfindet die Seele eine gewisse Befriedigung, die, wie ich schon bewiesen habe, *Avidyâ* mit dem äußeren Objekt verbindet. Und daraus entsteht, wie ich schon gezeigt, das Begehren.

d) Abwehr (Dvesha)

In ähnlicher Weise entstehen der Schmerz und der Wunsch, diesen abzuwehren (*Dvesha*). Die grundlegende Idee des Wortes *Dukha* (Schmerz) ist der Akt des Grabens an einer Stelle, die einen bedeutenden Widerstand leistet. Aufs Geistige übertragen, bezeichnet es einen Akt, der den Widerstand des Bewusstseins hervorruft. Das Bewusstsein gibt diesen Vibrationen nicht leicht Raum; im Gegenteil leistet es mit aller Macht Widerstand.

Es entsteht daraus das Gefühl eines Mangels. Es ist, als sei ein Stück der Natur weggenommen und an dessen Stelle ein fremdes Phänomen getreten. Dieses Gefühl der Beraubung, des Mangels, ist eben der Schmerz und die widerstrebenden Kräfte, die diese fremden Vibrationen im Bewusstsein hervorrufen, bezeichnet man mit dem Namen *Dvesha* (Abwehr).

Das Wort *Dvesha* kommt von der Wurzel dvesh, die wieder aus *du* und *ish* zusammengesetzt ist; *ish* ist selbst wieder eine kombinierte Wurzel, i und s. Das finale s hängt mit der Wurzel su *atmen, sich in seinem natürlichen Zustand befinden* zusammen. Die Wurzel i bedeutet *gehen*, und die Wurzel *ish dem natürlichen Zustand entsprechen*. Auf das Geistige angewendet, wird es gleichbedeutend mit Râga.

Die Wurzel du im Wort *Dvesha* hat die gleiche Wirkung wie das *duh* in *Duhkha*. *Dvesha* heißt also *auf Abwehr sinnen*. Ärger, Eifersucht, Hass usw. sind alles Modifikationen des Dvesha, so wie Liebe, Zuneigung und Freundschaft solche des *Râga*. Nach all dem Gesagten ist es nicht schwer, sich selbst die Genesis des Selbsterhaltungstriebes aufzubauen. Ich möchte nun noch diese verschiedenen Handlungen auf ihre bezeichnenden Tattwas untersuchen.

Die Hauptfarbe des *Avidyâ* ist, wie schon gesagt, die des *Âkâsha*, Schwarz. Wenn aber *Avidyâ* sich als Ärger manifestiert, so wiegt das *Agni Tattwa* vor. Kommt hierzu Bewegung des Körpers, so drängt sich *Vâyu* in den Vordergrund. Halsstarrigkeit zeigt die Farbe des *Prithivî* und Gefügigkeit die des *Apas*, während die Zustände der Furcht und des Zitterns ihren Ausdruck im *Âkâsha* finden.

Das *Âkâsha* wiegt auch in der Liebe vor. *Prithivî* macht sie ausdauernd, *Vâyu* flatterhaft, *Agni* aufreibend, *Apas* lau, *Âkâsha* blind und unvernünftig. *Âkâsha* hat das Bestreben, Hohlräume in den Adern zu erzeugen, deshalb spielt es eine große Rolle bei der Furcht. *Prithivî* lässt den Furchtsamen auf der Stelle wurzeln, *Vâyu* verleiht ihm Schwingen, *Apas* öffnet sein Ohr der Schmeichelei und *Agni* erhitzt das Blut zum Rachedurst.

3. Zusammengesetzte Vorstellung (Vikalpa)

Ich komme nun zum *Vikalpa*. Dieses ist die Erkenntnis, die zwar in Worten ausgedrückt werden kann, aber auf der physischen Ebene keine Realität besitzt. Die Laute der Natur in Verbindung mit ihren sichtbaren Bildern haben es uns ermöglicht, den Wahrnehmungen Namen zu geben. Mit der Zu- oder Abnahme der Wahrnehmungen geht also eine Zu- oder Abnahme der damit verbundenen Bezeichnungen Hand in Hand. Die Laute bilden unsere Worte.

Im *Vikalpa* sind zwei oder mehr Wahrnehmungen in der Weise gleichzeitig vorhanden, dass sie keine korrespondierende Realität auf der physischen Ebene besitzen. Dies ist eine notwendige Folge des Gesetzes vom *Vasâna*. Wenn der Geist an die Wahrnehmung mehrerer Phänomene als eines einzigen gewöhnt ist, haben alle die Tendenz, immer wieder sich bemerkbar zu machen. Und wenn zwei oder mehr solcher Phänomene zeitlich zusammenfallen, entsteht in unserem Geiste das Bild eines dritten Etwas. Dieses Etwas kann nun auf der physischen Ebene existieren oder nicht. Wenn es nicht existiert, so nennen wir das Phänomen *Vikalpa*. Wenn es aber existiert, haben wir das Phänomen des *Samâdhi*.

4. Schlaf (Nidra)

Auch dieser ist ein Phänomen des *Manomaya Kosha* (Bewusstsein). Die indischen Philosophen kennen in diesem Zusammenhang drei Zustände: a) Wachen, b) Traum, c) Schlaf.

a) Wachen

Dies ist der gewöhnliche Zustand, in dem das Lebensprinzip in Zusammenhang mit dem Bewusstsein wirksam ist. Das Bewusstsein empfängt dann durch die Sinne Eindrücke von den äußeren Objekten. Die übrigen Eigenschaften des Bewusstseins sind rein mental und können im wachenden wie im Traumzustand sich manifestieren. Der einzige Unterschied ist der, dass in den Träumen das Bewusstsein nicht den perzeptiven Veränderungen unterliegt. Wie kommt das? Diese Zustandsänderungen sind immer passive und die Seele hat keine Wahl, ob sie sich ihnen unterwerfen will oder nicht. Sie kommen und gehen als notwendige Wirkungen des Swara in all seinen fünf Modifikationen. Wie ich in meinem Artikel über das *Prâna* schon gezeigt habe, hören die verschiedenen Sinnesorgane auf, auf äußere, tattwische Veränderungen zu reagieren, wenn der positive Strom im Körper eine außergewöhnliche Stärke erreicht. Die positive Kraft erscheint uns in Gestalt von Wärme, während die negative die der Kälte annimmt. Ich werde deshalb im Folgenden diese Kräfte als Wärme oder Kälte bezeichnen.

b) Traum

Die *Upanishad* sagt, dass im traumlosen Schlaf, die Seele in den Blutgefäßen (*Nâdis*), dem Herzbeutel (*Puritat*) und den Herzkammern ruht. Hat also das System der Blutgefäße, das negative Zentrum des *Prâna*, irgendetwas mit dem Träumen zu tun? Der Traumzustand ist nach der Auffassung der indischen Weisen ein Zwischending zwischen Wachen und Schlaf, und es ist ganz selbstverständlich, dass in diesem Zustand etwas liegen muss, das ihn mit den genannten beiden Phänomenen verbindet. Was ist das aber? Man spricht von *Pitta*, von *Agni* und von der Sonne. Ich brauche wohl nicht zu sagen, dass alle diese Worte nur dazu dienen, um ein und dasselbe auszudrücken. Es ist die Wirkung, die auf den Körper vom Sonnenatem im Allgemeinen und vom *Agni Tattwa* im Besonderen ausgeübt wird. Das Wort *Pitta* führt manchen irre und es muss deshalb konstatiert werden, dass es nicht immer identisch ist mit Schlummer. Es gibt ein *Pitta*, das die Sanskritphysiologie speziell in das Herz verlegt. Man nennt es *Sâdhaka Pitta*. Es ist das nichts anderes als die Temperatur des Herzens, und mit dieser haben wir es bei Schlaf und Traum zu tun.

Nach den indischen Philosophen ist es also die Temperatur des Herzens, das die drei Zustände in verschiedenen Abstufungen hervorruft. Dies und nichts anderes meint der Text der Veden, wenn er sagt, dass die Seele im Pericardium schläft usw. Alle Funktionen des Körpers gehen so lange ihren geregelten Gang, als der positive und der negative Strom sich vollkommen die Waage halten, also Hitze und Kälte. Die Mitte zwischen der Sonnen- und Mondtemperatur ist also die Temperatur, bei der das *Prâna* auf den materiellen Körper wirkt. Das Mittel wird erreicht nach Verlauf eines ganzen Tages und einer ganzen Nacht. Innerhalb dieser Periode ist die Temperatur zwei Hauptschwankungen unterworfen. Die eine ist das Extrem des positiven, die andere das des negativen Stromes. Wenn die positive Phase ihren täglichen Höhepunkt erreicht, fallen die Tätigkeiten der Sinnesorgane nicht mehr mit den Modifikationen der äußeren *Tattwas* zusammen.

Aus täglicher Erfahrung wissen wir, dass innerhalb gewisser Grenzen die Sinnesorgane auf die äußeren tattwischen Vibrationen reagieren. Ist die Grenze nach einer Richtung hin überschritten, werden die Organe für diese Art von Vibrationen unempfindlich. Bis zu einer gewissen Temperatur also bleiben die Sinnesorgane gewöhnlich in Tätigkeit, wird aber diese Grenze nach dieser oder jener Seite hin überschritten, so werden die Organe unfähig, irgendeinen Eindruck von außen aufzunehmen. Während des Tages sammelt der positive Strom Kraft im Herzen an. Durch dieses Ansammeln von Kraft wird das natürliche Gleichgewicht gestört und die Sinne beginnen zu schlafen. Sie nehmen keinen Eindruck von außen mehr auf. Und dies genügt, um den Traumzustand herbei zuführen. Nun sind die Saiten des grobmateriellen Körpers (*Sthûla Sharîra*) allein erschlafft; die Seele sieht das Bewusstsein nicht länger mehr von äußeren Eindrücken beeinflusst. Das Bewusstsein aber ist noch an die Aufnahme verschiedener Wahrnehmungen und Begriffe gewöhnt und geht allein durch die Macht der Gewohnheit in verschiedene Zustände über.

Der Atem, der sich in die fünf tattwischen Zustände differenziert, wird die Ursache der verschiedenen auftauchenden Eindrücke. Die Seele spielt, wie ich schon gesagt habe, bei diesen Visionen keine Rolle. Es ist nur die Wirkung eines notwendigen Lebensgesetzes, dass das Bewusstsein zwischen wachendem und träumendem Zustand wechselt. Die Seele ist bei der Erzeugung der Traumgebilde in keiner Weise beteiligt, sonst wäre die Entstehung erschreckender Träume undenkbar. Warum aber ruft die Seele, wenn sie im Traume gänzlich frei ist, so entsetzliche Erscheinungen hervor, die uns das Blut in den Adern erstarren lassen? Die Seele würde das sicher nicht tun, wenn sie anders könnte.

Tatsache ist, dass die Traumeindrücke mit den *Tattwas* wechseln. So wie ein *Tattwa* unmerklich in das andere hinübergleitet, so räumt ein Gedanke leicht dem anderen den Platz. Das *Âkâsha* erzeugt Furcht, Scham, Ärger; das *Vâyu* führt uns nach verschiedenen Orten; das *Tejas* zeigt uns Gold und Silber, das *Prithivî* bringt uns Freude, Lachen, Liebkosungen usw. Und dann gibt es ja auch zusammengesetzte, tattwische Vibrationen. Wir sehen Männer und Frauen, Tanz und Schlachten, Gerichtsszenen und Volksversammlungen; wir wandeln in Gärten, riechen die feinsten Blumen und sehen die reizendsten Plätze; wir begrüßen unsere Lieben, halten Reden und machen Reisen in entfernte Länder. Alle diese Eindrücke werden hervorgerufen durch den tattwischen Zustand des mentalen Kreislaufes, der beeinflusst wird durch 1. physische Störungen, 2. tattwische Veränderungen oder 3. irgendeine andere natürliche Veränderung.

So wie es drei verschiedene Ursachen gibt, so gibt es auch dreierlei Traumarten. Die erste Ursache ist physische Störung. Wenn die regulären Ströme des *Prâna* so gestört sind, dass Krankheit eintritt oder droht, so unterliegt das Bewusstsein natürlich diesen tattwischen Veränderungen. Die sympathischen Saiten des Bewusstseins werden in Schwingung versetzt und wir träumen von all den unangenehmen Begleiterscheinungen jeder Art von Krankheit, die innerhalb unserer physischen Atmosphäre uns befallen kann. Solche Träume sind in ihrer Natur den Rasereien des Wahnsinnes gleich, der einzige Unterschied liegt in ihrer Stärke und Heftigkeit. Wenn wir krank sind, dann können wir in ähnlicher Weise von der Gesundheit und ihren Begleiterscheinungen träumen.

Die zweite Art von Träumen sind die durch gewöhnliche tattwische Veränderungen hervorgerufenen. Wenn die vergangenen, gegenwärtigen und zukünftigen tattwischen Bedingungen unserer Umgebung übereinstimmen; wenn keine Störung besteht oder in Aussicht ist, so ist auch der Verlauf unserer Träume ruhig und gleichmäßig in seinem leichten Fluss. Wie die atmosphärischen und gesunden physiologischen *Tattwas* sanft ineinander übergehen, so tun es auch die Eindrücke auf unser Bewusstsein in dieser Klasse von

Träumen. Gewöhnlich erinnern wir uns ihrer nicht einmal, da in ihnen nichts Aufregendes vorkommt, was sich unserem Gedächtnis einprägt.

Die dritte Art von Träumen ähnelt denen der ersten Art; der Unterschied liegt einzig in der Natur der Einwirkungen. Diese nennen wir je nach dem Wirkungen von Gesundheit oder Krankheit. Hier wollen wir die Wirkungen unter den Bezeichnungen Glück oder Unglück zusammenfassen.

Der Prozess der mentalen Erregung ist aber in beiden Fällen der Gleiche. Die Lebensströme, gefüllt mit allen Möglichkeiten des Guten und Bösen, sind stark genug, solange sie noch potenziell sind und erst nach Betätigung streben, die sympathischen Saiten des Bewusstseins in Schwingungen zu versetzen. Je reiner das Bewusstsein ist und je freier vom Staub der Welt, um so empfänglicher ist es für jede, selbst die leichteste Tendenz des *Prâna* sich zu manifestieren. Wir werden uns im Traum also auch kommender Ereignisse bewusst. Daraus erklärt sich die Natur der prophetischen Träume.

Aber herauszubringen, was jeder Traum bedeutet, ist ein schwieriges, ich möchte fast sagen, unmögliches Unterfangen. Wir werden bei jedem Schritt Tausende von Missgriffen machen und wir bedürfen nichts Geringeres als einen wirklichen Yogi, um unsere eigenen Träume erklären zu lassen, nicht zu reden von den Träumen anderer. Wir wollen die Schwierigkeiten erläutern und illustrieren, die uns in der richtigen Beurteilung unserer Träume in den Weg treten. Ein Mensch, der im gleichen Stadtviertel wohnt, wie ich, mir aber unbekannt ist, liegt im Sterben.

Die mit den Qualitäten des Todes erfüllten tattwischen Ströme seines Körpers stören die atmosphärischen *Tattwas* und zerstreuen sich in verschiedenen Stärkegraden über die ganze Welt. Sie erreichen auch mich und erregen während meines Schlafes die sympathischen Saiten meines Bewusstseins. Da nun in diesem für den unbekannten Menschen kein Raum ist, so ist der Eindruck auf mich nur ein allgemeiner. Ein menschliches Wesen, schön oder hässlich, dick oder mager, männlich oder weiblich, betrauert oder nicht, mit allen möglichen Eigenschaften, kommt als Sterbender in mein Bewusstsein. Aber was für ein Mensch? Die Fähigkeit der zusammengesetzten Vorstellung, die nur durch die strenge Übung des Yoga in Schach gehalten werden kann, spielt ihre

Rolle, und es ist ziemlich gewiss, dass ein Mensch, der früher in mein Bewusstsein mit ähnlichen tattwischen Qualitäten getreten ist, in diesem wieder erscheint. Ich bin also offenbar auf falschem Wege. Dass jemand tot ist oder stirbt, können wir als Gewissheit empfinden, aber zu wissen, wer oder wo, das ist für den Durchschnittsmenschen undenkbar. Aber nicht nur die Manifestation des *Vikalpa* ist es, die uns auf die falsche Spur führt, sondern auch jede andere Manifestation des Bewusstseins.

Der Zustand des *Samâdhi*, der nichts anderes ist als die Fähigkeit, sich selbst für die tattwische Umgebung durchaus empfänglich zu machen, ist deshalb unmöglich, wenn nicht alle anderen Manifestationen vollkommen in Schach gehalten werden. *Yoga*, sagt *Patanjali, ist die Beherrschung aller Manifestationen des Bewusstseins.* Doch nun weiter in unseren Betrachtungen.

c) Tiefer Schlaf (Sushupti)

Der Traumzustand dauert so lange, als die Temperatur des Herzens nicht hoch genug ist, um den mentalen Kreislauf zu beeinflussen. Aber mit der wachsenden positiven Kraft muss auch dieser beeinflusst werden. *Manas* und *Prâna* sind aus derselben Materie und denselben Gesetzen unterworfen. Je feiner nun diese Materie ist, desto stärker müssen die Kräfte sein, um ähnliche Schwingungen zu erregen. Alle Kreisläufe sind gleich abgestimmt und Veränderungen in dem einen beeinflussen auch den anderen. Die höheren Kreisläufe haben mehr Schwingungen in der Sekunde als die Niedrigeren, und der Grund dafür ist eben ihre Feinheit.

Die höheren Prinzipien werden immer durch die nächstniedriger liegenden erregt. So beeinflussen die *Tattwas* das *Prâna* direkt, aber der Geist kann nur durch das *Prâna*, also indirekt beeinflusst werden. Die Temperatur des Herzens ist lediglich ein Gradmesser für die Wärme des *Prâna*. Wenn davon genügend aufgespeichert ist, erreicht das *Prâna* die Kraft, die es bedarf, um den mentalen Kreislauf zu erregen. Übrigens sind die mentalen Schwingungen dann zur Ruhe gelangt, denn das Bewusstsein kommt nur bei gewissen Temperaturen zur Geltung, während es bei höheren Temperaturen ruhen muss. In diesem Zustand haben wir dann keine Träume mehr. Die einzige Manifestation des Bewusstseins ist dann die Ruhe. Es ist der Zustand traumlosen Schlafes.

Ich komme nun zu der fünften und letzten Manifestation.

5. Erinnerung, Gedächtnis (Smriti)

Wie Professor Max Müller bemerkt, ist die ursprüngliche Bedeutung der Wurzel *smri* (von der Smriti abgeleitet ist) *erweichen, schmelzen*. Der Prozess der Erweichung oder des Schmelzens besteht darin, dass ein Gegenstand sich in seiner Konsistenz immer mehr der tattwischen Konsistenz der erweichenden Kraft nähert. Jede Zustandsveränderung ist nichts anderes als die Annahme der tattwischen Beschaffenheit der Kraft, die die Veränderung verursacht. Hieraus erklärt sich die zweite Bedeutung der Wurzel, nämlich *lieben*. Liebe ist derjenige geistige Zustand, in dem sich das Bewusstsein mit dem geliebten Gegenstand vermengt. Diese Veränderung ist dem chemischen Prozess, der sich bei der Fotografie auf der sensitiven Platte abspielt, analog. Wie bei diesem Phänomen die Materie auf der Platte den tattwischen Zustand des sie treffenden Lichtes annimmt, so nimmt auch die sensitive Schicht des Bewusstseins den Zustand der sie treffenden Wahrnehmungen an. Der Eindruck auf das Bewusstsein ist um so tiefer, je größer die Kraft der einwirkenden Strahlen und je inniger die Sympathie zwischen dem Bewusstsein und dem wahrgenommenen Objekt ist. Diese Sympathie wird erzeugt durch die aufgestapelte potenzielle Energie, und die Strahlen der Wahrnehmung wirken stärker, wenn das Bewusstsein sich in einem sympathischen Zustand befindet. Jede Wahrnehmung fasst Wurzel im Bewusstsein, wie ich schon oben erklärt habe. Es ist nichts anders als eine tattwische Veränderung, und was von ihr übrig bleibt, ist allein die Fähigkeit, später wieder leichter in den gleichen Zustand zu verfallen. Das Bewusstsein nimmt den gleichen Zustand immer wieder dann an, wenn die gleichen tattwischen Bedingungen gegeben sind. Das Vorhandensein gleicher Dinge ruft gleiche Bewusstseinszustände hervor.

Die tattwischen Bedingungen können nun von zweierlei Art sein, astrale und lokale. Der astrale Einfluss ist die Wirkung des individualen *Prânas* von der augenblicklichen Beschaffenheit des terrestrischen *Prânas*. Ist das *Agni Tattwa* wirksam, werden diejenigen Erscheinungen sich zeigen, die besonders mit diesem *Tattwa* zusammenhängen, wie z. B. das Verlangen nach Reichtum, der Wunsch nach Nachkommenschaft usw. Ist das *Vâyu Tattwa* vorherrschend, so ergreift uns Wanderlust usw. Eine genauere tattwische Analyse ist von größtem Interesse. Es mag aber genügen zu erwähnen, dass die tattwische Beschaffenheit des *Prâna* im Bewusstsein oft Objekte projiziert, die unter früheren gleichen Bedingungen wahrgenommen worden sind. Es ist diese Kraft, die, wie schon gezeigt, Träume einer bestimmten Art hervorruft. Im Wachen aber wirkt diese Phase des Gedächtnisses als Erinnerung.

Lokale Erinnerungen werden erzeugt durch solche Objekte, die das Bewusstsein im Zusammenhang mit lokalen Umständen aufzufassen gewohnt war. Dies ist die Fähigkeit der Assoziation. Diese beiden Phänomene bilden zusammen das Gedächtnis im eigentlichen Sinne (*Smriti*). Hier gelangt das Objekt zuerst ins Bewusstsein und dann der Akt und die Umstände der Wahrnehmung. Eine andere besonders wichtige Art des Gedächtnisses ist die, welche man *Buddhi* nennt, das wissenschaftliche Gedächtnis. Es ist die Fähigkeit, uns das, was wir wissenschaftlich gelernt haben, wieder zu vergegenwärtigen.

Der Prozess der Aufstapelung im Bewusstsein ist hier der gleiche, aber die Reproduktion erfolgt in umgekehrter Weise, nämlich indem zuerst der Akt und dann das Objekt wiedererscheint. Alle fünf *Tattwas* und die vorgenannten mentalen Phänomene können die Erscheinung des Gedächtnisses erzeugen. Das wissenschaftliche Gedächtnis hängt eng mit dem Yoga zusammen, d. h. mit der Übung des freien Willens, die Energien des Bewusstseins in die gewünschte Richtung zu lenken. Während solche Eindrücke, die aufgrund natürlicher Bedingungen im Bewusstsein Wurzeln fassen, dieses zum willenlosen Sklaven der äußeren Welt machen, bringt ihm *Buddhi* Glück und Freiheit.

Bringen denn aber die tattwischen Bedingungen immer die genannten Phänomene zur Auslösung? Nein, das hängt von ihrer relativen Stärke ab. Es ist hinreichend bekannt, dass die Schwingungen des *Akâsha* (der Ton) das Trommelfell nicht mehr erregen, wenn sie eine gewisse Anzahl in der Sekunde überschreiten oder darunter bleiben. Ähnlich verhält es sich mit den übrigen *Tattwas*. Z. B. erregt nur eine gewisse Anzahl von Schwingungen des *Tejas* in der Sekunde das Auge, und ebenso mutatis mutandis bei den anderen Sinnen. Das Gleiche gilt für das Bewusstsein. Nur wenn die Spannungen der mentalen und tattwischen Verhältnisse gleich sind, beginnt das Bewusstsein bei Berührung mit der äußeren Welt zu vibrieren. Gerade wie verschiedene Zustände der äußeren Organe uns mehr oder minder für Gefühle zugänglich machen, so hören verschiedene Menschen nicht denselben Ton, sehen nicht. Dasselbe Bild, die mentalen *Tattwas* werden von Wahrnehmungen gleicher Art nicht in der gleichen Weise beeinflusst. Die Frage ist nun, woher kommen diese Verschiedenheiten tattwischer Erregung? Von der Übung oder Nichtübung. Wenn wir den Geist, ähnlich wie wir es mit dem Körper tun, an besondere Wahrnehmungen und Begriffe gewöhnen, so wird er für diese außerordentlich empfänglich.

Wenn wir aber diese Übung unterlassen, so wird der Geist immer weniger elastisch und hört nach und nach auf, diese Wahrnehmungen aufzufassen. Dieses Phänomen nennt man das Vergessen. Lasst einen Studenten, dessen geistige Knospen durch Übung sich gerade geöffnet und so viel Kraft gewonnen haben, um die Ursachen und Wirkungen der Dinge zu erkennen, sein Studium aufgeben. Sein Geist wird rasch die schöne Aufnahmefähigkeit einbüßen. Je unbiegsamer der Geist nun wird, desto mehr wird er sich den kausalen Beziehungen verschließen und um so weniger will er davon wissen, bis er schließlich alle seine Fähigkeit dazu verloren hat. Da ununterbrochener Einfluss und fortgesetzte Tätigkeit einer Art im gewöhnlichen Lauf der Natur undenkbar sind, so strebt jeder Eindruck, sich ebenso rasch zu verwischen, wie er entstanden ist. Seine Stabilität hängt lediglich von dem Grade der Gewöhnung ab.

Wenn aber auch fortgesetzte Tätigkeit einer Art nicht vorkommt, so ist doch der Geist fortgesetzt tätig. Mit jeder Tätigkeit wechselt die Farbe des Bewusstseins, und eine Farbe kann sich so tief festwurzeln, dass sie ungeheuer lange Zeiträume darin verbleibt, nicht zu reden von Minuten, Stunden, Tagen und Jahren. So wie es großer Zeiträume bedarf, um Eindrücke auf der physischen Ebene zu verwischen, wie Verletzungen der Haut nicht in wenigen Tagen verschwinden, so bedarf es auch ungeheurer Zeiträume, um Eindrücke des Bewusstseins zu vernichten. Hunderte und Tausende von Jahren mögen so im *Devachan* zugebracht werden müssen, bis alle die antagonistischen Eindrücke, die das Bewusstsein im Erdenleben gesammelt, weggeräumt sind. Unter antagonistischen Eindrücken verstehe ich hier solche, die sich mit dem Zustand des *Moksha* nicht vertragen und noch die irdische Färbung tragen.

Von Augenblick zu Augenblick wechselt das Bewusstsein die Farbe, entweder durch Vermehrung oder Verminderung der Schwingungen. Diese Veränderungen sind vorübergehend. Aber zu gleicher Zeit geht eine Veränderung in den Farben des Bewusstseins vor sich. Mit jeder kleinen irdischen Erfahrung gewinnt die evolutionäre Flut des Fortschrittes an Kraft und Vielseitigkeit. Und wenn auch die Farben immerwährend wechseln, eine Grundfarbe erhält sich im Allgemeinen durch das ganze Erdendasein. Unter besonderen Umständen kommt es vor, dass Menschen ein doppeltes Gedächtnis haben. So fließen zuweilen bei Sterbenden die angesammelten Kräfte eines ganzen Lebens in eine einzige abweichende Farbe zusammen.

Die Spannung löst sich, wenn man so sagen darf, in entgegengesetzter Richtung aus. Und nichts kann das Bewusstsein wieder in den vorhergehenden Zustand versetzen. Diese Hauptfarbe, des Bewusstseins, die sich von der anderer unterscheidet und ihren allgemeinen Charakter das ganze Leben hindurch beibehält, gibt uns das Gefühl der persönlichen Identität. In jeder Handlung, die geschehen ist, geschieht und geschehen wird, sieht die Seele dieselbe Hauptfarbe und davon kommt das Bewusstsein der Persönlichkeit. Im Tode ändert sich die Farbe und wir haben deshalb ein anderes Bewusstsein, obgleich wir dieselben geblieben sind. Es ist deshalb auch keine Fortsetzung der Persönlichkeit nach dem Tode möglich.

So weit mein Bericht über das *Manomaya Kosha*, den mentalen Kreislauf im normalen Zustand. Der Einfluss des höheren Prinzips (des *Vijñânarnaya Kosha*) durch die Ausübung des Yoga verursacht im Bewusstsein eine Anzahl anderer Manifestationen. Psychische Manifestationen zeigen sich im Bewusstsein und im *Prâna* in derselben Weise, wie mentale Manifestationen das Letztere beeinflussen und regulieren.

IX.
Das Bewusstsein (II)

Das Universum hat, wie wir gesehen haben, fünf Existenzebenen (nach anderen auch sieben). Die Formen der Erde, die kleine Abbilder des Universums sind, haben gleichfalls fünf Ebenen. In einigen dieser Organismen sind die höheren Ebenen absolut latent. Im Menschen sind gegenwärtig das *Vijñânamaya Kosha* und die niedrigeren Prinzipien wirksam.

Wir haben nun einen Einblick in die Natur des makrokosmischen Prâna gewonnen und gesehen, dass jeder Punkt in diesem Ozean des Lebens einen besonderen individuellen Organismus darstellt.

Ähnlich ist es mit dem makrokosmischen Bewusstsein. Jedes *Truti* dieses Zentrums fasst in gleicher Weise das Ganze des makrokosmischen Bewusstseins in sich.

Von jedem Punkt gehen die tattwischen Strahlen des mentalen Ozeans zu jedem anderen Punkt, und so wird jeder Punkt ein Miniaturabbild des Universalbewusstseins, und dass ist das individuelle Bewusstsein.

Das Universalbewusstsein ist das Urbild aller Zentren des *Prâna*, ebenso wie das solare *Prâna* das Urbild aller Arten des irdischen Lebens darstellt. Auch das individuelle Bewusstsein ist das Urbild aller individuellen Manifestationen des *Prânamaya Kosha*. Ebenso ist die Seele und auf der höchsten Ebene der individuelle Geist das vollendete Urbild dessen, was hienieden geschieht.

Den vier höheren Ebenen des Lebens entsprechen vier verschiedene Bewusstseinszustände: das Wachen, das Träumen, das Schlafen und das *Turíya*.

An der Hand dieser Erläuterungen wird nachstehender Abschnitt aus dem *Prashopanishad* verständlich und lehrreich sein.

Und *Sauryâyana Gârgya* fragte ihn: *Was ist es, dass im Körper schläft, und was bleibt, wenn es erwacht? Welches dieser erleuchteten Wesen sieht Träume? Wer hat Ruhe? In wem ruhen alle diese Manifestationen im potenziellen unmanifestierten Zustand?*

Und er antwortete: *O Gârgya, wie die Strahlen der untergehenden Sonne sich alle in dem leuchtenden Strahl sammeln, der immer und immer wieder emporschießt, so sammelt sich alles in dem leuchtenden Strahl des Bewusstseins. Darum ist es nicht der Mensch, der hört, der sieht, der schmeckt, der riecht, der fühlt, der nimmt, der beischläft, der ausscheidet, der wandelt. Man sagt, dass er schläft.*

Das Feuer des Prâna allein bleibt im Körper wach. Das Apâna ist das Gârhapatyafeuer, das Vyana das Feuer der rechten Hand. Das Prâna ist das Ahavaniyafeuer, das aus dem Gârhapatya gemacht ist. Das, was überall hin die Wohltat der Nahrung und der Luft verbreitet, ist das Samâna. Der Geist (Manas) ist der Opferer (Vajamâna), Udâna ist der Lohn des Opfers. Es trägt den Opferer alltäglich zu Brahmâ. Hier erlebt das leuchtende Wesen (der Geist) große Dinge im Traum. Was immer gesehen ward, er sieht es wie wirklich vor sich; was immer erfahren wurde in verschiedenen Ländern, er erfährt es immer und immer wieder, das Gesehene und Nichtgesehene, das Gehörte und das Nichtgehörte, das Gedachte und das Nichtgedachte. Er sieht alles, indem er als das Selbst aller Manifestationen erscheint.

Wenn er aber vom Tejas überwältigt ward, so sieht das leuchtende Wesen keine Träume in diesem Zustand; dann herrscht im Körper Ruhe (der traumlose Zustand).

In diesem Zustand, mein geliebter Schüler, befindet sich alles im äußerer *Atmâ*, wie Vögel, die in einem Baume Zuflucht suchen, das zerlegte und das unzerlegte *Prithivî* (unter zerlegt verstehe ich das *Tattwa*, das nach der oben beschriebenen Teilung in fünf Teile sich manifestiert, das unzerlegte ist das *Tattwa*, das vor der Fünfteilung sich manifestiert).

Das zerlegte und das unzerlegte *Apas*, das zerlegte und das unzerlegte *Tejas*, das zerlegte und das unzerlegte *Vâyu*, das zerlegte und das unzerlegte *Akâsha*, das Gesicht und das Sichtbare, das Gehör und das Hörbare, der Geschmack und das Geschmeckte, der Geruch und das Gerochene, das Gefühl und das Gefühlte, die Sprache und das Gesprochene, die Hände und das Ergriffene, die Geschlechtsorgane und der Geschlechtsgenuss, die Ausscheidungsorgane und die Exkremente, die Füße und die Erde, auf der sie schreiten, der Zweifel und das Bezweifelte, die Behauptung und das Behauptete, der Egoismus und sein Objekt, die Erinnerung und das Erinnerte, das Licht und das Erleuchtete, das *Prâna* und alles das, was es enthält.

Die Seele ist das *Vijñâna Atmâ*, die Seherin, die Hörerin, die Fühlerin, die Schmeckerin, die Riecherin, die Zweiflerin, die Behaupterin, die Treiberin. Die Seele (das *Vijñâna Atmâ*) befindet sich im äußersten unveränderlichen *Atmâ* (dem *Ananda*).

So gibt es vier *Atmâs*: das Leben, das Bewusstsein, die Seele, den Geist. Die höchste Kraft, die an den Wurzeln der makrokosmischen Kraft der Seele, des Geistes und des Lebensprinzips liegt, ist der Geist. Das Hauptinteresse dieses Zitats liegt darin, dass es in autoritativer Form noch einmal das zusammenfasst, was ich vorher ausgeführt habe. Der nächste Aufsatz wird mehrere wichtige Wahrheiten behandeln und beschreibt eine der wichtigsten Funktionen der makrokosmischen Kraft und des makrokosmischen Bewusstseins, nämlich die Fähigkeit, menschliche Handlungen aufzuzeichnen.

VI.
Die kosmische Gemäldegalerie

Unser Guru hat uns im Unterricht über die *Tattwas* gelehrt, gegen einen leeren Raum des Himmels zu blicken, wenn der Horizont vollkommen klar ist, und unsere Aufmerksamkeit gespannt darauf zu konzentrieren.

Man hat uns gesagt, dass bei genügender Übung wir dort eine Reihe von Bildern sehen werden, die herrlichsten Landschaften, die prunkvollsten Paläste der Erde, Männer, Frauen und Kinder in allen erdenklichen Situationen. Wie ist das möglich? Was können wir aus dieser praktischen Übung der Aufmerksamkeit lernen?

Ich glaube in meinen Aufsätzen mit genügender Ausführlichkeit den Ozean des *Prâna* mit der Sonne als Zentrum beschrieben und zugleich eine anschauliche Schilderung der makrokosmischen mentalen und psychischen Atmosphäre gegeben zu haben. Es liegt in der essenziellen Natur dieser Atmosphären, dass jeder Punkt darin ein Zentrum der Aktion und Reaktion für den ganzen Ozean bildet. Aus dem, was ich schon gesagt habe, ist erinnerlich, dass jede der Atmosphären ihre eigene ausgesprochene begrenzte Form hat. Die Erdatmosphäre dehnt sich nur ein paar Meilen nach allen Seiten hin aus und muss deren äußerste Grenze die Form einer Orange, ähnlich der der Erde darstellen.

Dasselbe ist der Fall mit dem *Sonnenprâna* und den anderen höheren Atmosphären. Um mit dem irdischen *Prâna* zu beginnen, das von den Grenzen unserer Atmosphäre eingeschlossen wird, bildet jedes Atom unserer Erde, aber auch jeder, der vollendete wie der unvollendete Organismus, ein Aktions- und Reaktionszentrum für die tattwischen Ströme des terrestrischen *Prâna*. Das *Prâna* hat die Fähigkeit, die Form eines jeglichen Organismus anzunehmen oder, um mich anders auszudrücken, die Strahlen des *Prâna* werden, wenn sie auf den Organismus fallen, von diesem Organismus entsprechend den wohlbekannten Gesetzen der Reflexion zurückgestrahlt. Diese Strahlen tragen, wie wiederum bekannt sein dürfte, in sich das Bild des Gegenstandes, auf den sie gefallen waren. Mit diesen Bildern geschwängert, gelangen sie an die oben genannte terrestrische Grenze des *Prâna*. Es ist nicht schwer zu verstehen, dass wir in der imaginären Sphäre, die unser terrestrisches *Prâna* umgibt, ein vergrößertes Abbild unseres Zentralorganismus erblicken dürfen. Nicht eines Organismus allein, sondern auch der kleinsten Punkte; der unbedeutendsten Anfänge organisierten Lebens, wie auch der höchst vollendeten Organismen, alles ist in dieser imaginären Atmosphäre abgebildet.

Es ist eine ungeheure Bildergalerie; alles was gehört, gesehen, gefühlt, gerochen wird auf dieser Erde, findet dort ein herrliches, vergrößertes Abbild. An der Grenze des terrestrischen *Prâna* haben dann diese formbildenden tattwischen Strahlen eine doppelte Funktion.

In erster Linie erregen sie die sympathischen tattwischen Saiten im Sonnenprâna in analoger Weise. Das heißt also, dass die betreffenden Bilder auch dem Sonnenprâna mitgeteilt werden, von wo aus sie dann in regulärem Fortschreiten die universale Intelligenz selbst einmal treffen.

Dann aber wirken diese Strahlen auch gegenseitig aufeinander und werden, indem sie sich wieder vom Grenzgebiet entfernen, gegen das Zentrum reflektiert.

Diese Bilder nun sind es, die der aufmerksame Geist sieht, wenn er in der Mittagsglut in die Tiefen des Himmels schaut, und sie sind es auch, die uns in geheimnisvoller Weise die feinste Nahrung für unsere Fantasie und unseren Intellekt geben; auch liefern sie uns einen verlässlichen Schlüssel für die Natur und das Wirken der Gesetze, die den Makrokosmos und den Mikrokosmos regieren.

Denn diese Bilder beweisen uns, dass die kleinste unserer Handlungen, auf welcher Ebene sie auch geschehen möge, und wenn sie auch so unbedeutend ist, dass, sie uns selbst entgeht, doch einen unauslöschlichen Eindruck hinterlässt, die Wirkung eines Vergangenen und die Ursache eines Zukünftigen darstellt.

Und wieder erzählen uns diese Bilder von den fünf universalen *Tattwas*, die eine so bedeutende Rolle im Weltall spielen. Und schließlich zeigen sie uns die vielseitige Konstitution des Menschen und des Alls und die mannigfaltigen Kräfte des Geistes, die bis jetzt von der offiziellen Wissenschaft unserer Tage noch keine Anerkennung gefunden haben.|

Folgendes Zitat aus dem *Ishopanishad* (Mantra 4) möge genügen, um zu beweisen, dass diese Wahrheiten in den *Upanishaden* bereits Beachtung gefunden haben:

Das *Atmâ* ist unbeweglich; ist eines; es ist rascher als der Geist; die Sinne erreichen es nicht; es ist in der Bewegung allem voraus. Es ist in sich selbst in Ruhe, während es in rasender Eile alles andere überholt, und in ihm bewahrt der Aufzeichner, alle Handlungen auf.

Es ist das Wort *Mâtarishvâ*, das ich in obigem Zitat mit Aufzeichner übersetzt habe. Gewöhnlich wird das Wort mit „Luft" übersetzt, und so weit mir bekannt, ist es noch nie in dem klaren Sinne als Aufzeichner verstanden worden. Ich muss deshalb meine Ansicht im Nachfolgenden noch begründen.

Das Wort ist ein Kompositum von *mâtari* und *svah*. Das Wort *mâtari* ist der lokative Kasus von *Mâtri*, das gewöhnlich Mutter bedeutet, das aber hier besser mit Raum, als dem Substrat der Entfernung, bezeichnet und von der Wurzel *ma, messen* hergeleitet wird. Das zweite Wort des Kompositums bedeutet *der Atmer*, von der Wurzel *svah*, atmen. Das Ganze bedeutet also *der, der im Raume atmet*. Nach der Erklärung des Wortes fährt der Kommentator *Shankarâchârya* folgendermaßen fort:

Das Wort *Mâtarishvâ*, das in der oben geschilderten Weise abgeleitet ist, bedeutet das *Vâyu* (das Agens), das in sich alle Manifestationen des *Prâna*, der Tätigkeit selbst, enthält. Das Prâna ist das Substrat aller Gruppen von Ursachen und Wirkungen, und in ihm sind alle Ursachen und Wirkungen aufgereiht, wie Perlen an der Schnur, und man hat es deshalb *Sútra* (die Schnur) genannt, weil in ihm das Weltganze enthalten ist.

Weiter heißt es, dass die Ereignisse, die das *Mâtarishvâ* in sich selbst enthält, in obigem Zitat die Bewegungen des individualisierten *Prâna* sind, ebenso wie die Ereignisse des Wärmens, des Leuchtens, des Brennens usw. Manifestationen der makrokosmischen Kräfte, die wir als *Agni* usw. kennen, darstellen.

Aber so etwas kann die Atmosphäre unter gar keinen Umständen sein. Es ist offenbar die Phase des *Prâna*, die die Abbilder aller Geschehnisse und Bewegungen von einem Punkt des Raumes zum anderen und schließlich bis zu den Grenzen des *Súryamandala* trägt.

Diese Phase des *Prâna* ist nicht mehr und nicht weniger als der Aufzeichner. Sie enthält in sich für immer und ewig alle Ursachen und Wirkungen, die Vorgänger und Nachfolger dieser unserer Welt.

Es ist die Handlung selbst. Das heißt, jede Handlung ist ein Phasenwechsel des *Prâna*.

In obigem Zitat lesen wir auch, dass der Aufzeichner im *Atmâ* wohnt. So weit also das *Atmâ* existiert, übt auch dieser seine Funktionen aus.

Das *Prâna* zieht sein Leben aus dem *Atmâ*. und wir finden demgemäß Ähnlichkeiten in den Eigenschaften beider. Und es heißt auch in dem erwähnten Abschnitt, dass das *Atmâ* bewegungslos und doch rascher als das Bewusstsein ist. Dies sind auf den ersten Anblick widersprechende Eigenschaften, und solcher Eigenschaften gibt es mehrere, die den gewöhnlichen Gott der Alltagstheologen zu dem absurden Wesen machen, als das wir ihn kennen. Wir wollen diese Eigenschaften auf das *Prâna* anwenden, und einmal auf dieser Ebene verstanden, werden sie ebenso klar auf der höchsten Ebene, dem *Atmâ* begriffen. Es ist schon wiederholt gesagt worden, dass von jedem Punkte des pranischen Ozeans aus tattwische Strahlen sich nach allen Richtungen hin ausbreiten, zu jedem Punkt innerhalb des *Súryamandala*. So ist also der Ozean des *Prâna* in unausgesetzter Bewegung. Aber wechselt denn ein Punkt dieses Ozeans je seinen Platz? Sicherlich nicht. Eben deswegen, weil jeder Punkt seinen Platz beibehält, zeigt sich jeder zugleich in jedem anderen Punkte.

Dies ist die ganz einfache Lösung der Frage, wie es kommt, dass das *Atmâ*, in steter Bewegung und doch in Ruhe ist.

Das Gleiche ist auf allen Existenzebenen der Fall; all unsere Handlungen, unsere Wünsche, all unsere Gedanken werden unauslöschlich im Buche *Mâtarishvâ* aufgezeichnet.

Ich muss nun diese Bilder mehr im Detail ausmalen. Die Fotografie zeigt uns, dass unter besonderen Verhältnissen die sichtbaren Bilder auf der Ebene der sensitiven Platte aufgefangen werden können. Aber wie lässt es sich erklären, dass man Briefe auf Entfernungen von dreißig Meilen und mehr lesen kann? Solche Phänomene sind für mich Sache persönlicher Erfahrung. Vor Kurzem las ich, als ich sinnend oder vielleicht in einer Art Traum dasaß, eine Postkarte, die einer meiner

Freunde an einen anderen geschrieben hatte und die von mir handelte, zu gleicher Zeit auf eine Entfernung von nahezu dreißig Meilen. Eines meine ich hier noch erwähnen zu müssen. Fast der halbe Inhalt der Karte handelte von mir, das übrige nur von Dingen, die für mich kein besonderes Interesse haben konnten. Gerade diesen letzteren Teil der Karte konnte ich mir nicht vergegenwärtigen, und trotz aller Anstrengung war es mir nicht möglich, meine Aufmerksamkeit lange genug auf diese Zeilen zu konzentrieren, um sie ganz zu verstehen. Aber immer zog es meinen Geist unwiderstehlich zu dem Teil, der von mir sprach, und den ich ganz deutlich lesen konnte. Vier Tage später sah ich die Karte bei deren Adressaten; es war genau die gleiche, Satz für Satz (so weit ich mich eben erinnern konnte), so wie ich sie im Geiste gesehen. Ich erwähne dieses Phänomen deswegen so ausführlich, weil es in seltener Klarheit all das aufweist, was für das Zustandekommen derartiger Phänomene von Wichtigkeit ist. Wir heben folgende Punkte hervor:

1. Der Schreiber der Karte hatte die Absicht, dass mir diese zu Gesicht käme, besonders der Teil, der von mir handelte.

2. Ich war sehr begierig, das zu erfahren, was die Karte über mich enthielt.

3. Was war der Erfolg des Gemütszustandes, indem sich mein Freund bei Abfassung der Karte befand?

Das Bild seiner auf der Karte niedergelegten Gedanken, sowohl in der physischen als auch in der mentalen Ebene, pflanzten sich nach allen Richtungen den tattwischen Strahlen des makrokosmischen *Prâna* und Bewusstseins entlang fort. Es entstand unmittelbar ein Bild in der makrokosmischen Sphäre, und von dort drangen die Strahlen zu dem, für den die Karte bestimmt war. Ohne Zweifel empfingen alle Bewusstseinspartikel auf der ganzen Erde zu gleicher Zeit einen Eindruck von diesem Gedankenstrom. Aber nur mein Geist allein war sensitiv für den Inhalt und deshalb empfing auch nur dieser einen bleibenden Eindruck. Die Strahlen brachen, sich in meinem Bewusstsein und erzeugten das oben genannte Resultat.

Daraus folgt ohne Weiteres, dass unser Bewusstsein, um die bildenden Strahlen des *Prâna* anzunehmen, sich in einem Zustand der Sympathie befinden muss. Das heißt, nur ein Bewusstsein, das frei ist von aller Tätigkeit und von intensivem Gefühl für das Zeitwesen, ist ein geeigneter Empfänger für die bildnerischen Kräfte des Kosmos und damit für ein genaues Erkennen der Vergangenheit und Zukunft. Und je sehnsüchtiger wir danach streben, das Ding zu erkennen, desto besser für uns. Auf diesem Wege liest der spirituelle Okkultist die Aufzeichnungen der Vergangenheit im Buche der Natur, und diesen Weg muss auch der Anfänger in dieser Wissenschaft nach Anweisung seines Guru gehen.

Doch zurück zu unseren Ausführungen. Es darf nicht vergessen werden, dass alles, in welchem Aspekt es auch sei, was auf unserem Planeten geschieht oder geschehen ist, eine lesbare Spur im Buche der Natur hinterlassen hat, und dass uns die tattwischen Strahlen des *Prâna* und des Bewusstseins unaufhörlich die Umrisse dieser Bilder zutragen. Darauf ist es zum großen Teil zurückzuführen, dass uns die Vergangenheit niemals ganz auslässt, sondern immer in uns lebt, wenn auch viele ihrer großartigen Denkmale für immer und für den gewöhnlichen Blick vom Angesicht der Erde verschwunden sind.

Diese wiederkehrenden Strahlen sind immer auf das Zentrum gerichtet, von dem sie ausgingen. Sind diese terrestrischen Phänomene in Form von Stein oder Metall niedergelegt, so erhalten sich die Zentren ungestört durch lange Zeiträume. Und es ist für ein sehr sensitives Bewusstsein gar nicht unmöglich, diese Strahlen wieder zu konzentrieren, wenn sein Träger mit einem der materiellen Überbleibsel der historischen Phänomene in Berührung kommt. Ein in Pompeji ausgegrabener Stein ist Zeuge des großen Ereignisses gewesen, das die Stadt in Trümmer legte, und die Strahlen dieses Ereignisses konzentrieren sich naturgemäß in diesem Stück Stein. Wenn Mrs. Denton dieses Steinstück an ihre Stirn legt, so bedarf es lediglich, einer sympathischen, aufnahmefähigen Stimmung, um ihrem Bewusstsein sofort das ganze Bild zu vergegenwärtigen. Dieser sympathische Zustand einer Person mag nun natürlich oder erworben sein, was den Terminus natürlich betrifft, so möchte ich bitten, nicht zu übersehen, dass das, was wir natürlich nennen, auch erworben ist, wenn auch in früheren Inkarnationen. So sagt *Shiva*:

Es gibt Menschen, die mit den Tattwas bekannt werden, wenn das Bewusstsein durch Übung geläutert ist, entweder durch eine rasche Folge von Wiedergeburten oder durch die Güte eines Guru.

Es ist offenbar, dass zwei Stücke Granit, äußerlich ganz gleich, doch eine ganz verschiedene tattwische Färbung haben können, denn die Farbe eines Gegenstandes hängt zum großen Teil von seiner tattwischen Beschaffenheit ab. Diese okkulte Farbe ist es, die die wirkliche Seele der Dinge ausmacht, wenn auch der Leser jetzt schon weiß, dass das richtige Sanskritwort dafür *Prâna* heißt.

Es ist kein Märchen, wenn man behauptet, dass der erfahrene Yogi durch eine einfache Willensanspannung das Bild irgendeines Teiles der Welt, der vergangenen, wie der gegenwärtigen, vor sein geistiges Auge zitieren kann; aber nicht nur Gesichtsbilder, wie der Leser nach dem eben gegebenen Beispiele vielleicht glauben könnte. Die Aufbewahrung und Erzeugung der Gesichtsbilder ist nur das Werk des Lichtäthers, des *Tejas Tattwa*. Aber die anderen *Tattwas* üben auch ihre Tätigkeit aus. Das *Âkâsha* oder der Lautäther bewahrt alle die Töne auf, die auf Erden je gehört worden sind oder gehört werden, und ebenso ist es mit den übrigen *Tattwas* bezüglich der anderen Sinneseindrücke.

Wir sehen daraus, dass ein Yogi, indem er alle diese Eindrücke kombiniert, bei der Kontemplation das Bild irgendeines, wenn auch noch so weit entfernten Menschen vor dem geistigen Auge haben und zugleich seine Stimme vernehmen kann. Glyndon hört z. B. in Italien das Gespräch Zanonis und Violas in ihrem fernen Heim; und das ist nicht das Fantasiegebilde des Dichters, sondern eine wissenschaftliche Tatsache. Das Einzige, was hierzu nötig ist, ist eine sympathische Gemütsstimmung. Die Phänomene der Telepathie, der Psychometrie, des Hellsehens und des Hellhörens sind alles nur Phasen der tattwischen Kräfte. Einmal verstanden ist ja die Sache ganz einfach. Es ist nun vielleicht angebracht zu zeigen, in welcher Weise der Menschen von heute diese Bilder, seine Zukunft gestalten. Zuerst möchte ich darauf hinweisen, wie genau die Aufzeichnung stattfindet und den Leser zum Überfluss noch einmal an das erinnern, was ich oben über die tattwischen Farben aller Dinge gesagt habe. Sie ist es, die selbst dem Stein seine Individualität verleiht.

Die Nachbildung ist lediglich das kosmische Widerspiel des individuellen *Prânamaya Kosha* oder des Lebenskreislaufes. Es ist nicht unmöglich, dass jemand, der nicht ganz begriffen hat, in welcher Weise die tattwische Energie sich im individuellen *Prâna* ansammelt, die Phänomene in ihrem kosmischen Widerspiel eher versteht. In der Tat sind ja die makrokosmischen und mikrokosmischen Phänomene Glieder derselben Kette und beide vermögen uns zum vollen Verständnis der Sache zu führen. Angenommen, es steht jemand auf einem Berge und zu seinen Füßen breitet sich ein herrliches Stück Erde aus. Wenn er so dasteht und sich der Schönheit freut, zeichnet sich sein Bild sofort in der Ekliptik ab. Aber nicht nur seine körperliche Stellung, sondern auch jede Nuance seines inneren Lebens malt sich dort ab.

Beherrscht ihn in diesem Augenblicke das *Agni Tattwa*, leuchtet die Freude in seinem Antlitz, ist der Blick seiner Augen ruhig, gesammelt und froh, ist er so vertieft in das Bild, dass er alles andere rings um sich vergisst, dann wirken alle *Tattwas*, einzeln oder zusammen, und all die Freude, die Ruhe, das Glück, die Vertiefung und Aufmerksamkeit finden in der Ekliptik ihr getreues Abbild. Wenn er geht oder läuft, wenn er ab oder aufsteigt, immer malen die tattwischen Strahlen des *Prâna* mit der äußersten Genauigkeit die erzeugten und erzeugenden Farben in der sensitiven Sphäre ab.

Ein Mensch steht da, mit einem Mordwerkzeug in der Hand, im Auge Grausamkeit, in den Adern glühende Unmenschlichkeit, sein Opfer, Mensch oder Tier, je nachdem wehrlos oder sich wehrend vor ihm. Das ganze Bild wird sofort reproduziert. Dort stehen, dann der Mörder und sein Opfer in den denkbar getreuesten Farben, dort ist der einsame Ort oder der Dschungel, die schmutzige Hütte oder das ekelhafte Schlachthaus; alles malt sich dort so treu und klar ab, wie im Auge des Mörders oder seines Opfers.

Ein anderes Bild. Wir haben einen Lügner vor uns. Er lügt und schädigt dabei einen anderen. Kaum ist das Wort gesprochen, so setzt das *Akâsha* mit ganzer Kraft ein. Wir haben dann wieder die genaueste Reproduktion. Der Lügner bildet sich dort ab mit dem Gedanken, den die Lüge in das individuelle *Prâna* des Geschädigten wirft; aber es ist auch der Geschädigte gegenwärtig und alle gesprochenen Worte mit der ganzen Energie des Unrechts. Und auch der Schaden, den der Lügner seinem Opfer zugefügt, ist aufgezeichnet. Es sind also in der Tat die ganzen Umstände, die Vorgänge und Folgen, die Ursachen und Wirkungen ohne Ausnahme dort aufgeschrieben.

Und nun etwas anderes. Wir haben einen Dieb vor uns. Lass die Nacht so dunkel sein als sie will den Dieb so vorsichtig und schlau als möglich, ein Bild mit scharten Farben, wenn auch vielleicht nicht so deutlich, entsteht. Die Zeit, das Haus, das Loch in der Mauer, die schlafenden, bestohlenen Bewohner, das gestohlene Eigentum, der folgende Tag, die klagenden Eigentümer; alle vorhergehenden und folgenden Situationen sind aufgezeichnet. Und das gilt nicht nur für den Mörder, den Dieb, den Lügner, sondern auch für den Ehebrecher, den Fälscher, den Schurken, dem die böse Tat vor aller Welt verborgen dünkt. Ihre Verbrechen sind, wie alles, was je geschehen ist, lebhaft, deutlich und klar in der Gemäldegalerie der Natur verzeichnet. Die Beispiele könnten noch um ein Vielfaches vermehrt werden, denn die Erscheinungen unseres sozialen Lebens sind zahlreich und verwickelt. Aber es ist unnötig. Was ich gesagt habe, ist hinreichend, um das Prinzip zu erläutern, und die Nutzanwendung ist nicht schwer zu ziehen. Aber es handelt sich nun darum, zu wissen, wie die Bilder wieder aus der Galerie zu uns zurückkehren.

Wir haben gesehen, dass Zeit und Raum und alle die möglichen Faktoren eines Phänomens ihr genaues Abbild erzeugen, und die tattwischen Strahlen sind vereinigt zu einer Zeit, in der sie einen Eindruck auf die empfindliche Sphäre machten. Wenn dann nach Jahrtausenden dieselben Zeitverhältnisse wieder auf Erden eintreffen, so werden auch die bilderzeugenden, so lange angesammelten Strahlen die Menschen erzeugende Materie erregen und sie ihrer eigenen potenziellen Energie entsprechend, die nun in Tätigkeit zu treten beginnt, formen. Man wird gern zugeben, dass die Sonne der Erde und ihren Geschöpfen, Menschen sowohl wie Pflanzen und Mineralien, Leben spendet. Das Sonnenleben nimmt im Mutterleib Menschengestalt an, und das ist nur eine Erscheinungsform unserer bilderzeugenden Strahlen im sympathischen Leben, das auf unserem Planeten anhebt. Diese Strahlen formen aus sich selber einen menschlichen grobmateriellen Leib im Uterus und setzen ihre Erdenreise fort. Mit dem Fortschreiten der Zeit ändert die bildliche Reproduktion ihre tattwischen Bedingungen und damit auch der materielle Leib.

Im Falle der Wiedergeburt des Menschen hat die ruhige, aufmerksame, zufriedene Gemütsstimmung der er sich hingegeben, nun einen großen Einfluss auf den Organismus, und noch einmal genießt der Mensch glücklich und zufrieden die Schönheit der Natur.

Aber sehen wir uns einmal den Mörder an. Er ist von Natur grausam, er sinnt immer noch auf Mord und Verderben und kann nur dadurch von seiner unheimlichen Leidenschaft zurückgehalten werden, dass das erloschene Leben des Opfers nun einen Teil seines eigenen Wesens bildet; die Angst, die Qual, das Gefühl der Verzweiflung und Hilflosigkeit stehen darin in ihrer ganzen Stärke. Und zuweilen ist es ihm, als entströme das Lebensblut seinen Adern.

Es ist keine erkennbare Ursache vorhanden und dennoch leidet er Pein. Er ist unerklärlichen Angriffen von Schrecken, Verzweiflung und Hilflosigkeit unterworfen. Es ist ein elendes Leben, das er führt, und langsam aber sicher schwindet es dahin. Lasst uns den Vorhang über dieses Bild ziehen.

Der eingefleischte Dieb tritt nun auf die Szene. Seine Freunde verlassen ihn, einer nach dem anderer, oder er wird von ihnen vertrieben. Das Bild des einsamen Hauses muss sich seiner bemächtigen, indem er selbst in ein einsames Haus verbannt wird. Er sieht, wie jemand auf ungewöhnlichem Wege ins Haus tritt, er sieht, wie er ihm etwas von seinem Eigentum wegnimmt, er fühlt sogar, wie er ihn würgt. Der Mann ist zu ewigem Elend verdammt. Unwiderstehlich zieht er solche an sich, die denselben Kummer und dasselbe Herzeleid verursachen, die er einst vor langer Zeit anderen verursachte. Dieses herzzerreißende Leid übt in der gewöhnlichen Weise seinen Einfluss auf ihn aus und bildet seine Lebensbedingungen.

Betrachten wir nun den Ehebrecher. Wenn er wieder auf Erden wandelt, wird er von so vielen des anderen Geschlechtes angezogen, als er in seinem vorhergehenden Leben sündhaft geliebt hat. Er liebt aber nur einen oder eine, und diese Liebe würde auch zu einem glücklichen Ende führen, wenn sich nicht bald ein zweites, ein drittes oder ein viertes Bild eindrängen würde, das, dem Ersten völlig entgegengesetzt, dieses vertreiben würde. Die Liebesschwüre werden aus ganz unbegreiflicher Ursache gebrochen und man kann sich das entstehende Herzeleid wohl ausmalen. Alle Eifersucht und all die komplizierten Liebesstreitigkeiten könnten leicht auf solche Ursachen, wie die eben beschriebenen zurückgeführt werden.

Und die, die ihre Liebe für Gold verschachert haben, werden nun lieben müssen und wegen ihrer Armut verachtet sein. Was kann es

Elenderes geben, als einen Menschen, der aus Armut auf das Glück der Liebe verzichten muss? Ich glaube, dass diese Beispiele genügen, um zu zeigen, dass das Gesetz von der kosmischen Aufzeichnung unserer Handlungen unsere ganze Zukunft beherrscht. Welche Sünden auch immer unter den so unendlich verschiedenen Umständen des Lebens begangen werden mögen, immer werden ihre tattwischen Wirkungen leicht durch die kosmischen Abbilder verfolgt werden können.

Es ist nicht schwer zu verstehen, dass das Bild jedes individuellen Organismus im *Prâna*, wenn auch ewig wechselnd mit den Situationen des Objektes, doch in der Substanz unveränderlich bleibt. Jedes Objekt bleibt in seiner Form im *Prâna*, bis dieses selbst im Laufe der Entwicklung in die höhere Atmosphäre des Manas untertaucht.

Jedes Genus und jede Spezies der lebenden Organismen auf der Erde hat ihr Bild im *Prâna*, und meiner Ansicht nach entsprechen diese Bilder auf den höchsten Ebenen der Existenz den, *Ideen* des Plato. Eine sehr wichtige Frage taucht hier auf. Sind diese Bilder von ewiger Dauer oder treten sie erst ins Leben, wenn die entsprechenden Formen auf der terrestrischen Ebene entstanden sind? Ex nihil nihil fit, ist eine wohlbekannte philosophische Doktrin, und ich halte es mit *Vyâsa*, der behauptet, dass die Vorstellungen (das, was wir bisher Abbilder nannten) in ihren generellen, spezifischen und individuellen Möglichkeiten von Ewigkeit her im Universalgeiste bestehen. *Swara* oder der Atem Gottes, der Atem des Lebens, ist, wie ich schon erklärt habe, nicht mehr und nicht weniger als die abstrakte Intelligenz oder, wenn ich so besser verstanden werde, intelligente Bewegung. Unser Buch sagt:

Im Swara sind abgebildet oder vorgestellt die Vedas und die Shâstras, die höchsten Gandharvas, alle drei Welten; das Swara ist das Atmâ selbst.

Es ist nicht nötig, noch weiter in eine Diskussion dieses Problems einzutreten; die Andeutung möge genügen. Es mag aber gesagt werden, dass alle fortschreitende Bildung auf Erden die Unterordnung jedes Dinges unter den Einfluss der solaren *Ideen,* der Gestalt dieser Ideen, darstellt. Der Prozess entspricht genau der Annahme von Eindrücken durch feuchte Erde. Und die Idee eines Dinges ist dessen Seele.

Menschliche Seelen (*Prânamaya Kosha*) existieren in dieser Sphäre genau so, wie die Seelen anderer Dinge, und werden in dieser ihrer Heimat von irdischen Dingen in der oben beschriebenen Weise beeinflusst. Im Laufe der Jahrtausende erscheinen diese *Ideen* immer und immer wieder auf der physischen Ebene, entsprechend den Gesetzen, auf die ich oben hingewiesen.

Ich habe auch gesagt, dass diese Abbilder ihre Widerspiele in der mentalen und den höheren Atmosphären haben. Und gerade, wie die solaren Abbilder immer und immer wiederkehren, gibt es Zeiten, in denen die mentalen Abbilder wiederkommen. Von den gewöhnlichen Todesarten sind uns nur die irdischen bekannt. Sie sind sozusagen nur ein zeitweises Zurückziehen des Eindruckes der solaren Abbilder von der Erde. Wenn diese Zeit vorüber ist, deren Dauer von den Farben der Bilder abhängt, üben sie ihren Einfluss wieder auf die Erde aus, und wir haben die irdische Wiedergeburt. Wir können auf der Erde wiederholt sterben und doch ist unser solares Leben noch nicht erloschen.

Aber Menschen des Gegenwärtigen *Manvantara* können auch unter gewissen Umständen den solaren Tod sterben. Dann entziehen sie sich dem Einfluss der Sonne und werden erst unter der Herrschaft des zweiten *Manu* wiedergeboren. Menschen, die jetzt den solaren Tod sterben, bleiben in einem Zustand der Seligkeit durch das ganze gegenwärtige *Manvantara*.

Die Wiedergeburt ist also bis zum nächsten *Manvantara* verschoben. Alle Bilder verbleiben während des manvanarischen *Pralaya* im Busen Manus in Ruhe. In der gleichen Weise können Menschen noch höhere Todesarten sterben und verbringen dann die Zwischenzeit in einem Zustand langer, dauernder, intensiverer Glückseligkeit. Der mentale Kreislauf kann zerstört sein, ebenso wie der materielle, der terrestrische und der solare, dann verbleibt die glückliche Seele unwiedergeboren bis zum Anbruch des zweiten Tages des *Brahmâ*. Höher noch und länger ist der Zustand, der dem brahmischen Tode folgt. Dann ist der Geist für den Rest des *Kalpa* und für das folgende *Mahâpralaya* in Ruhe. Hiernach ist die Anschauung der Hinduwissenschaft leicht verständlich, dass während der Nacht des *Brahmâ* und ebenso während aller untergeordneten Nächte die menschliche Seele und die des ganzen Universums im Busen *Brahmâs* ruht, wie der Baum im Saatkorn.

VII.
Die Manifestationen der psychischen Kraft

Die psychische Kraft ist die als *Vijñâna* bekannte Form der Materie in aktiver Verbindung mit der mentalen und Lebensmaterie. Im oben angeführten Zitat aus dem *Ishopanishad* heißt es, dass die *Devas*, die makrokosmischen und mikrokosmischen Manifestationen des *Prâna*, das *Atmâ* nicht erreichen, da es sich rascher bewegt als der Geist.

Die *Tattwas* des *Prâna* bewegen sich mit einer gewissen Geschwindigkeit. Größer aber ist die des Geistes und noch größer die der psychischen Materie. Im Verhältnis zu der höheren Ebene scheint die niedrigere immer unbeweglich und ist immer deren Einfluss unterworfen. Schöpfung ist eine Manifestation der psychischen Kraft auf den niedrigeren Ebenen der Existenz.

Der erste Prozess ist ohne Zweifel das Erscheinen der verschiedenen makrokosmischen Sphären mit ihren verschiedenen Zentren. In jeder dieser Sphären wiederum, dem *Prâna*, dem *Manas* und dem *Vijñâna*, erzeugen die universellen tattwischen Strahlen auf ihren eigenen Ebenen unzählbare Individualitäten. Jedes *Truti* auf der Ebene des *Prâna* ist ein Lebenskreislauf (*Prânamaya Kosha*). Die Strahlen, die jedem dieser *Trutis* die Existenz verleihen, kommen von jedem der anderen *Trutis* ohne Ausnahme, die in den fünf *Tattwas* und ihren Mischungen zugewiesenen Räumen sich befinden und deshalb alle erdengleichen tattwischen Manifestationen des Lebens darstellen.

Auf der Ebene des Manas repräsentiert jedes mentale *Truti* einen individuellen Geist. Jeder individuelle Geist wird durch die tattwischen Strahlen aus den anderen Teilen der Sphäre erzeugt. Diese Strahlen kommen von all den anderen *Trutis*, die unter der Herrschaft der fünf *Tattwas* und ihrer Mischungen stehen. Sie stellen also alle erdenklichen tattwischen Phasen des mentalen Lebens dar.

Auf der psychischen Ebene bildet jedes *Truti* eine individuelle Seele, die durch die psychischen *Tattwas*, die von einem Punkt zum anderen fliegen, ins Leben gerufen wird. Diese Strahlen rühren von den *Trutis* her, die unter der Herrschaft der fünf *Tattwas* und ihrer unzähligen Mischungen stehen. Sie bilden also alle möglichen Manifestationen des psychischen Lebens.

Die letztere Klasse von Trutis auf den verschiedenen Existenzebenen sind die sogenannten Götter und Göttinnen. Die erstere Klasse sind Kreisläufe, die sich im Erdenleben manifestieren.

Jedes psychische *Truti* ist auf diese Weise ein kleines Reservoir jeder möglichen tattwischen Phase des Lebens, die sich auf den niedrigeren Ebenen der Existenz zu manifestieren vermögen. Wie die Sonne ihre Strahlen abwärts sendet, so wirken auch die *Trutis* auf die niedrigeren Ebenen. Entsprechend der vorherrschenden Phase tattwischer Farbe in diesen drei Arten von *Trutis*, sucht sich das *Vijñâna* (das psychische *Truti*) ein Bewusstsein, das Bewusstsein seinen Kreislauf und dieser schließlich seine Wohnung auf Erden.

Die erste Funktion des individuellen *Trutis*, des *Vijñâna*, ist das Leben des mentalen *Trutis* zu unterhalten, gerade wie das makrokosmische *Vijñâna* das Leben des makrokosmischen Bewusstseins aufrechterhält. Und ebenso unterhält das mentale *Truti* das Leben des individuellen *Trutis* des *Prâna*.

In diesem Zustand sind sich die Seelen nur ihrer Subjektivität dem Bewusstsein und dem *Prâna* gegenüber bewusst. Sie wissen, dass sie die niedrigeren *Trutis* unterhalten, sie kennen sich selbst, sie kennen alle die anderen psychischen *Trutis*, sie kennen den ganzen Makrokosmos des *Ishvâra*, indem die tattwischen Strahlen jeden Punkt in ihrem eigenen individuellen Bewusstsein widerspiegeln. Sie sind allwissend und vollkommen glücklich, weil sie vollkommen im Gleichgewicht sind.

Wenn das *Prânamaya Kosha* die irdische Wohnung bezieht, wird sich die Seele das erste Mal ihrer Endlichkeit gewahr. Das bedeutet eine Beschränkung oder besser gesagt die Schaffung eines neuen beschränkten Bewusstseins. Lange Zeit nimmt die Seele keine Notiz von diesen begrenzten Gefühlen. Wenn diese aber immer mehr an Stärke gewinnen, täuscht sie sich in einen Glauben an die Identität mit diesen begrenzten Eindrücken hinein. Aus der absoluten Subjektivität gelangt das Bewusstsein in einen Zustand relativer Passivität. Eine neue Erscheinungswelt ist geschaffen. Das ist der Sündenfall. Wie diese Gefühle, Wahrnehmungen entstehen und wie sie die Seele beeinflussen,

habe ich bereits auseinandergesetzt. Wie die Seele aus dieser Verges-
senheit erwacht und was sie tut, um sich davon zu befreien, werde ich
im Folgenden zeigen.

Es mag daraus ersehen werden, dass die Seele zwei Leben besitzt,
ein aktives und ein passives. In seiner aktiven Phase regiert und erhält
es das substanzielle Leben der niedrigeren *Trutis*. In der Passiven
vergisst es sich selbst und täuscht sich in die Identität mit den Veränderungen der niedrigeren *Trutis* hinein, die durch die äußeren *Tattwas*
hervorgerufen werden. Das Bewusstsein ist in seine begrenzte Phase
eingetreten.

Das ganze Ringen der Seele nach Wiedererwachen besteht in
dem Versuch, die passive Phase abzulegen und ihre frühere Reinheit
wiederzugewinnen. Dieses Ringen ist das Yoga und die Kräfte, die das
Yoga im Bewusstsein und im *Prâna* hervorruft, sind nichts anderes als
tattwische Manifestationen der psychischen Kraft, welche die Aufgabe
hat, den Einfluss der äußeren Welt auf die Seele aufzuheben. Dieser
fortgesetzte Phasenwechsel in den neuen, unrealen, begrenzten
Existenzkreisläufen ist der aufwärtsgerichtete Gang des Lebensstromes
vom Beginn des relativen Bewusstseins bis zum ursprünglichen
absoluten Zustand.

Es ist nicht schwer zu begreifen, wie diese Manifestationen
entstehen. Sie befinden sich im psychischen Reservoir und zeigen sich
einfach erst dann, wenn die niedrigeren *Trutis* in einen Zustand
sympathischer tattwischer Neigung übergehen. So zeigt sich das
Spektrum erst dann, wenn gewisse Objekte die Gestalt eines Prismas
annehmen.

Gewöhnlich manifestiert sich die psychische Kraft weder im
Prâna noch im Bewusstsein in ungewöhnlicher Form. Die Menschheit
schreitet als ein Ganzes vorwärts, und welche Manifestationen dieser
Kräfte auch eintreten, sie zeigen sich bei Rassen als ein Ganzes. Das
begrenzte Bewusstsein erkennt sie daher nur langsam.

Aber nicht alle Individuen einer Rasse stehen in der gleichen
tattwischen Phase. Manche zeigen eine größere Sympathie mit der
psychischen Kraft in einer oder mehreren ihrer tattwischen Komponenten. Solche Individuen nennt man Medien. Ihre ungewöhnliche
Erscheinung rührt daher, dass sie mit einer besonderen tattwischen

Phase der psychischen Kraft in innigerer Sympathie stehen als ihre Mitmenschen. Diese Unterschiede in der individuellen Sympathie werden verursacht durch die gradweisen Verschiedenheiten der Handlungen und Unterlassungen einzelner Individuen oder durch die Übung des Yoga.

Die psychische Kraft kann sich also in Gestalt all der unzähligen Möglichkeiten tattwischer Kombinationen manifestieren. Deshalb erstrecken sich, so weit die Theorie in Betracht kommt, diese Manifestationen über die ganze Domäne der Erscheinungen in der sichtbaren und unsichtbaren Welt, welch Letztere, wir allerdings nicht kennen. Diese Manifestationen können all unsere gegenwärtigen Anschauungen über Zeit und Raum, über Ursache und Wirkung, über Kraft und Stoff umwerfen. Vernünftig angewandt kann diese Kraft recht wohl die Funktion der Erzeugung der kommenden Rasse übernehmen. Der folgende Aufsatz beschreibt einige dieser Manifestationen auf der Bewusstseinsebene.

VIII.
Yoga — die Seele

Ich habe nunmehr mehr oder weniger vollkommen zwei Prinzipien des menschlichen Wesens dargestellt, *Prâna* und *Manas*. Einiges habe ich bereits über die Natur und die Beziehungen der Seele vorgreifend erwähnt. Der grobmaterielle Körper ist, als einer besonderen Behandlung nicht bedürftig, übergangen worden.

Die fünf Manifestationen eines jeden der beiden Prinzipien, des *Prâna* und des *Manas*, können glückliche oder unglückliche sein. Diejenigen Manifestationen sind als glückliche zu bezeichnen, die mit unserer wahren Kultur, übereinstimmen und uns zu unserer höchsten, geistigen Entwicklung, dem summum bonum der Menschheit, führen. Die aber, die uns an die Sphäre des immer wiederkehrenden Geborenwerdens und Sterbens fesseln, nennen wir unglückliche.

Auf jeder der zwei Lebensebenen, *Prâna* und *Manas*, ist eine doppelte Existenzmöglichkeit vorhanden. Wir können haben und haben auch unter den gegenwärtigen Bedingungen des Universums ein glückliches und ein unglückliches *Prâna*, ein glückliches und ein unglückliches Bewusstsein.

In Anbetracht dessen, dass wir anstelle dieser zwei vier haben, erhöht sich die Zahl der Prinzipien der menschlichen Konstitution von fünf auf sieben. Die unglücklichen Intelligenzen der einen Ebene verbinden sich mit den unglücklichen der anderen und in gleicher Weise die glücklichen. Wir haben also in der menschlichen Konstitution etwa folgende Anordnung der Prinzipien:

1. der grobmaterielle Körper (*Sthúla Sharíra*)

2. das unglückliche *Prâna*

3. das unglückliche Bewusstsein

4. das glückliche Bewusstsein

5. die Seele (*Vijñâua*)

6. der Geist (*Ananda*)

Das fundamentum divisjonis bei der Fünfteilung ist das *Upâdhi*, der spezielle und verschiedene Zustand der materie (*Prakriti*) in jedem

Falle. Bei der Siebenteilung ist es die Natur des *Karma*, mit ihrer Einwirkung auf die menschliche Entwicklung.

Beide Formen dieser Entwicklung, die glückliche und die unglückliche, wirken auf derselben Ebene, und obgleich die glücklichen Manifestationen in ihrem langen Laufe auf den Zustand des *Moksha* abzielen, wird dieser Zustand nicht erreicht, bis die höheren Kräfte, die *Siddhis*, durch Übung des Yoga dem Geist zugeführt worden sind. Yoga ist eine Kraft der Seele. Es ist deshalb nötig, etwas über die Seele und das Yoga zu sagen, ehe die höheren Kräfte des Geistes verständlich beschrieben werden können. Yoga ist die Wissenschaft von der menschlichen Kultur im höchsten Sinne des Wortes. Seine Aufgabe ist die Reinigung und Stärkung des Geistes. Durch seine Ausübung wird der Geist mit edlen Absichten erfüllt und erwirbt göttliche Kräfte, während die unglücklichen Tendenzen sich verlieren. Das zweite und dritte Prinzip dieses Aufsatzes wird durch das Feuer der göttlichen Erkenntnis aufgezehrt, und der Zustand dessen, was wir im Leben Erlösung nennen, ist erreicht.

Nach und nach wird auch das vierte Prinzip neutral und die Seele gelangt in den Zustand des manvantarischen *Moksha*. Höher noch kann aber die Seele steigen, entsprechend dem Grade der Übung. Wenn auch der Geist schließlich zur Ruhe kommt, also im Leben den Zustand des tiefsten Schlafes erreicht (*Sushupti*), haben wir die Allwissenheit des *Vijñâna* errungen. Und noch einen höheren Zustand gibt es, den des *Ananda*. Solche Resultate kann das Yoga zeitigen. Ich möchte nun seine Natur und die Wege, die zu ihm führen, beschreiben.

Was die Natur des Yoga anbelangt, so kann ich sagen, dass die Menschheit ihre gegenwärtige Entwicklungsstufe der Übung dieser gewaltigen Kraft zu verdanken hat. Die Natur selbst ist ein großes Yogi, und durch ihren rastlosen Willen ist die Menschheit der Reinigung näher gebracht worden und wird es noch. Die Menschen haben nur dieser großen Lehrerin zu folgen, um für ihr individuelles Ich den Weg der Vollendung abzukürzen. Und wie machen wir uns zu dieser Nachahmung fähig? Welches sind die Sprossen der langen Leiter? Diese Dinge haben für uns die Weisen der Vorzeit entdeckt, und *Patanjalis* kleines Buch ist nur ein kurzer und lehrreicher Auszug von so vielen unserer früheren Erfahrungen und zukünftigen Möglichkeiten, die im Buche der Natur aufgezeichnet stehen. Das genannte kleine Buch gebraucht das Wort Yoga in doppelter Bedeutung. Die Erste ist der geistige Zustand, den andere Autoren auch *Samadhi* nennen. Die Zweite ist die Reihe von Handlungen und Verhaltungsmaßregeln, die unseren Geist in diesen Zustand zu versetzen geeignet sind. Die von dem Weisen gegebene Definition ist eine negative und nur auf der geistigen Ebene anwendbar. Die Quelle der positiven Kraft liegt im höheren Prinzip der Seele. Yoga ist, wie schon gesagt, die Fähigkeit, die fünf Manifestationen des Bewusstseins im Schach zu halten. Der Wortlaut der Definition involviert das Vorhandensein einer Kraft, welche die mentalen Manifestationen kontrolliert und im Schach hält. Diese Kraft ist uns bekannt unter der Bezeichnung *Freiheit des Willens.*

Wenngleich auch bei den Manifestationen des *Asmitâ* (Egoismus) auf der mentalen Ebene die Seele irrtümlicherweise sich für eine Sklavin des zweiten und dritten Prinzips hält, so ist es doch in der Tat nicht so, und sobald die Saite des Egoismus bis zu einem gewissen Grade erschlafft ist, beginnt das Erwachen. Dies ist der erste Schritt, den die Natur die Menschheit führt. Es ist ein Gebot der Notwendigkeit. Das Zusammenwirken des zweiten mit dem dritten und des vierten mit dem fünften Prinzip, schwächt die Einwirkung des natürlichen, mentalen *Asmitâ* auf die Seele. *Ich bin diese, oder von diesen mentalen Manifestationen* sagt der Egoismus. Aber solch ein Zustand der Dinge kann nicht allzu lange währen. Diese Manifestationen sind doppelter Natur; die eine ist nur die Rückseite der anderen. Welche von ihnen ist eins mit dem Ego? Die Glückliche oder die Unglückliche? Nur so lange kann die Frage gestellt werden, bis das Erwachen beginnt. Es ist unmöglich, eine dieser Fragen bejahend zu beantworten, und die Seele entdeckt schließlich, dass sie etwas anderes ist als der Geist und dass sie, die bisher die Sklavin des Geistes war, nunmehr, was dass natürliche ist, seine Herrin werden kann. Bis zu dieser Zeit ist die Seele da und dorthin geworfen worden, gehorsam den tattwischen Schwingungen des Geistes. Ihre blinde Sympathie mit den mentalen Manifestationen macht sie übereinstimmend mit dem Geiste, daher dieses „Hin- und Herwerfen". Tritt aber das Erwachen ein, dann lockert sich das Band der Sympathie. Je stärker die Natur, desto größer die Abweichung von der Übereinstimmung. Anstatt dass die Seele von den Schwingungen des Geistes in Mitleidenschaft gezogen wird, ist es nun Zeit, dass der Geist den Schwingungen der Seele Gehorsam leistet. Diese Usurpation ist die Willensfreiheit, und der Gehorsam des Geistes gegen die Schwingungen der Seele ist Yoga. Die im Geiste durch die äußeren *Tattwas* hervorgerufenen Manifestationen müssen nun der stärkeren, von der Seele ausgehenden Bewegung weichen. Nach und nach ändern die mentalen Farben ihre eigene Natur und der Geist fällt mit der Seele zusammen. Mit anderen Worten: das individuelle mentale Prinzip ist neutralisiert und die Seele ist frei in ihrer Allwissenheit.

Wir wollen nun Schritt für Schritt die Zustände des Geistes bis hinauf zum *Samâdhi* verfolgen.

Samâdhi oder der mentale Zustand, der durch das Yoga herbeigeführt wird, hat zwei Formen. Solange der Geist nicht vollständig in der Seele aufgegangen ist, nennt man den Zustand *Samprajñâta*. Es ist der Zustand, in dem neue Wahrheiten in jedem Gebiet der Natur entdeckt werden. Der zweite ist, der Zustand völliger mentaler Absorption. Man nennt ihn *Asamprajñâta*. In ihm gibt es kein Wissen, kein Entdecken unbekannter Dinge. Es ist der Zustand intuitiver Allwissenheit. Zwei Fragen tauchen naturgemäß bei der Stufe des Erwachens auf. „Wenn ich eins bin mit diesen Manifestationen, welche von ihnen bin ich? Ich glaube, ich bin keine von ihnen. Was bin ich aber dann? Was sind jene?"

Die zweite Frage wird gelöst im *Samprajñâti*, *Samâdhi*, die erste im anderen. Ehe ich weiter auf die Natur des *Samâdhi* eingehe, ein Wort über Gewöhnung und Apathie. Diese beiden erwähnt *Patanjali* als Mittel, die mentalen Manifestationen im Schach zu halten, und es ist deshalb nötig, sie durchaus zu begreifen. Die Manifestation der Apathie ist der Reflex der Farbe der Seele im Geiste in dem Augenblick, wo jene ihre Freiheit gewahr wird und sich voll Ekel von dem Sturm der Leidenschaften abwendet. Sie ist eine notwendige Konsequenz, des Erwachens. Gewöhnung ist die Wiederholung dieses Zustandes, um ihn im Geiste zu befestigen.

Die Gewöhnung des Geistes an diesen Zustand bedeutet einen Zustand gewöhnlicher mentaler Untätigkeit. Damit meine ich, dass für diese Zeit die gewöhnlichen fünf Manifestationen in Ruhe sind. Wenn das so ist, dann ist der Geist aufnahmefähig für irgendwelche Einflüsse. Hier sehen wir zuerst die Wirksamkeit der Seele in Form der Neugier (*Vitarka*). Was ist dies? Was ist jenes? Wie ist dies? Wie ist jenes? Dies ist die Art, in der sich die Neugier im Geiste selbst zeigt. Neugierde ist der Wunsch zu wissen, und die Frage ist der Ausdruck dieses Wunsches. Aber wie wird der Mensch mit den Fragen vertraut? Die mentale Form der Neugierde und der Frage ist leicht zu verstehen, wenn man sich das vergegenwärtigt, was ich über die Genesis des Begehrens gesagt habe. Der Prozess der Entstehung der philosophischen Neugierde ist ähnlich dem der Entstehung der Begierde. Bei der Letzteren kommt der Impuls aus der äußeren Welt durch das *Prâna*: bei Ersterer direkt aus der Seele. Der Platz der Freude in dieser wird ausgefüllt durch den Reflex des Wissens der Seele, dass das Selbst und die Unabhängigkeit besser sind als die Gebundenheit des Nicht-Selbst. Die Stärke der philosophischen Neugier hängt von der Stärke des Reflexes ab, und da der Reflex im Anfang noch gering ist (also im gegenwärtigen Stadium der geistigen Entwicklung der Menschheit überhaupt), so ist der Einfluss der philosophischen Neugierde auf den Geist noch gering im Verhältnis zum Einfluss des Begehrens.

Philosophische Neugierde ist demnach der erste Schritt des mentalen Aufstieges zum Yoga. Wir nehmen uns vor, mit jeder erdenklichen Manifestation der Natur zu beginnen und uns in jeder ihrer Phasen zu betätigen. Dies ist, wie wir später sehen werden, *Dhâranâ*. Es ist, in die alltägliche Sprache übersetzt, unser Bestreben, alle Zweige der Naturwissenschaft nach und nach zu erforschen.

Dies ist das natürliche Ergebnis der Neugierde. Bei diesem Streben, die schon bestehenden oder möglichen tatsächlichen oder potentiellen Verbindungen zwischen den Naturkräften zu erforschen, zeigt sich eine neue Kraft im Geiste. Diese Kraft nennt *Patanjali Vichâra*, die Meditation. Die Grundidee dieses Wortes ist das Eingehen auf die verschiedenen Beziehungen der Teile, die zusammen das Ganze unserer Betrachtung ausmachen. Es ist nur ein tieferer Eindruck der oben näher geschilderten philosophischen Neugier auf den Geist. Der dritte Zustand des *Samâdhi* ist das, was wir *Ananda*, Glück oder Seligkeit nennen. Solange als noch Neugierde oder Meditation dabei eine Rolle spielen, nimmt der Geist nun die Konsistenz der Seele an. Das will sagen, dass die Schwingungen der Seele sich nur einen Weg zum Geiste geschaffen haben, aber noch nicht ganz in ihn eingedrungen sind. Wenn aber das dritte Stadium erreicht ist, ist der Geist hinlänglich vorbereitet, um ein volles und klares Bild des sechsten Kreislaufes aufzunehmen. Dieses Bild stellt sich dem Geiste als Seligkeit dar. Jeder, der sich dem Studium der Natur hingibt, ist wohl, wenn auch vielleicht nur kurze Zeit, schon in diesem begehrenswerten Zustand gewesen. Es ist sehr schwer das zu beschreiben, aber ich bin überzeugt, dass meinen Lesern in der Mehrzahl dieser Zustand nicht unbekannt ist.

Aber woher kommt diese Seligkeit? Was ist sie? Ich habe sie als einen Reflex der Seele bezeichnet. Aber was ist die Seele? Aus dem, was ich bisher schrieb, werden meine Leser ohne Zweifel entnehmen, dass die Seele nur ein Abbild des materiellen Körpers, des *Prâna* und des Geistes ist, insofern ihre Konstitution in Betracht kommt.

Ich habe gesagt, dass im Makrokosmos die Sonne das Zentrum und das *Prâna* die Atmosphäre des zweiten Prinzips ist, und dass die Ekliptik die Form dieses Prinzips darstellt. Ich habe auch gesagt, dass das individuelle menschliche Prinzip nur ein Abbild des makrokosmischen Ganzen ist. Ich habe ferner gesagt, dass im Makrokosmos *Virât* das Zentrum und *Manu* die Atmosphäre des zweiten Prinzips ist.

Diese Atmosphäre wird gebildet von den fünf universellen *Tattwas*, gerade wie das Prâna, nur mit dem Unterschied, dass die mentalen *Tattwas* eine größere Schwingungszahl haben als die *Tattwas* des *Prâna*. Ich habe auch gesagt, dass der individuelle Geist ein genaues Abbild des makrokosmischen Geistes ist, wobei natürlich der Aspekt verschieden ist nach den Zeitumständen, wie beim *Prâna*.

Dasselbe habe ich zu sagen bezüglich der Seele. Im Makrokosmos ist *Brahmâ* das Zentrum und *Vijñâna* die Atmosphäre desselben Prinzips. Wie sich die Erde im *Prâna* bewegt, wie die Sonne im *Manu* atmet, wie das *Manu* oder *Virât* im *Vijñâna* atmet, so atmet die Seele in der höchsten Atmosphäre des *Ananda*. *Brahmâ* ist das Zentrum des spirituellen Lebens, wie die Sonne das Zentrum des *Prâna* und *Virât* das Zentrum des mentalen Lebens. Diese Zentren besitzen Leuchtkraft ähnlich der Sonne, die aber von den gewöhnlichen Sinnen nicht wahrgenommen wird, da ihre Schwingungszahlen über ihr Aufnahmevermögen gehen. Die Seele des Universums (das *Vijñâna Kosha*) mit *Brahmâ* als Zentrum ist unser psychisches Ideal.

Die tattwischen Ströme dieser Sphäre erstrecken sich über einen Zeitraum, den wir *Brahmânda* nennen. Dies geschieht in ähnlicher Weise wie bei den tattwischen Strahlen des *Prâna*, mit denen wir ja durch das Medium der groben Materie bekannt sind. Dieses Zentrum mit diesem Universum bildet das selbstbewusste Universum. Im Herzen dieser Atmosphäre ruhen alle die niedrigeren Zentren.

Unter dem Einfluss der groben Materie registriert der mentale Makrokosmos die äußeren Bilder, das heißt, er gewinnt die Kraft, sich selbst in den fünferlei Arten zu manifestieren, die ich in meinem Aufsatz über das Bewusstsein besprochen habe. Aber im *Brahmâ* erreicht der mentale Makrokosmos (*Manu*), die höheren eben besprochenen Kräfte. Dieser doppelte Einfluss, ändert nach einiger Zeit die Natur des *Manu* selbst. Das Universum hat nach jedem *Manvantara* ein neues Bewusstsein. Und zwar erfolgt diese Veränderung immer zum Besseren. Der Geist wirkt immer vergeistigend. Je weiter das Manu vorgeschritten ist, desto mehr spirituell ist es. Es wird eine Zeit kommen, in der das gegenwärtige makrokosmische Bewusstsein vollständig in der Seele aufgegangen sein wird. Dasselbe ist der Fall mit dem menschlichen Mikrokosmos. So ist *Brahmâ* von Natur allwissend. Er ist sich seines Selbst bewusst. Die Typen aller Dinge, die waren oder im Laufe der Zeiten sein werden, sind ebenso viele verschiedene Kompositionen seines *Tattwas*. Jede Phase des Universums mit ihren Vorgängen und Folgen ist in ihm enthalten. Es ist selbst sein eigenes Bewusstsein. Im Verlauf von vierzehn *Manvantaras* wird ein Bewusstsein in ihm aufgesaugt. Die Bewegung der mentalen *Tattwas* wird so sehr beschleunigt, dass sie zu spirituellen werden. Während dies im Universum stattfindet, beschleunigen sich die Schwingungen der *Tattwas des Prâna* derart unter dem Einfluss des *Manu*, bis das *Prâna* selbst in das *Manu* der kommenden Periode verwandelt wird. Und während dies geschieht, entwickelt sich die grobe Materie selbst zum *Prâna*.

Dies ist der Prozess der Involution. Wir wollen hier einen Augenblick verharren und das in Rede stehende Subjekt rekapitulieren.

Die menschliche Seele ist ein genaues Abbild des makrokosmischen Prinzips. Sie ist allwissend wie ihr Prototyp und hat die gleiche Konstitution. Aber die Allwissenheit der menschlichen Seele ist noch latent zugunsten ihrer Vergesslichkeit. Das sechste Prinzip (absolut) ist erst ein wenig entwickelt. Die Menschheit im Allgemeinen hat nur eine ganz vage Vorstellung von der Unendlichkeit, von der Gottheit und dergleichen. Das heißt, dass die Strahlen des Unendlichen auf dieser Stufe unseres Fortschrittes eben erst das sechste Prinzip ins Leben zu rufen beginnen. Wir können diesen Prozess beschleunigen durch das *Vairâgya* (Apathie), die, wie wir gesehen haben, dem Yoga vermehrte Kraft verleiht.

Die Mittel, das Yoga zu verstärken, verdienen eine gesonderte Behandlung. Einige von ihnen haben den Zweck, solche Einflüsse und Kräfte zu entfernen, die dem Fortschritt entgegenstehen, andere, wie z. B. die Betrachtung des göttlichen Prinzips, beschleunigt den Entwicklungsprozess der menschlichen Seele und die folgende Absorption des Geistes in ihr. Wir wollen aber nun fortfahren, die Natur des selig machenden *Samâdhi* zu betrachten, von dem ich sagte, dass es durch den Reflex der Seele im Geiste darstelle.

Dieser Reflex bedeutet einfach, dass der Geist den Zustand der Seele annimmt. Der Geist gelangt aus seinem gewöhnlichen Zustand in den der höheren Energie der Seele. Die größere tattwische Schwingungszahl durchschreitet die Materie mit einer niedrigeren. Dieser Aufschwung des Geistes, dieses aus sich selbst Heraustreten bezeichnet man am besten mit dem Worte Aufschwung, und dies ist auch die Bedeutung des Wortes *Ananda*, das den dritten Zustand des *Samprajñâta Samâdhi* bedeutet. Das *Anandamaya Kosha* hat seinen Namen daher, dass es der Zustand des höchsten Aufschwunges ist.

Jeder Augenblick des *Ananda* ist ein Schritt vorwärts zur Absorption des Geistes, und durch fortwährende wissenschaftliche Meditation ändert der Geist seine Natur, indem er für immer in einen Zustand höherer Konsistenz übergeht. Dieser Zustand, der im *Ananda* einzig und allein in den Augenblicken des Triumphes erscheint, wird nach und nach ein Bestandteil des Geistes. Diese Befestigung des höheren Zustandes bezeichnen wir mit *Asmitâ*, was wir (und das ist das Gewöhnliche) mit dem Wort Egoismus übersetzen. Es ist aber als die Identifizierung des Bewusstseins mit dem Selbst aufzufassen. Dieser Aufsatz hat den Zweck, die mentale Materie auf ihrem Wege zur endlichen Resorption in der Seele zu verfolgen. Wir sind da stehen geblieben, wo der Geist in den Zustand des *Samprajñâta Samâdhi* gelangt. In diesem Stadium erwirbt der Geist die Kraft, neue Wahrheiten zu entdecken und neue Kombinationen existierender Dinge aufzufinden.

Dass dieser Zustand schon im Laufe langer vorhergehender Zeitepochen erworben worden ist, besitzen die Menschen in ihrem gegenwärtigen Entwicklungsstadium bereits ein hohes Wissen; und gerade die Erwerbung dieses Wissensquantums war das Mittel, uns zu der Höhe unserer gegenwärtigen Entwicklung zu erheben, und wir sind gewohnt zu sagen, diese Kräfte seien dem Menschen angeboren. Wie ich gezeigt habe, konnte der Geist nur durch lange Unterwerfung unter die Einflüsse der Seele zu einer solchen Vollendung gelangen.

Durch die fortgesetzte Übung des *Samâdhi* lernt der Geist sich solchen kosmischen Einflüssen zuzuneigen, die in ihrer innersten Natur den üblen Mächten unserer Konstitution widerstehen, die unseren Fortschritt aufzuhalten bestrebt sind. Diese Mächte erlahmen dann naturgemäß. Das Endziel dieses Weges ist jener Geisteszustand, in dem die Manifestationen vollkommen potenziell werden. Die Seele kann sie, wenn sie will, durch die ihr innewohnende Kraft in das Gebiet des Wirklichen übersetzen, aber sie haben nicht mehr die Kraft, die Seele hinter sich herzuziehen.

Wenn dieser Zustand erreicht ist oder wenigstens nahezu, beginnen sich gewisse Kräfte im Geiste zu zeigen, die im gegenwärtigen Zyklus etwas Ungewöhnliches sind. Dieser Zustand heißt technisch Paravairâgya oder höhere Apathie.

Das Wort *Vairâgya* wird gewöhnlich mit *Apathie* wiedergegeben und von modernen Denkern mit Unlust übersetzt. Dies beruht, glaube ich, auf einem Missverständnis der Bedeutung des Wortes. Man meint allgemein, dass Misanthropie das Hauptanzeichen oder vielleicht die höchste Vollendung dieses mentalen Zustandes bildet.

Aber nichts ist verfehlter, denn die Weisen bezeichnen *Vairâgya* als das beste Mittel, die Seligkeit zu erringen. *Vairâgya* oder Apathie wird von *Vyâsa* in seinem Kommentar zu den Aphorismen des Yoga als schließlicher *Zustand vollendeter Weisheit* definiert. Es ist der Zustand, in dem der Geist, indem er die reale Natur der Dinge erkennt, sich nicht mehr länger den falschen Freuden hingibt, die durch die Manifestationen des *Avidyâ* erzeugt werden. Wenn sich diese Aufwärtsbewegung einmal befestigt hat, wenn diese Sehnsucht nach dem Göttlichen, zur zweiten Natur geworden ist, entsteht der mentale, komplementäre Zustand, den man als *Paravairâgya* bezeichnet.

Dieser Zustand kann auf verschiedene Weise erreicht werden und der Weg dazu ist durch verschiedene Stadien klar vorgezeichnet.

Einer der Wege ist die Übung des *Samprajñâta Samâdhi*. Durch die ständige Ausübung dieses *Samâdhi*, zu dem sich der Geist selbst drängt, wenn er einmal die Seligkeit des vierten Stadiums gekostet hat, entsteht ein gewisser Glaube an den Erfolg der Übung.

Dieser Glaube ist nichts anderes als ein Zustand mentaler Erleuchtung, in dem die bisher unbekannten Wahrheiten der Natur in ihren Umrissen sichtbar werden. Der Geist beginnt immer und überall die Wahrheit zu fühlen und schreitet, angezogen von dem Vorgefühl der Seligkeit (*Ananda*), mit größerem Eifer auf dem Wege der Entwicklung vorwärts. Dieser Glaube wird von *Patanjali Shraddhâ*, der fortgesetzte Eifer, von dem ich sprach, *Vírya* genannt.

Wenn dieser Eifer und diese Arbeitskraft zur Gewohnheit werden, machen sich naturgemäß die Erscheinungen des Gedächtnisses bemerkbar. (Ich erinnere den Leser an meine Analyse des Gedächtnisses.) Es ist dies ein Standpunkt hoher Entwicklung. Jedes *Truti* tritt auch bei dem leichtesten Gedanken daran vor das geistige Auge, und die vier Stadien des *Samâdhi* wiederholen sich immer wieder, bis der Geist schließlich einen wahren Spiegel der Natur darstellt.

Dies entspricht dem Stadium des *Paravairâgya*, das in zweiter Linie auch erreicht werden kann durch die Betrachtung des hohen Prototyps der Seele. Dies ist die makrokosmische Seele, das *Ishvara* des *Patanjali*, das immer in seiner ursprünglichen Reinheit verharrt. Es ist das *Ishvara*, von dem ich unter der Bezeichnung *selbstbewusstes Universum* sprach.

Das *Ishvara*, wie ich es auffasse, ist nur ein makrokosmisches Zentrum, wie die Sonne, wenn auch höheren Grades.

Wie die Sonne mit ihrem prânischen Ozean das Urbild unseres Lebensprinzips, *Prânamaya Kosha* ist, so ist Ishvara das Urbild unserer Seelen.

Was ist das sechste Prinzip anderes als eine Phase der Existenz dieses großen Wesens, die sich als separate Phase in die niedrigeren Prinzipien fortsetzt mit der Bestimmung, wieder zu sich selbst zurückzukehren? Ich habe gezeigt, dass die Prinzipien des Lebens nach dem irdischen Tode unseres Leibes in der Sonne fortleben, um immer und immer wieder in das Diesseits zurückzukehren. Ebenso ist es mit dem *Ishvara*. Wir können, wenn es uns gefällt, diese Entität als auf eine

Gruppe aller befreiten Seelen ansehen, aber wir müssen zugleich uns erinnern, dass auch die noch unbefreiten Seelen sein unentwickelter Reflex sind, bestimmt, mit der Zeit den ursprünglichen Zustand zu erreichen. Es ist deshalb erforderlich, eine selbstständige Existenz des Ishvara und in diesem anderer Seelen anzunehmen.

Dieses makrokosmische psychische Zentrum, dieses Idealbild des sechsten Prinzips im Menschen, ist das große Reservoir jeder wirklichen Kraft im Universum. Es ist der getreue Typus der Vollendung der menschlichen Seele. Die Zufälle der mentalen und physischen Existenz, die, wenn auch in ihrer Art vollkommen, doch nur aus Unvollkommenheit hervorgehen, haben keinen Raum in diesem Zentrum. In diesem Stadium gibt es kein Leid (die fünf Gruppen von Leiden habe ich nach *Patanjali* oben aufgeführt), denn Leid kann nur in dem rückschreitenden Prozess des ersten Erwachens des Geistes entstehen, und zwar aus dem Gefühl der Unfähigkeit des sechsten menschlichen Prinzips, den Geist an sich heran und aus der Herrschaft der Sinne herauszuziehen, und ihn, was sein Prototyp auch ursprünglich ist, zum Zepter der Herrschaft, anstatt zu einem Instrument der Sklaverei zu machen.

Bei einer solchen Betrachtung des sechsten Prinzips des Universums muss notwendigerweise eine gewisse Sympathie zwischen diesem und der menschlichen Seele entstehen. Diese Sympathie ist auch unerlässlich, damit das universale tattwische Gesetz um so kräftiger wirken kann. Die menschliche Seele beginnt sich vom Erdenstaub zu reinigen und beeinflusst ihrerseits wieder den Geist in gleicher Weise, und der Yogi wird dieses Einflusses gewahr, indem die durch das *Prakriti* geschmiedeten Fesseln immer leichter werden und das zum Himmel gerichtete Streben täglich, ja stündlich mehr erstarkt.

Die menschliche Seele beginnt dann ein kleines Kraftzentrum in ihrem beschränkten Universum zu werden, ebenso wie *Ishvara* in seinem Universum ein Zentrum bildet. Der Mikrokosmos wird dadurch ein vollständiges Abbild des Makrokosmos. Wenn die Vollkommenheit erreicht ist, werden alle mentalen und physiologischen *Tattwas* des Mikrokosmos und bis zu einem gewissen Grade auch die der umgebenden Welt der Seele untertan. Wohin sie sich auch neigt, sie hat die *Tattwas* in ihrer Gewalt. Sie will, und das atmosphärische *Vâyu Tattwa* wird innerhalb des ihr erreichbaren Umkreises mit der von ihr gewünschten oder ihr möglichen Kraft in Bewegung gesetzt. Sie will, und augenblicklich löscht das *Apas Tattwa* den Durst, heilt das Fieber oder entfernt Krankheitskeime. Sie will, und jedes *Tattwa* auf den niedrigeren Ebenen setzt sich für sie in Bewegung. Diese ungeheure Macht aber erscheint nicht plötzlich, sondern nach und nach und ohne Zweifel je nach den vorhandenen Fähigkeiten in verschiedenen Formen.

Aber es ist jetzt nicht meine Aufgabe, diese Macht zu beschreiben. Ich möchte nur zeigen, in welcher Weise, entsprechend dem universalen Naturgesetz, die menschliche Seele durch Betrachtung des sechsten makrokosmischen Prinzips für den Geist das Medium wird, um den Zustand des *Paravairâgya* zu erreichen. Die Gesetze, nach denen diese hohen Kräfte wirken, mögen den Gegenstand einer späteren Untersuchung bilden.

Außer diesen zwei Wegen zählt der Autor der Aphorismen des Yoga noch fünf weitere auf, auf denen der Geist solcher, die durch die Macht des früheren Karmas sich bereits dem Göttlichen zuneigen, zu dem besprochenen Zustand gelangen.

Der erste Weg ist der, den Geist an die Manifestationen der Freude, der Sympathie, der Erhebung und des Mitleids mit den Armen, den Elenden und den lasterhaften zu gewöhnen. Jeder gute Mensch kann uns sagen, welche Freude darin liegt, einen anderen zu trösten. Aber kann denn die Eifersucht Schaden anrichten? Ich glaube, keine andere Philosophie wie die der *Tattwas* ist imstande, solche Fragen mit größter Schärfe zu beantworten.

Wir haben gesehen, dass im Zustand der Freude, der Trostbereitschaft, des Glückes, des Frohsinnes und dergleichen das *Prithivî* oder das *Apas Tattwa* im Bewusstsein vorwiegt. Es ist klar, dass, wenn wir uns in solche Zustände versetzen, wir eines der beiden *Tattwas* in unser Leben und unser mentales Wirken herabziehen können. Was ist der Erfolg davon? Jedenfalls setzt ein Reinigungsprozess ein. Beide Prinzipien werden von jeder Spur eines Defektes gereinigt, den das Übermaß eines der übrigen *Tattwas* in unserer Konstitution hervorgerufen hat.

Alle mentalen oder physiologischen Ursachen, die unseren Geist unaufmerksam machen, werden entfernt. Körperliches Unbehagen verschwindet, denn es ist der Ausdruck der Störungen des Gleichgewichtes der physiologischen *Tattwas*, und Freude, Fröhlichkeit und Zufriedenheit sind diesen Zuständen fremd. Eines zieht das andere nach sich. Wie das Gleichgewicht der *Tattwas* Zufriedenheit und Lebensfreude hervorruft, so färben eben diese Gefühle auch unser *Prâna* und unseren Geist und stellen das Gleichgewicht der *Tattwas* her.

Und wenn dieses Gleichgewicht nun hergestellt ist, was dann? Arbeitsscheu, Zweifel, Lässigkeit und andere ähnliche Dinge können nicht länger bestehen und das Resultat ist die Herbeiführung eines Zustandes völliger geistiger Ruhe. Wie das *Vyâsa* in seinem Kommentar sagt, wirkt das weise Gesetz auf den Geist. So und ähnlich ist auch das Resultat der Manifestationen anderer Qualitäten beschaffen. Aber um es zu einem solchen Resultat zu bringen, bedarf es einer langen, mühevollen Übung.

Diese nächste Methode ist das *Prânâyâma*, die tiefe Ein- und Ausatmung. Dies beides führt, zu demselben Resultat. Das tiefe Aus- und Einatmen hat bis zu einem gewissen Grad dieselbe Wirkung wie Laufen oder eine andere anstrengende Tätigkeit. Die hervorgerufene Temperatursteigerung führt zur Verbrennung von Krankheitsstoffen. Aber dennoch ist in der Praxis die Atemtechnik besser als anstrengende Übungen.

Bei Letzteren wird nämlich das *Sushumnâ* wirksam und das ist für die physiologische Gesundheit nicht zuträglich. *Prânâyâma* aber, richtig ausgeübt, ist wohltätig sowohl vom physiologischen wie vom mentalen Standpunkt aus. Der Haupteffekt, der durch das *Prânâyâma* hervorgerufen wird, ist das Vorherrschen des *Prithivî Tattwa*. Ich brauche wohl nicht erwähnen, dass das *Apas Tattwa* die tiefsten Atemzüge hervorruft, und das nächste ist dann das *Prithivî Tattwa*. Bei unserem Bemühen, die Luft möglichst tief einzuziehen, muss das Prithivî Tattwa zur Wirkung gelangen, und das Vorherrschen desselben, das einen lichten goldenen Schein um unser Haupt legt, muss unbedingt rasche Entschlussfähigkeit und regte Aufmerksamkeit im Gefolge haben. Und dann kommt das *Apas Tattwa* zur Entwicklung. Dieses ist der Silberschein der Unschuld um das Haupt des Heiligen und ein Zeichen, dass das Paravairâgya erreicht ist.

Das Nächste, was erreicht wird, ist die Helligkeit des Herzens und der Sinne. Die Helligkeit der Sinne ist deren Fähigkeit, die

Veränderungen des *Prâna* wahrzunehmen. Die früher geübte Aufmerksamkeit konzentriert sich, je nach der speziellen Veranlagung, auf einen oder den anderen der fünf Sinne. Konzentriert sie sich auf einen Gesichtssinn, so kann man die physiologischen und atmosphärischen Farben des *Prâna* erkennen. Ich kann das aus eigener Erfahrung bestätigen. Ich erkenne z. B. die Farben der verschiedenen Jahreszeiten. Ich sehe einen Regen eine oder zwei Stunden, ja bis zu zwei Tagen voraus. Breite grüne Streifen, vermischt mit kühlem, reinem Weiß erscheinen mir allenthalben im Zimmer, am Himmel, auf dem Tische vor mir, an der Wand. Wenn das eintritt, weis ich, dass Regen in der Luft liegt und in Kürze herniederkommen wird. Ist das Grün mit Rot gemischt, so kommt der Regen erst später, aber er kommt sicher.

Dies mag bezüglich der Farben genügen. Diese Fähigkeit kann erzeugt werden, dadurch, dass man angespannt in den leeren Raum starrt oder etwas betrachtet, wie den Mond, einen Stern, ein Juwel oder dergleichen. Auch die übrigen vier Sinne können in derselben Weise ausgebildet werden, und Töne, Gefühle, Gerüche usw. können vom Yogi wahrgenommen werden, die dem Menschen sonst im Allgemeinen verborgen bleiben.

Die Helligkeit des Herzens ist die Macht des Geistes zu fühlen, und die der Sinne, Gedanken wahrzunehmen. In einem meiner früheren Aufsätze (Seite 43) habe ich eine Tabelle gegeben, die die Orte und verschiedenen Farben der einzelnen Arten mentaler Manifestationen angibt. Diese Farben kann jeder sehen, der die genannte Kraft besitzt oder erwirbt, und sie sind das Buch, aus dem man am verlässigsten die Gedanken der Menschen lesen kann. Durch fortgesetzte Übung lernt man auch die feinsten Nuancen unterscheiden.

Man kann diese Gedanken auch fühlen. Die Gedankenmodifikationen, die den universalen tattwischen Leitungen entlang laufen, treffen jedermann. Sie geben jedem einen bestimmten Impuls gegen das *Prânamâya Kosha* zu, und auf diese Weise zum Erkennen des Pulses des Gehirns und des noch leichter nachweisbaren Pulses des Herzens. Ein Mensch, der diesen Puls des Herzens studiert und dabei seine Aufmerksamkeit auf das Herz konzentriert, das ohne Zweifel jedem Einfluss zugänglich ist, lernt dort jede Einwirkung empfinden. Der Einfluss der mentalen Zustände anderer Menschen auf unser

Inneres ist, so weit die Qualität in Betracht kommt, durch die einfachsten allgemeinen Erfahrungen belegt.

Diese Helligkeit des Herzens und der Sinne tötet, wenn einmal erreicht, den Skeptizismus und führt schließlich zum Zustand des *Paravairâgya*.

Fernerhin, sagt *Patanjali*, darf man die Kenntnisse nicht vergessen, die durch Traum und Schlaf erreichbar sind.

Die fünf ätherischen Ströme des Gefühls haben ihren Brennpunkt im Gehirn, und von diesen fünf Zentren aus wird dem mentalen Prinzip die Bewegung vermittelt. Diese verschiedenen Brennpunkte dienen als Bindeglieder zwischen den mentalen und Lebensprinzipien. Die Ströme des Gesichtssinnes erzeugen im Bewusstsein die Fähigkeit, sich der Farbe bewusst zu werden. Das heißt mit anderen Worten, sie geben dem Geiste Augen. In gleicher Weise erzeugt der Geist die Fähigkeit, die Eindrücke der vier übrigen Sinne aufzunehmen. Diese Fähigkeit wird erst im Laufe langer Zeiträume erworben. Zeitperioden auf Zeitperioden vergehen, und noch ist der Geist nicht fähig, auf die tattwischen Schwingungen zu reagieren. Die Lebenswelle beginnt ihren organisierten Lauf über die Erde in den Pflanzenformen. Von da ab beginnen die tattwischen Ströme von außen den Pflanzenorganismus zu erregen und damit ist der Anfang dessen gegeben, was wir Gefühl nennen. Die Modifikationen der äußeren *Tattwas* durch das individualisierte Pflanzenleben versetzen das latente Bewusstsein in Schwingung, aber es antwortet noch nicht.

Es ist noch nicht im sympathischen Zustand. Hoher und höher steigt das Leben durch die vegetabilen Formen, größer und größer wird die Kraft, mit der es die mentalen Saiten schlägt, und immer mehr entwickelt sich die Fähigkeit dieses Prinzips, auf den tattwischen Ruf des Lebens zu antworten. Sobald das Tierreich auftritt, werden die äußeren tattwischen Brennpunkte eben erst sichtbar. Das sind die Sinnesorgane, deren jedes imstande ist, die ihm zugehörigen tattwischen Strahlen zu sammeln. In den niedrigsten animalischen Formen werden sie gerade sichtbar, und das ist ein Beweis, dass das mentale Prinzip sich in ihnen bereits in einem verhältnismäßig vorgeschrittenen Stadium befindet. Es hat schon begonnen auf den tattwischen Ruf von außen zu reagieren. Es muss hier bemerkt werden, dass es das übergelagerte relative Bewusstsein und nicht das ursprüngliche mentale *Truti* ist, von denen beiden ich schon in einem früheren Aufsatz sprach. Es ist dieser Aufschwung der evolutionären Struktur auf allen Ebenen des Lebens, der einen deutschen Philosophen zu dem Schluss verleiten könnte, dass Gott ein werdendes Wesen sei. Das gilt ohne Zweifel für das begrenzte Universum von Namen und Formen, aber nicht für das Absolute, auf das dieses zustrebt.

Nun aber zurück zum Thema. Länger und länger bleibt dieses animalische Leben den äußeren *Tattwas* ausgesetzt; größer und größer wird von Tag zu Tag deren Stärke in den verschiedenen Brennpunkten; stärker und stärker ruft es von außen nach dem Geiste und immer lebhafter antwortet er. Im Verlaufe dieser Evolution kommt dann eine Zeit, wo die fünf mentalen Sinne vollkommen ausgebildet sind, was sich in der Entwicklung der äußeren Sinne dokumentiert. Die Tätigkeit der fünf mentalen Sinne nennen wir das Phänomen der Wahrnehmung. Auf den Manifestationen der Wahrnehmung baut sich das mächtige Gebäude jener mentalen Manifestationen auf, die ich in meinem Aufsatz über das Bewusstsein klarzulegen versucht habe. Und auch der Weg, auf dem sich die Evolution vollzieht, ist dort geschildert.

Die äußeren *Tattwas* der groben Materie schaffen sich grobmaterielle Brennpunkte in einem grobmateriellen Körper, wo sie ihre Kreisläufe ins Leben rufen. Die Seele tut das Gleiche. Die tattwischen Ströme der äußeren Seele, *Ishvara*, schaffen sich ähnliche Kraftzentren in Verbindung mit dem Bewusstsein. Aber die tattwischen Schwingungen der Seele sind feinerer Natur als die des Lebensprinzips. Die mentale Materie antwortet nur langsamer auf den Ruf des *Ishvara* als auf den des *Prâna*. Erst wenn die Lebenswelle bis zur Menschwerdung vorgeschritten ist, beginnen sich die Schwingungen der Seele im Bewusstsein zu zeigen. Die Zentren der psychischen Kreisläufe liegen in dem, was man *Vijnânamaya Kosha*, den psychischen Kreislauf, nennt. Im Beginn des menschlichen Lebens befinden sich die psychischen Zentren in demselben Entwicklungsstadium wie die, der Tiere, die Sinne, zu der Zeit, wo die Lebenswelle ihre Reise in der animalischen Spezies antritt. Diese psychischen Zentren gewinnen an Kraft, Rasse um Rasse, bis wir den Punkt erreichen, den ich das Erwachen der Seele genannt habe. Dieser Prozess endet mit der Erreichung des *Paravairâgya*. Von diesem aus sind nur mehr wenige Schritte zu dem, was wir psychische Wahrnehmung genannt haben. Die vorhergehenden Stadien der Wahrnehmung können wir als animalische bezeichnen. Und gerade wie auf der Basis der animalischen Wahrnehmung sich das mächtige Gebäude der Logik und der verbalen Autorität erhebt, so kann sich auch (wie es tatsächlich bei den alten arischen Weisen der Fall war) auf der Basis psychischer Wahrnehmung ein noch mächtigeres Gebäude von Logik und verbaler Autorität erheben. Wir kommen später darauf zurück. Unterdessen wollen wir dann das Thema da wieder aufnehmen, wo wir es verlassen haben.

Wenn im Geiste des Yogi durch Übung der Zustand des *Paravairâgya* erreicht worden ist, dann erreicht der Geist auch die höchste Ruhe. Er ist allen Arten tattwischer Einflüsse zugänglich, aber ohne irgendeine Störung durch die Sinne. Die nächste Kraft, die sich dann entwickelt, heißt *Samapâtti*. Ich übersetze das Wort mit Intuition und definiere es als den mentalen Zustand, in dem es möglich wird, Reflexe der subjektiven und objektiven Welten aufzunehmen.

Die Intuition hat vier Stufen:

1. *Sa-vitarka* — sprechend

2. *Nir-vitarka* — wortlos

3. *Sa-vichâra* — meditativ

4. *Nir-vichâra* — ultra-meditativ

Der Zustand der Intuition ist mit einem klaren, reinen, durchsichtigen, farblosen Kristall verglichen worden. Sieh durch diesen Kristall irgendein Objekt an, welches du willst, und du wirst es in seinen natürlichen Farben erblicken. Ebenso verhält sich der Geist in dem genannten Zustand. Lass die tattwischen Strahlen auf ihn fallen, die die objektive Welt bilden, so zeigt er sich eben in den Farben der objektiven Welt. Und wenn diese Farben dann entfernt werden, ist er ein reiner Kristall wie zuvor, bereit, andere Farben, die ihm gegenübergestellt werden, zu zeigen. Denke an die elementaren Kräfte der Natur, die *Tattwas*; denke an die grobmateriellen Objekte, in denen sie wirken; denke an die Sinnesorgane, ihre Genesis und die Methode ihres Wirkens; denke an die Seele, sei sie frei oder gebunden, und der Geist verfällt bereitwillig in jeden der entsprechenden Zustände. Er behält aber dann auch keine der Farben, die irgendeine der nachher folgenden irritieren könnte. Das erste Stadium der Intuition ist das sprechende. Es ist das heute am häufigsten Vorkommende und daher am leichtesten Verständliche. Der Leser möge an einen Geist denken, in dem bei wissenschaftlichen Worten nicht die geringste Farbe erzeugt wird.

Er möge an die Tausende von Menschen denken, in deren Geist der Klang der eigenen Sprache, groß und erfüllt von hohen Ideen, ebenso fremd ist wie das Hebräische dem Maori. Nimm einen ungebildeten englischen Bauern und lies ihm Comus oder *der Sturm* vor. Glaubst du, die herrlichen Worte werden auf ihn die Wirkung hervorbringen, die sie hervorrufen sollen? Aber warum nehmen wir nur einen ungebildeten Bauern? Verstand denn der große Johnson die Schönheiten des miltonschen Genius? Nimm dann wieder einen einfachen Schulbuben und lies ihm in seiner eigenen Sprache philosophische Wahrheiten vor.

Wird die Sprache, selbst wenn du ihm die Bedeutung der einzelnen Worte klarlegst, irgendeine Idee in seinem Gehirn anregen? Nimm die *Upahishaden* und lies sie einem Brahminen vor, der das Sanskrit grammatisch und lexikografisch leidlich beherrscht. Zweifelt jemand daran, ich nicht, dass er nicht all das versteht, was diese edlen Worte sagen wollen? Mit einem solchen Geist vergleiche man den Geist eines wahrhaft gebildeten Mannes, der fast intuitiv den wirklichen Sinn des Wortes auffasst, was auch dem Gebildeten keine leichte Aufgabe ist, da Vorurteile, tief eingewurzelte, entgegengesetzte Ansichten, strenge eigene Überzeugung und vielleicht noch andere Eigenarten des Geistes fast unübersteigliche Hindernisse in den Weg legen. Dieser Vergleich wird beweisen, dass Intuition etwas wesentlich von Schärfung des Intellektes Verschiedenes ist. Sie ist eher das Licht, das hinter allem steht und durch und in den Intellekt leuchtet, der von allen undurchsichtigen Bestandteilen, deren widerspenstigster ein Tiefeingewurzelter antagonistischer Skeptizismus ist, sich gereinigt hat. Selbst ein John Stuart Mill war nicht imstande, die Philosophie William Hamiltons richtig zu verstehen. Einer der größten orientalischen Gelehrten behauptet, dass *Patanjalis System* überhaupt nicht den Namen Philosophie verdiene. Ein anderer hat sich dahin ausgelassen, dass *Patanjalis Aphorismen* über das Yoga nur eine Fantasterei seien. Es gibt viele *Tantras*, deren wahrer Sinn uns verborgen bleibt, obgleich man sie fast wörtlich in andere Sprachen übersetzen kann. Das ist ein großer Mangel und manchmal sehr zu bedauern. Er verschwindet erst mit der Manifestation der verbalen Intuition. In diesem Stadium ist der Yogi sofort in Rapport mit dem Verfasser des Buches, und zwar deshalb, weil sein Geist frei von jedem verblendenden Vorurteil ist und in der Tat einen reinen, hellen, farblosen Kristall darstellt, der jegliche Farbnuancen durchlässt, die mit ihm in Kontakt tritt.

Die nächste Stufe der Intuition ist die wortlose. In ihr bedarf man nicht mehr der Vermittelung von Büchern, um sich selbst in die Geheimnisse der Natur einzuführen. Der Geist wird fähig, die Wahrheiten an der Quelle selbst zu schöpfen, treue Abbilder aller Dinge in jeder Phase der objektiven Welt, die durch die Tätigkeit des *Prâna* im Bewusstsein dargestellt werden, Bilder, die die Seelen der Dinge sind, ihr eigenes getreues Selbst und die Zustände widerspiegelnd, die sie durchgemacht haben und durchmachen werden, die Wirklichkeiten der verschiedenen Phasen der phänomenalen Welt, die charakteristischen Qualitäten der Dinge.

Diese Zustände haben die große Welt der Phänomene zum Objekt. Die nächsten zwei Stufen der Intuition haben als Objekt die Welt der Kräfte, die Welt der feinen Körper, die, die Veränderungen der materiellen Welt hervorbringen. Die meditative Intuition hat als Objekt nur die gegenwärtige Manifestation der Kreisläufe des feinen Körpers, die Kräfte die sich schon zeigen oder sich eben zu zeigen beginnen. In diesem Stadium kennt der Yogi z. B. die gegenwärtigen Kräfte des atmosphärischen *Prâna*, wie sie Energie ansammeln, um Regen oder Hagel, Schnee oder Reif zu erzeugen, aber er weiß nicht, was ihnen diese Tätigkeit verleiht und ob das Potenzielle Tatsache werden wird, und wenn es der Fall ist, bis zu welchem Grade. Er kennt die Kräfte, die im Augenblick in diesem Baum, in diesem Pferde, in diesem Menschen wirksam sind, er kennt die Kräfte, die diese Dinge in dem Zustand erhalten, in dem sie sich gerade befindet, aber er kennt nicht die Vorgänge und Folgen dieses Zustandes.

Das nächste Stadium hat als Objekt alle drei Zustände der feinen Körper. Der gegenwärtige Zustand ist ihm ohne Zweifel bekannt, aber mit dieser Kenntnis verbindet der Yogi auch die ganze Geschichte des Objekts von seinem Anfang bis zu seinem Ende. Gib ihm eine Rose, und er kennt ihr vorhergehendes und ihr nachfolgendes feines Prinzip. Er ist vertraut mit den kleinen Anfängen des Baumes und seinem Wachstum in allen Stufen; er weiß, wie die Knospe wurde, wie sie sich öffnete und sich zur herrlichen Blüte entfaltete. Er kennt ihr Ende, er weiß, wann und wie sie zugrunde gehen wird. Er weiß auch, wann diese Blüte die grobe Materie erregen wird. Gib ihm einen verschlossenen Brief, und er weiß nicht nur dessen Inhalt, sondern auch die Vorgänge in dem Gehirn, das diesen Brief erdachte; er kennt die Hand, die, die Zeilen schrieb, das Zimmer, in dem es geschah usw. In diesem Stadium erkennt auch der Geist den Geist ohne das Medium des Wortes.

Ich glaube, ich habe nun diese vier Stadien hinlänglich erklärt. Sie bilden zusammen das, was wir die objektive Trance (*Savija Samâdhi*) nennen. Gelegentlich zeigt sich diese Kraft auch in anderen Geistern. Aber das beweist lediglich, dass der gewöhnliche Sterbliche auf dem rechten Wege ist. Er muss aber der Sache sicher werden, wenn er sie beherrschen will.

Hat sich der Geist auch dieses letzten Stadiums des *Samâdhi* bemächtigt, so gewinnen unsere psychischen Sinne Gewalt über den ganzen Komplex gewisser Kenntnisse, den unsere animalischen Sinne darstellen. Die Autorität dieser Sinne ist das Höchste für uns, wenigstens was die grobmaterielle Welt betrifft. Ebenso wenig dürfen wir an der Wahrheit des Wissens zweifeln, das uns unsere psychischen Sinne vermitteln. Die hohe Kraft, jede übersinnliche Wahrheit genau zu wissen, heißt *Rithambara*, was wir mit der Bezeichnung psychische Wahrnehmung übersetzen können.

Das Wissen, das uns die psychische Wahrnehmung vermittelt, darf keinesfalls mit dem Wissen verwechselt werden, das wir durch Logik, Einbildung oder die Benützung fremder Erfahrung erlangen.

Logik, Einbildung und verbale Autorität basiert auf animalischer Wahrnehmung, können nur auf ein Wissen hinwirken, das durch die animalischen Sinne erreichbar ist. Aber die psychische Wahrnehmung und die auf sie begründete Logik haben als Objekt nur Dinge der übersinnlichen Welt, deren Tatsächlichkeiten, soweit sie der phänomenalen Existenz unterliegen, wir kennen. Diese Wahrnehmung schließt die Tatsache der Existenz und die Natur des *Prakriti* selbst ein, der feinsten Modifikation der Materie, ebenso wie die animalische Wahrnehmung sich auf die grobe Materie bezieht. Die animalische Wahrnehmung lenkt den Geist auf die grobe Materie, die Welt, der sie ihre Existenz verdankt. So zieht die psychische Wahrnehmung den Geist auf das Seelische hin. Die Übung des objektiven *Samâdhi* zerstört, dieses Selbst. Das Bewusstsein nimmt so viel von der Energie der Seele in sich auf, dass es seine mentale Konstitution verliert. Und hinab geht es mit dem ganzen Gebäude unwirklicher Namen und Formen. Die Seele lebt in sich selbst und nicht mehr wie bisher im Bewusstsein.

Damit ist der größte Teil meiner Arbeit vollendet. Ich habe bewiesen, dass das was wir Mensch nennen, in erster Linie im Bewusstsein lebt. Und zwei Entitäten beeinflussen das Bewusstsein. Die eine ist das Lebensprinzip; die andere das psychische Prinzip, die eine erzeugt Veränderungen im Bewusstsein von oben, die andere von unten her. Diese Veränderungen haben wir besprochen und gefunden, dass die Herrschaft der Seele wünschenswerter erscheint als die des Lebensprinzips. Wenn sich das Bewusstsein gänzlich in der Seele verliert, dann wird der Mensch zum Gott. Mit diesen Aufsätzen beabsichtige ich, in groben Umrissen die Natur, die Funktionen und gegenseitigen Beziehungen der Prinzipien, mit anderen Worten die Wirkung des universalen tattwischen Gesetzes auf allen Ebenen der Existenz, darzustellen.

Dies ist auch kurz geschehen. Noch mehr gäbe es zu sagen über die Kräfte, die im *Prâna* und im Bewusstsein latent liegen und sich auf speziellen Gebieten des menschlichen Fortschrittes zeigen. Darauf kann ich aber jetzt nicht eingehen und schließe deshalb meine Aufsatzserie mit der Beschreibung des ersten und letzten Prinzips des Kosmos, des Geistes.

IX.
Der Geist

Dies ist das *Ânandamaya Kosha*, die Seligkeit der Vedas. Mit der Kraft der psychischen Wahrnehmung erkennt die Seele die Existenz dieser Entität, aber bei dem gegenwärtigen Zustand der menschlichen Entwicklung wird sich diese wohl niemals in der menschlichen Konstitution fühlbar gemacht haben. Der charakteristische Unterschied zwischen Seele und Geist ist der, dass in Letzterem der Begriff des Ich fehlt.

Es dämmert erst der Tag der Evolution. Es ist das erste Einsetzen des positiven Stromes des großen Atems. Es ist der Eintritt kosmischer Tätigkeit nach der Macht des *Mahâpralaya*. Wie wir gesehen haben, hat der Atem in jedem Zustande der Existenz drei Phasen, die positive, die negative und das *Sushumnâ*. Das *Sushumnâ* enthält Bestandteile der beiden anderen Phasen. Es ist der Zustand, den das *Parameshti Súkta* der Rig Veda als weder *Sat* noch *Asat* bezeichnet. Es ist der Urzustand des *Parabrahmân*, in dem das ganze Universum verborgen ruht, wie der Baum im Samenkorn. Wie die Wellen sich im Meer erheben und wieder versinken, so erheben sich in diesem Zustande die Wellen der Evolution und Involution, um bald darauf wieder in ihm zu versinken. Was ist das *Prakriti* selbst in diesem Stadium potenzieller Allmacht?

Die Phänomene des *Prakriti* verdanken ihren Ursprung und ihre Existenz den Modifikationen des großen Atems. Wenn der große Atem im Zustand des *Sushumnâ* sich befindet, können wir da nicht sagen, dass auch das *Prakriti* in seinem Zustand durch das *Sushumnâ* erhalten wird? Tatsächlich ist das *Parabrahmân* alles in allem. *Prakriti* ist nur der Schatten dieser Substanz und wie der Schatten folgt er den Manifestationen des Atems. Die erste Modifikation des großen Atems ist das Einsetzen des evolutionären (positiven) Stromes. In diesem Zustande zerlegt sich das *Prakriti* in die Äther des ersten Grades, die, die Atmosphäre ausmachen, aus der *Ishvara* das Leben gewinnt. Das Subjekt (*Parabrahmân*), dessen Atem diese Prakritischen Modifikationen erzeugt, ist in diesem ersten Evolutionsstadium als *Sat* bekannt, das der Ursprung aller Existenz ist.

Das Ich ist in diesem Zustande noch latent, und zwar aus ganz natürlicher Ursache, da erst die Differenzierung das Ich erstehen lässt. Aber was ist dieser Zustand? Muss der Mensch vernichtet werden, ehe er das erreicht, was man vom menschlichen Standpunkt aus *Nirvana* oder *Paranirvâna* nennt? Es ist keine Ursache vorhanden zu glauben, dass die Vernichtung etwas anderes ist als der Zustand der im Wasser latenten Wärme. Die einfache Tatsache ist, dass die Farbe, die das Ich konstituiert, in der höheren Energieform des Geistes latent wird. Es ist ein Zustand des Bewusstseins oder des Wissens über sich selbst hinaus, der sicherlich dieses Selbst nicht zerstört.

Der individuelle Geist steht in demselben Verhältnis zum *Sat*, wie das der individuellen Seele zum Ishvara, des individuellen Bewusstseins zum *Vírât* und des individuellen Lebensprinzips zum *Prâna*. Jedes Zentrum entsteht durch die tattwischen Strahlen des betreffenden Grades. Jedes ist ein Tropfen in seinem eigenen Ozean. Das *Upanishad* erklärt diesen Zustand unter verschiedenen Namen. Besonders das *Chândogya* hat einen sehr umfangreichen Dialog über dieses Thema zwischen *Uddâlaka* und seinem Sohne *Shvetaketu*.

Professor Max Müller hat einige sehr fragwürdige Bemerkungen zu einigen der Behauptungen dieses Dialoges gemacht, die er mehr oder minder fantastisch nennt. Diese Bemerkungen hätten vonseiten dieses gelehrten Mannes nicht fallen können, hätte er nur einigermaßen etwas von der uralten Atemlehre und der Philosophie der *Tattwas* gewusst und verstanden. Die *Upanishaden* können ohne diese umfassende Wissenschaft gar nicht ausreichend begriffen werden. Ich möchte hier daran erinnern, dass die *Upanishaden* sich an einzelnen Stellen ganz klar dahin aussprechen, dass für das Verständnis der göttlichen Worte ein besonderer Lehrer nötig ist.

Und dieser Lehrer lehrt nichts anderes als die Atemlehre, von der man sagt, dass sie die geheimste Doktrin aller geheimen Doktrinen sei. Sie ist in der Tat der Schlüsse zu allem, was in den *Upanishaden* vorgetragen wird.

Das kleine Buch, das diese Aufsätze weiteren Kreisen zugänglich machen soll, scheint seiner ganzen Form nach, eine Kompilation verschiedener Abschnitte aus Werken verschiedener Zirkel zu sein. Tatsächlich haben diese paar Sätze, die ich nun dem Leser bekannt gemacht habe, einen hohen Wert als Schlüssel für die arische Philosophie und den arischen Okkultismus. Aber leider wird das kleine Buch nicht imstande sein, das Dunkel der Jahrhunderte ganz zu erhellen.

Ich komme nun wieder auf den Dialog zwischen Vater und Sohn zurück. Er ist enthalten im sechsten *Prapâthaka* des *Chandógya Upanishad.*

Es war im Anfang, mein Lieber, das, was nur eines ist, ohne ein Zweites.

Andere sagen, es war im Anfang das, was nicht ist allein, ohne ein Zweites, und aus dem, was nicht ist, ist das entstanden, was ist.

Das ist die Übersetzung des Professors Max Müller. Unbeschadet des guten Klanges dieses Namens und seiner hohen Wissenschaftlichkeit möchte ich doch sagen, dass der Autor den Sinn der *Upanishaden* hier vollkommen missverstanden hat.

Im Original heißt es: *Sad eva saumyedamagre âsit.*

Ich finde in der Übersetzung kein Wort, das den Sinn des im Original stehenden Wortes *idam* wiedergibt. *Idam* heißt dies und man nimmt an, dass damit die Welt der Phänomene gemeint sei; das, was wahrgenommen wird usw. Der Text müsste also korrekt übersetzt werden:

Dies war im Anfang *Sat* allein.

Vielleicht ist in der Übersetzung Professor Max Müllers das Wort es irrtümlich anstelle des Wortes das gesetzt worden. In diesem Falle wäre der Fehler der Übersetzung sofort verbessert.

Der Text will sagen, dass der erste Zustand der Welt vor der Differenzierung der als *Sat* bezeichnete gewesen ist. Nach dem, was nachher kommt, scheint es, dass dies der Zustand des Universums ist, in dem alle Phänomene, materielle, mentale und psychische, noch potenziell sind.

Das Wort *eva*, wofür die Übersetzung das Wort allein oder nur wählt, drückt aus, dass am Anfang des Tages der Evolution das Universum nicht alle fünf oder zwei oder mehrere der fünf Existenzphasen zusammen besaß. Nun ist das der Fall, aber im Anfang war *Sat* allein.

Das *Sat* ist nur Eines, ohne ein Zweites. Diese zwei Epitheta enthalten keinerlei Zeitbestimmung. Das *Sat* ist allein eines und hat nicht, wie das *Prâna*, das *Virât* und das *Ishvara*, (die alle drei gleich-zeitig existieren), eine Schattenseite der Existenz.

Der nächste Satz sagt, dass im Anfang *Asat* allein war, wie Professor Max Müller es überträgt; *Es (?) war allein das, was nicht ist.* Aber das ist nicht verständlich, trotz der griechischen Anmerkung. Dass das Wort im Sinne von *das was nicht ist* oder kurzweg von *Nichts* gebraucht wird, darüber ist kein Zweifel. Aber dass damit nicht die Meinung der *Upanishaden* getroffen wird, ist ebenso wenig zweifelhaft. Die Worte haben hier dieselbe Bedeutung wie in der *Nosad âsit* Hymne des Rigveda.

Damals war weder Sat noch Asat. Das ist ohne Zweifel ein anderer Zustand als der des *Sat* der *Upanishaden*. Es ist nichts anderes als das *Sushumâ* des brahmischen Atems. Hiernach war im Anfang der Entwicklung das *Brahmân Sat*. Dies ist die positive, evolutionäre, potenzielle Phase.

Das *Asat* ist nichts anderes als der kältere negative Lebensstrom, der während der Nacht des *Mahâpralaya* herrscht. Wenn das *Prakriti* dem vorbereitenden Einfluss des negativen Stromes unterliegt, setzt der Tag der Evolution ein, mit dem Beginn des positiven Stromes. Ein Disput über den Beginn ist lediglich technischer Natur. In Wirklichkeit gibt es keinen Beginn. Alles bewegt sich in Kreisen, und von diesem Gesichtspunkt aus können wir jeden beliebigen Zustand als Anfang bezeichnen.

Aber, so argumentiert der Philosoph des *Asat*, wenn nicht *Mâyâ* dem vorbereitenden Einfluss der Nacht unterliegt, kann es keine Schöpfung geben.

Deshalb müssen wir in Übereinstimmung mit ihm, *Asat* in den Beginn setzen.

Damit würde allerdings der Weise *Uddâlaka* nicht einverstanden sein. Nach ihm liegt die wirkende Kraft im *Sat*, dem positiven Zustand, ebenso wie alle Lebensformen ihren Ursprung im *Prâna* (der positiven Lebensmaterie), und nicht im *Rayi* (der negativen Lebensmaterie) nehmen (vgl. das *Prashnopanishad*). Im *Asat* existiert lediglich die Aufnahmefähigkeit, aber die wirklichen Namen und Formen des phänomenalen Universums sind nicht in ihm enthalten. In der Tat hat man aus diesem Grunde dem sich entwickelnden Universum diesen

Namen gegeben. Wenn wir die beiden Worte übersetzen wollen, geschieht es am besten in der Weise:

Sat, das in dem ist.

Asat, das in dem nicht ist.

Nur so kann die wahre Bedeutung wiedergegeben werden und wir ersehen daraus, wie nötig es ist, mit der Deutung von Sanskritworten vorsichtig zu sein und sie so gut als möglich zu erklären.

Der Zustand aber, in dem Namen und Formen nicht existieren, kann unmöglich als die Ursache der existierenden Namen und Formen gelten. Daher kann allein das *Sat* im Anfang gewesen sein usw. Der individuelle Geist steht im gleichen Verhältnis zur Seele wie diese zum Ishvara.

Ich glaube hiermit hinreichend bewiesen zu haben, dass es absolut keine Vernichtung im Universum geben kann. *Nirvâna* bedeutet lediglich ein Erblassen, keineswegs aber ein Verlöschen phänomenalen Strahlen.

Die Atemlehre und die Philosophie der Tattwas
(Aus dem Sanskrit übersetzt)

Dieses Buch ist niedergeschrieben in Form eines Dialoges zwischen dem Gotte *Shiva* und seiner Gattin *Pârvati*. Alle *Tantras* haben die gleiche Form. Der Erstere wird gewöhnlich mit dem Namen *Ishvara*, die Letztere als *Devi* oder *Shakti* bezeichnet. Nach dieser Art der Komposition scheint das Buch nicht von *Shiva*, dem vermutlichen Autor des *Shivâgama*, zu stammen.

In erster Linie befinden sich in dem Buch mehrere Teile, die den Eindruck erwecken, als seien sie von verschiedenen Autoren, aber durch irgendeinen Kompilator in die vorliegende Form gebracht. Und außerdem sagt der Autor an irgendeiner Stelle, dass er gewisse Experimente beschreiben wolle, wie sie im *Shivâgama* oder in den „Lehren des Shiva" vorkommen.

Am Schluss seines Manuskriptes allerdings heißt es wieder, dass das Buch das achte Kapitel des *Shivâgama* ist.

Im *Kenopanishad* interpretiert der große Kommentator *Shankarâchârya Uma Haimavatí* (ein anderer Name für *Pârvati*) als *Brahmâvidyâ* die göttliche Wissenschaft oder Theosophie. Dort erscheint die Göttin als Lehrerin und kann recht wohl die Theosophie personifizieren. Diese Erklärung lässt sich jedoch hier nicht halten. Hier scheinen *Shiva* und *Pârvati* das positive und das negative Prinzip zu verkörpern. Sie sind am besten mit ihrem eigenen Wirken vertraut. Der Gott, das positive Prinzip, der der *Shakti*, dem negativen Prinzip, die verschiedenen Arten erklärt, in denen sich die feineren Kräfte der Natur auf den grobmateriellen Ebenen darstellen, ist vielleicht ein Symbol der ewigen Einwirkung aller Gedanken und lebenden Organismen auf *Shakti*, die passive Materie, *Rayi*, durch *Shiva*, das aktive Prinzip.

Die Göttin:

1. Gott *Mahâdeva*, Gott der Götter, sei so gütig und nenne mir die Weisheit, die alles umfasst.

2. Wie ist das Universum entstanden? Wie existiert es weiter? Wie verschwindet es? Nenne mir, o Herr, die Philosophie des Universums.

Der Gott:

3. Das Universum ist aus dem *Tattwa* entstanden (im Original wird oftmals der Singular angewandt, um die gemeinsame Eigenschaft aller fünf *Tattwas* zu bezeichnen, dass, wodurch sie sich eben als *Tattwas* kennzeichnen). Es lebt weiter durch die Tätigkeit der *Tattwas*, es verschwindet in die *Tattwas*, durch die *Tattwas* erkennt man das Universum.

(Das Universum umfasst alle Manifestationen, die wir auf der physischen, mentalen und psychischen Ebene kennen. Alle sind sie aus den *Tattwas* entstanden. Die *Tattwas* sind die Kräfte, die allen Manifestationen zugrunde liegen. Schöpfung, Erhaltung und Vernichtung, oder deutlicher ausgedrückt Erscheinen, Bestehen und Verschwinden der uns bekannten Phänomene sind tattwische Zustandsveränderungen.)

Die Göttin:

4. Die Kenner der *Tattwas* haben behauptet, dass die *Tattwas* das Höchste sind: Was, o Herr ist die Natur der *Tattwas*? Gib mir Licht über die *Tattwas*.

Der Gott:

5. Unmanifestiert, formlos, die alleinige Spenderin des Lichtes ist die große Kraft. Aus ihr entstand der Klangäther (*Âkâsha*), aus diesem der Gefühlsäther.

(Diese große Kraft ist das *Parabrahmân* der Veden, die erste Zustandsveränderung, die am Anfang der Evolution steht. Es ist die erste positive Phase des Lebens. Alle Upanishaden stimmen darin überein. Im Anfange war dies alles Sat (die positive Phase *Brahmâs*).

Aus diesem Zustand entwickeln sich nach und nach die fünf Ätherarten, *Tattwas* oder *Mahâbhutas*, wie man sie nennt. *Aus ihm kam das Âkâsha usw.* sagt das *Upanishad*. Dieser Zustand des *Parabrahmân* wird im Text als *unmanifestiert* bezeichnet. Manifestation beginnt für uns erst mit dem Ich, dem sechsten Prinzip unserer Konstitution — alles außer diesem ist naturgemäß unmanifestiert.

Formlos diese Bezeichnung wird deshalb gegeben, weil sich Formen erst dann zeigen können, wenn die *Tattwas* und die zwei Zustände der Materie — der positive und der negative, der aktive und der passive — in die Erscheinung getreten sind.

Bis dahin existiert nur ein einziger universeller Zustand der Materie. Man spricht deshalb von einem Einzigen.

Man nennt ihn auch „Spenderin des Lichtes". Dieses Licht ist das wirkliche Leben. Dieser Zustand verändert sich zu den fünf Äthern, die, die Atmosphäre des sechsten Prinzips des Universums bilden.

6. Aus dem Gefühlsäther der Lichtäther und aus diesem der Geschmacksäther; aus diesem der Geruchsäther. Dies sind die fünf Äther und sie haben fünffache Ausdehnung.

7. Aus diesen entstand das Universum. Durch sie lebt es weiter, in sie verschwindet es, in ihnen entsteht es wieder.

8. Der Körper ist aus den fünf *Tattwas* gemacht; die fünf *Tattwas*, Schönste, existieren darin in feiner Form. Der Weise kennt diese und schreibt sie den *Tattwas* zu.

(Der Körper — der menschliche wie auch jeder andere — ist aus den fünf *Tattwas* in ihrer gröberen Form entstanden. In diesem grobmateriellen Körper wirken die fünf *Tattwas* in ihrer feineren Form. Sie regieren ihn physiologisch, mental, psychisch und geistig. Dieses sind deshalb die vier feineren Formen der *Tattwas*.)

9. Darum werde ich vom Atem im Körper reden. Durch die Kenntnis der Aus- und Einatmung entsteht das Wissen von den drei Zeiten.

(Man kann sich leicht der Betrachtung seines Körpers widmen. Deshalb sind hier die Gesetze des Atems im Körper beschrieben worden.

Die Kenntnis der drei Zeiten — der Vergangenheit, der Gegenwart und der Zukunft — ist nichts anderes als eine wissenschaftliche Kenntnis der Ursachen und Wirkungen der Phänomene. Wenn du den gegenwärtigen tattwischen Zustand eines Dinges, die vorhergehenden und folgenden Zustände kennst, dann hast du auch die Kenntnis der drei Zeiten.)

10. Diese Wissenschaft vom Atem, das Verborgenste des Verborgenen, die Quelle des wahrhaft Guten, ist eine Perle auf dem Haupte des Weisen.

11. Dieses Wissen ist das Feinste des Feinen. Es ist leicht zu erfassen, es weckt den Glauben, es erregt Erstaunen bei den Ungläubigen und stärkt die, die daran glauben.

(Eigenschaften des Schülers)

12. Die Wissenschaft vom Atem darf nur dem gelehrt werden, der ruhig, rein, tugendhaft, fest und dankbar und dem Lehrer aufrichtig ergeben ist.

13. Sie darf nicht gelehrt werden dem, der lasterhaft, unrein, zornig, unwahrhaftig, ehebrecherisch ist, und dem, der sein Vermögen vergeudet hat.

(Die Lehre vom Atem)

14. Höre, Göttin, das Wissen, das im Körper gefunden worden ist. Recht verstanden gibt es Allwissenheit.

15. Im *Swara* sind die *Veden* und die *Shastras*; im *Swara* ist das höchste *Gandharva*; im *Swara* sind die drei Welten; *Swara* ist der Widerschein des *Parabrahmân*.

Im Swara sind die Veden usw. Swara ist, wie wir gesehen haben, der Lauf der Lebenswelle. Es ist das Gleiche wie die „Intelligenz" der Vedantas. Die Behauptung dieses Abschnittes kann in zweierlei Weise aufgefasst werden. Sie kann bedeuten, dass im *Swara* alle in den Veden beschriebenen Dinge oder dass die Beschreibung selbst enthalten ist. Sie kann aber auch bedeuten, dass es beide sind.

Und das halte ich für eine unumstößliche Tatsache. Es gibt nichts im manifestierten Universum, das nicht seine Existenz vom großen Atem herleitet, welcher ist das *Prâna* des Universums auf der höchsten Lebensebene.)

16. Ohne Kenntnis des Atems (*Swara*) ist der Astrolog ein Haus ohne Herrn, ein Sprecher ohne Bildung, ein Rumpf ohne Kopf.

17. Wer immer die Analysis der *Nâdis*, des *Prâna*, der *Tattwas* und des konjunktiven *Sushumnâ* kennt, wird erlöst.

18. Es ist immer vorteilhaft, in der sichtbaren wie in der unsichtbaren Welt, den Atem zu beherrschen. Man sagt aber auch, Schönste, dass das Wissen von der Atemlehre, einigermaßen vorteilhaft sei.

(Dieser Abschnitt bezieht sich auf den Unterschied zwischen dem theoretischen und praktischen Okkultismus. Die Praxis ist zweifellos sehr vorteilhaft, aber auch die Theorie bringt uns auf den richtigen Weg und ist deshalb einigermaßen vorteilhaft.)

19. Die Teile und die ersten Anhäufungen des Universums sind vom *Swara* gemacht, und das *Swara* ist sichtbar als die große Kraft, als Schöpfer und Zerstörer.

(Wir empfehlen dem Leser, noch einmal den Aufsatz über die Evolution durchzusehen.)

20. Von einer geheimeren Wissenschaft als der Atemlehre, von einem höheren Gut als die Atemlehre, von einer treueren Freundin als der Atemlehre hat noch nie jemand etwas gesehen oder gehört.

21. Ein Feind kann durch die Gewalt des Atems getötet und Freunde können zusammengebracht werden; Gesundheit erlangt man durch die Gewalt des Atems und auch Behagen und Achtung.

22. Durch die Gewalt des Atems kann man ein weibliches Kind erzeugen oder mit einem König zusammentreffen. Durch die Gewalt des Atems macht man sich die Götter geneigt und bringt Könige in seine Botmäßigkeit.

23. Bewegung wird durch die Gewalt des Atems hervorgerufen, mittels der Kraft des Atems nimmt man Nahrung ein und sondert Kot und Urin aus.

24. Alle *Shastras* und *Purânas* und die Übrigen, beginnend mit den Veden und *Upanishaden*, enthalten nichts anderes als das Wissen vom *Swara* (dem Atem).

25. Namen und Formen sind alles, unter diesen wandern die Menschen im Irrtum. Sie sind Toren, tief in Unwissenheit versunken, wenn ihnen nicht die *Tattwas* bekannt sind.

(Kein Phänomen ist etwas anderes als eine Phase tattwischer Bewegung. Alle Phänomene des Universums sind Namen und Formen.

Alle diese Namen und Formen leben im *Swara des Parabrahmân*, oder besser gesagt in den feineren *Tattwas*, aber dort ist nichts erkennbar. Sie werden erst dann als solche erkennbar, wenn sie sich auf den grobmateriellen Ebenen manifestieren. Die Manifestation geschieht durch die Wirkung des *Rayi*, der kühleren Phase der Lebensmaterie, die selbst nur ein Schatten des *Prâna*, des Urzustandes ist. Daher sind alle Namen und Formen unwirklich.)

26. Die Wissenschaft vom Atem ist die höchste aller hohen Wissenschaften; sie ist die Flamme, die die Wohnung der Seele erleuchtet.

27. Das Wissen kann diesem oder jenem Menschen nur in Form einer Antwort auf eine Frage erteilt werden. Es kann also nur durch die Erforschung der eigenen Seele erreicht werden.

(Dies ist der berühmte Ausspruch: „Erkenne dich selbst in dir", der sich von dem griechischen Aphorismus durch die Beisetzung der beiden letzten Worte unterscheidet.)

28. Weder der lunare Tag, noch die Konstellationen, noch der solare Tag, weder die Planeten, noch die Götter, weder Regen, noch das *Vyatípâda*, noch die Konjunktionen *Vaidhrita* usw.

(All das sind nur Phasen der fünf verschiedenen tattwischen Zustände. Sie haben naturgemäß einen Einfluss auf das irdische Leben. Der Einfluss ist verschieden, je nach den beeinflussten Dingen. Die Strahlen des tattwischen Zustandes der Zeit werden in einem Organismus nur dann reflektiert, wenn die reflektierende Oberfläche gleichartig ist. Der Yogi, der seinen Atem in der Gewalt hat, kann ihn nach Belieben in irgendeinen tattwischen Zustand versetzen, und die antagonistischen Einflüsse der Zeit werden einfach paralysiert.)

29. Noch die schlimmen Konjunktionen, o Göttin, haben irgendeine Gewalt. Wenn die reine Kraft des *Swara* errungen ist, dann muss sich alles zum Besten wenden.

30. Im Körper befinden sich die *Nâdis*, die verschiedene Formen und Dimensionen haben. Der Weise sollte sie um seiner Wissenschaft Willen kennen.

31. Vom Nabel ausgehend breiten sich ihrer 72 000 über den ganzen Körper hin aus.

(Die Yogis betrachten den Nabel als den Ausgangspunkt des Systems der *Nâdis*. *Patanjali*, der große Philosoph sagt: „Das System des Körpers erkennt man durch Konzentration auf den Nabel." Anderseits aber betrachten die Vedanta das Herz als den Ausgangspunkt des Systems. Der Erstere gibt als Grund für seine Annahme die Existenz der Kraft *Kundalini* im Nabel an, die anderen die Existenz einer Seele im Herzen (das *Lingam Atmâ*), die das wirkliche Leben des materiellen Körpers darstelle. Diese jedoch ist immateriell. Wir können als Ausgangspunkt nehmen was wir wollen, wenn wir nur die Stellung des Lebensprinzips begreifen und seine verschiedenen Manifestationen.)

32. Im Nabel ruht die Kraft *Kundalini*, schlafend wie eine Schlange; von dort aus gehen zehn *Nâdis* aufwärts und zehn abwärts.

(Die Kraft *Kundalini* schläft im entwickelten Organismus. Es ist diejenige Kraft, die durch die Nabelvene grobe Materie aus dem mütterlichen Organismus an sich zieht und sie auf die verschiedenen Plätze verteilt, wo ihnen dann das seminale *Prâna* Form verleiht. Wenn sich das Kind von der Mutter trennt, legt sich die Kraft zur Ruhe. Sie ist nicht mehr benötigt. Je nach der Stärke der *Kundalini* bilden sich die Dimensionen des kindlichen Körpers. Gewisse Praktiken der Yogis sollen imstande sein, die schlafende Göttin auch im entwickelten Organismus zu erwecken.)

33. Zwei und zwei der *Nâdis* gehen kreuzweise, es sind also vierundzwanzig an der Zahl. Die zehn wichtigsten sind die zehn *Nâdis*, in denen die zehn Kräfte wirksam sind.

34. Kreuzweise, aufwärts, abwärts in ihnen manifestiert sich das *Prâna* über den ganzen Körper. Sie existieren im Körper in der Gestalt der *Châkras*, die die Träger aller pranischen Manifestationen sind.

35. Von diesen allen sind zehn die Wichtigsten. Von diesen zehn sind wieder drei die Höchsten, Idâ, Pingalâ und *Sushumnâ*.

36. *Gandhâri, Hastijihvâ, Púshâ* und *Yashasviní; Âlambushâ, Kuhú, Shankiní* und auch *Daminí*.

37. Idâ ist auf der linken Seite, *Pingalâ* auf der rechten, *Sushumnâ* in der Mitte; *Gandhârí* im linken Auge.

38. Im rechten Auge *Hasijihvâ*; im rechten Ohr *Púshâ; Yashaswiní* im linken Ohr; im Munde *Alambushâ*.

39. *Kuhú* in Schamteilen; *Shankiní* im After. Es steht also an jedem Leibesausgang ein *Nâdi.*

40. *Idâ Pingalâ* und *Sushumnâ* befinden sich in der Bahn des *Prâha.* Die zehn *Nâdis* breiten sich nach verschiedenen Richtungen über den Körper hin aus.

(Ich verweise den Leser zur näheren Information über diese drei *Nâdis* auf meinen Aufsatz über das *Prâna.* Im kleinen Maßstabe sind die rechte und die linke Herzkammer und die rechte und die linke Hälfte der Wirbelsäule *Pingalâ* und *Idâ.* Der Kanal zwischen ihnen ist das *Sushumnâ.* Der, welcher das Blutgefäßsystem nur für einen Reflex des Nervensystems hält, kann die Terminologie auf die Nerven allein anwenden. Es scheint aber, dass die *Nâdis* der *Tantras* beide Systeme in sich schließen. Im Nervensystem liegt die eigentliche Kraft, und diese muss überall da gegenwärtig sein, wo sich Leben manifestiert.)

41. Eben habe ich die Namen der *Nâdis* angegeben. Im Folgenden führe ich die der Kräfte auf: *Prâna* (1), *Apâna* (2), *Samâna* (3), *Udana* (4), *Vyana* (5)

42. *Nâga* (6), *Kúrma* (7) und *Krikila* (8), *Devadatta* (9) und *Dhananjaya* (10). In der Brust lebt immer das *Prâna,* das *Apâna* in der Umgebung des Afters.

43. Das *Samâna* in der Umgebung des Nabels, das *Udâna* inmitten der Kehle; das *Vyâna* durchdringt den ganzen Körper. Das sind die zehn Hauptkräfte.

44. Die fünf Hauptkräfte, beginnend mit dem *Prâna,* habe ich beschrieben. Die fünf übrigen beginnen mit *Nâga.* Folgendes sind ihre Namen und die Orte ihrer Wirksamkeit.

45. Das *Nâga* kommt beim Rülpsen zur Geltung, das *Kúrma* beim Augenzwinkern, das *Krikila* ist die Ursache des Hungergefühls, das *Devadatta* die des Gähnens.

46. Das alldurchdringende *Dhananjaya* verlässt auch den Leichnam nicht. Sie alle durchfließen die *Nâdis* und verleihen so dem Körper das Leben.

47. Der Weise muss die durch die drei *Nâdis Idâ, Pingalâ* und *Sushumnâ* geschehenden Bewegungen des individualisierten *Prâna* kennen.

48. Das *Idâ* ist in der linken, das *Pingalâ* in der rechten Hälfte des Körpers zu erkennen.

49. Der Mond wohnt in *Idâ*, die Sonne in *Pingalâ*; *Sushumnâ* hat die Natur des *Sambhú*, und *Sambhú* ist das eigentliche Hamsa (Einatmung und Ausatmung zusammen).

50. Ausatmung heißt *Ha*, Einatmung *Sa*, *Ha* ist *Shiva* (das Aktive), *Sa Shakti* (das Passive).

51. Der Mond erscheint als *Shakti* und bringt das linke *Nâdi* zum Fließen. Als *Sambhâ* (aktiv) erscheint die Sonne und bringt das rechte *Nâdi* zum Fließen.

52. Eine Wohltat, die der Weise tut, während der Atem im linken Nasenloch ist, wird millionenfach in dieser Welt vergolten.

53. Lass den Yogi in sein Angesicht schauen mit Geist und Aufmerksamkeit, und er wird die Bewegung von Sonne und Mond erkennen.

54. Lass ihn über die *Tattwas* meditieren, wenn das *Prâna* ruht, nicht wenn es in Bewegung ist. Sein Wunsch wird erfüllt, er wird Glück und Erfolg haben.

55. Den Leuten, die das Yoga ausüben und so Sonne und Mond in ihrer Ordnung erkennen, ist Vergangenheit und Zukunft so klar, als läge sie vor ihnen da.

56. Im linken Nâdi erscheint der Atem als *Amrita* (Nektar); er ist der große Ernährer der Welt. Im Rechten, dem Bewegung verleihenden Teil, ist die Welt immer begrenzt.

(Die negative Phase des *Prâna* hat die Eigenschaften des *Amrita*, des Spenders ewigen Lebens. Die negative Materie, der Mond, ist kälter als die positive, die Sonne. Die Erstere ist *Rayi*, die letztere *Prâna*. Das Erstere empfängt die Eindrücke von Letzterem, und diese erteilt jenem Eindrücke. Der Mond ist also das wirkliche Leben aller Namen und Formen. In ihm leben sie, er erhält sie. Er ist deshalb *Amrita*, der Nektar des Lebens. Das rechte *Nâdi* ist wegen der höheren Temperatur, die es besitzt, der Spender von Namen und Formen oder kurz die Bewegung verleihende Phase der Lebensmaterie. Die Tendenz der Sonne ist es, immer neue Veränderungen in Formen und Namen hervorzurufen und neue Eindrücke anstelle der alten zu setzen. Deshalb ist die Sonne mehr eine Zerstörerin der Formen. Sie ist die eigentliche Mutter der Formen, während der Mond der Erhalter ist.)

57. In der Mitte wirkt das *Sushumnâ* sehr grausam und ist in allen Handlungen sehr ungünstig. Überall bei günstigen Handlungen erzeugt das linke *Nâdi* Kraft.

58. Das Herausgehen aus dem linken Nasenloch ist günstig; das Einziehen durch das rechte ist günstig. Der Mond muss als günstig, die Sonne als ungünstig angesehen werden.

59. Der Mond ist das Weibliche, die Sonne das Männliche; der Mond ist hell, die Sonne dunkel (im Gegensatz zum Monde). Während des Verlaufes des Mondnâdis geschehen am besten ruhige Dinge.

60. Während des Verlaufes des Sonnennâdis sollen rauere Handlungen vorgenommen werden. Während des Verlaufes des *Sushumnâ.* sollen Handlungen geschehen, die auf die Erreichung psychischer Kräfte und auf die Erlösung gerichtet sind.

61. In den hellen zwei Wochen tritt zuerst der Mond, in den dunklen zwei Wochen zuerst die Sonne in Wirksamkeit. Beginnend vom ersten Mondtage entstehen sie, eine nach der anderen, immer nach drei Tagen.

62. Der Mond und die Sonne haben je eine weiße (nordwärts und aufwärts gerichtete) und eine dunkle (südwärts und abwärts gerichtete Dauer) von zwei und einem halben *Ghâri.* Sie laufen während der sechzig *Ghâris* eines Tages ab.

63. Dann laufen die fünf *Tattwas* ab, jedes ein *Ghâri* lang (24 Minuten). Die Tage beginnen mit dem *Pratipata* (dem ersten Mond- tag). Wenn die Ordnung umgekehrt ist, ist auch die Wirkung umge- kehrt.

64. In den hellen zwei Wochen ist die Linke, in den dunklen zwei Wochen die Rechte wirksam. Der Yogi soll das aufmerksam verfolgen, beginnend mit dem ersten Mondtag.

65. Wenn sich der Atem erhebt (bei Sonnenaufgang) mit dem Monde und sich legt (bei Sonnenuntergang) mit der Sonne, so bilden sich Gruppen guter Eigenschaften. Im entgegengesetzten Falle treten die gegenteiligen Wirkungen ein.

66. Lass den Mond den ganzen Tag über und die Sonne die ganze Nacht über wirken. Wer das versteht, ist der wahre Yogi.

67. Der Mond wird von der Sonne in Schach gehalten und die Sonne vom Mond. Wer das versteht, ist in einem Augenblick Herr über die drei Welten (d. h., nichts in den drei Welten kann ihm etwas Böses anhaben).

68. Donnerstag, Freitag, Mittwoch und Montag verleiht das linke *Nâdi* Erfolg, besonders während der hellen zwei Wochen.

69. Sonntags, Dienstags und Sonnabends verleiht das rechte *Nâdi* Erfolg in allen gröberen Handlungen, besonders während der dunklen zwei Wochen.

70. Jeweils fünf *Ghâris* lang dauern die fünf *Tattwas* in bestimmter Ordnung, *Ghâri* für *Ghâri*.

71. So gibt es also einen zwölfmaligen Wechsel bei Tag und bei Nacht. Stier, Krebs, Jungfrau, Skorpion, Steinbock und Fische sind im Monde (d. h., unter diesen Zeichen erhebt sich der Atem im linken *Nâdi*).

72. Während des Widders, der Zwillinge, des Löwen, der Waage, des Schützen und des Wassermannes erhebt sich der Atem im rechten *Nâdi*. Davon hängen Gutes und Böses ab.

73. Die Sonne hat ihr Zentrum im Osten und Norden, der Mond im Westen und Süden. Niemand gehe nach Westen oder Süden während des rechten *Nâdi*.

74. Niemand gehe nach Osten und Norden während des linken *Nadi*.

75. Der Weise, der nach Gutem strebt, sollte sich also danach einrichten, denn sonst drohen ihm Leiden und Tod.

76. Wenn während der hellen zwei Wochen der Mond wirksam ist, ist das gut für den Menschen. Er hat Erfolg in guten Taten.

77. Wenn zur Zeit des Erwachens des Sonnenatems auch der Mondatem anhebt, und umgekehrt, so kommen Streit und Gefahr und alles Gute verschwindet.

(Das falsche Swara)

78. Wenn am Morgen der falsche Atem einsetzt, sodass sich die Sonne an Stelle des Mondes und der Mond an Stelle der Sonne befindet, dann

79. ist am ersten Tage der Geist verwirrt; am zweiten Tage tritt Vermögensverlust ein; am Dritten spricht man von Bewegung, am Vierten von Zerstörung des gewünschten Gegenstandes.

80. Am Fünften von Vernichtung der weltlichen Stellung, am Sechsten erfolgt Vernichtung aller Dinge, am Siebenten Krankheit und Schmerz; am Achten Tod.

81. Wenn an diesen acht Tagen, zu allen drei Zeiten, der Atem falsch ist, dann ist der Erfolg ein durchaus schlechter. Wenn er nicht ganz schlecht ist, dann ist irgendetwas Gutes dazwischen getreten (es hängt also die Wirkung des falschen Atems von seiner Stärke ab. In der Mehrzahl der Fälle wird es ja bei einer Tendenz gegen die genannten Wirkungen hin verbleiben, oder es kann sich auch bloß um einen Traum davon oder um eine Angst davor handeln).

82. Wenn am Morgen und am Mittag der Mond, am Abend die Sonne vorherrscht, dann bedeutet dass Erfolg und Glück. Das Gegenteil bedeutet Unheil.

83. Wenn der Atem im rechten oder im linken *Nâdi* ist, wird eine Reise erfolgreich sein, vorausgesetzt dass je nachdem mit dem rechten oder linken Fuße der erste Schritt getan wird.

96. Während der Dauer des Mondes ist Gift unwirksam. Während der Dauer der Sonne erlangt man Gewalt über alle Körper. Während der Dauer des *Sushumnâ* wird die Erlösung erlangt. Jede Kraft hat drei Formen — *Idâ, Pingalâ und Sushumnâ,*

97. Es kann öfter der Fall eintreten, dass, wenn etwas geschehen soll, der Atem gerade nicht im richtigen Stadium ist, oder umgekehrt, dass wenn der Atem gerade in die richtige Phase tritt, gerade keine Gelegenheit zum Handeln ist. Wie soll also ein beschäftigter Mann auf all das achten können?

98. Günstige und ungünstige Handlungen geschehen Tag und Nacht. Wenn es sein muss, so ist das entsprechende Nâdi in Wirksamkeit zu setzen.

(Idâ)

99. Bei den Handlungen, die einen dauernden Effekt hervorbringen sollen, bei der Anbetung, beim Antritt einer weiten Reise, beim Eintritt in einen Orden (*Ashrama*) oder in einen Palast, beim Anhäufen von Reichtümern.

100. beim Graben von Brunnen, Teichen oder Schächten usw., bei der Errichtung von Statuen und Bildern, beim Einkauf von Werkzeug, beim Heiraten, bei der Bestellung von Kleidern, Schmuck und Edelsteinen,

101. bei der Bereitung kühlender oder nährender Medizinen, beim Besuche des Herrn, beim Handel, bei der Ernte,

102. beim Einzug in ein neues Haus, bei der Übernahme eines Auftrages, bei der Kultivierung, beim Friedenstiften, beim Säen, beim Ausgehen ist der Mond günstig.

103. Bei solchen Handlungen, wie dem Lesenlernen, dem Besuch von Verwandten, beim Unterricht durch einen geistigen Lehrer, beim Rezitieren eines Mantra,

104. bei der Lektüre der Aphorismen über die Lehre von der Zeit, beim Heimholen von Vieh, bei der Behandlung von Krankheiten, beim Besuche von Höheren,

105. beim Reiten von Pferden und Elefanten, bei der Erweisung von Wohltaten, beim Deponieren von Geld,

106. beim Singen, beim Spielen von Instrumenten, bei der Meditation über die Theorie der musikalischen Töne, beim Eintritt in eine Stadt oder ein Dorf, bei der Krönung,

107. bei Krankheit, Sorge, Niedergeschlagenheit, Fieber und Übelkeit, bei der Anknüpfung von Verbindungen, auch mit Höheren, bei der Ernte, beim Einsammeln von Brennmaterial usw.,

108. bei dem Schmückenlassen durch Frauen, beim Eintritt von Regen, bei der Verehrung des Lehrers usw. ist der Mond günstig, o Schönste.

109. Handlungen, wie die Ausübung des Yoga, sind erfolgreich in *Idâ*. Im *Idâ* soll man auch die *Âkâsha* und die Tejamodifikation des *Prâna* aufgeben.

110. Bei Tag und bei Nacht sind alle Handlungen erfolgreich, bei allen günstigen Handlungen ist der Mond gut.

(Pingalâ)

111. Bei allen schwierigeren Handlungen, beim Lesen oder Lehren schwieriger Wissenszweige, beim Anbordgehen,

112. bei allen bösen Handlungen, beim Trinken, beim Rezitieren von Mantras, wie z. B. solcher vom Gotte *Bhairava* ...,

113. beim Lernen der *Shâstras*, beim Gehen, beim Jagen, beim Verkauf von Tieren, beim schwierigen Einsammeln von Ziegeln, Holz, Steinen und Edelsteinen usw.,

114. bei der Ausübung von Musik, bei den *Yantras* und *Tantras* beim Ersteigen hoher Gebäude und Berge, beim Spielen um Geld, beim Diebstahl, beim Dressieren eines Pferdes oder eines Elefanten, beim Fahren und dergleichen.

115. beim Reiten eines neuen Esels, Kamels, Büffels, Elefanten oder Pferdes, beim Überschreiten eines Flusses, beim Einnehmen von Medizin, beim Schreiben,

116. beim Ausüben athletischer Sport, beim Töten oder bei der Erregung von Aufruhr, bei der Ausübung der sechs Karmas und dergleichen, bei der Überwältigung von *Yakshinís*, *Yakshas*, *Vetâlas*, *Giften* und *Bhútas* usw.,

117. beim Töten, bei Feindschaft, beim Mesmerisieren (der Mensch wird wohl nie so frech und moralisch verworfen sein, dies anders zu tun, als wenn das rechte *Nâdi* im Gange ist), beim Bitten um etwas, bei der Erregung von Verwirrung und Leid, beim Wohltun, bei Kauf und Verkauf,

118. beim Fechten mit dem Schwert, in der Schlacht, beim Besuch des Königs, beim Essen, beim Baden, bei kaufmännischen Unternehmungen, bei schwierigen und hitzigen Handlungen ist die Sonne günstig.

119. Direkt nach Tische ist die Sonne günstig. Auch der Weise sollte nach Tische während der Dauer des Sonnenatems schlafen.

120. Alle schwierigeren Handlungen, all jene Handlungen, die ihrer Natur nach nur vorübergehend sind, sind erfolgreich während der Dauer des Sonnenatems. Darüber ist kein Zweifel.

Sushumnâ

121. Wenn der Atem einmal aus der einen, das andere Mal aus der anderen Seite der Nase kommt, ist der als Sushumnâ bekannte Zustand eingetreten. Er ist der Zerstörer aller Handlungen.

(Ich werde zeigen, dass in diesem Teil drei Phasen des *Sushumnâ* wirksam werden:

a) Wenn der Atem einmal aus dem einen, das andere Mal aus dem anderen Nasenloch kommt.

b) Wenn der Atem aus beiden Nasenlöchern gleichzeitig in gleicher Stärke ausströmt.

c) Wenn der Atem aus einem Nasenloch mit größerer Stärke ausströmt als aus dem anderen.

Die erste Phase nennt man den ungleichen Zustand (*Vishambhâva*, den zweiten und dritten *Vishuvat* oder *Vishuva*).

122. Wenn das *Prâna* in diesem *Nâdi* ist, brennen die Feuer des Todes. Man nennt den Zustand *Vishuvat*, Zerstörer aller Handlungen.

123. Wenn die beiden *Nâdis*, die eines nach dem anderen eintreten sollten, zugleich eintreten, dann ist höchste Gefahr für den, der davon betroffen wird.

124. Wenn es einen Augenblick im rechten, einen Augenblick im linken ist, nennt man dass den ungleichen Zustand. Der Effekt davon ist immer das Gegenteil des Gewünschten, und das muss man wissen, Schönste!

125. Der Weise nennt es Vishuvat, wenn beide *Nâdis* zugleich wirken. Tue während dieser Zeit weder Böses noch Gutes, es ist alles umsonst.

126. Im Leben, im Sterben, im Fragestellen usw., immer tritt das Gegenteil ein während der Dauer des *Dishuvat*. Denke dann an den Herrn des Universums.

127. An *Ishvara* soll man denken, z. B. bei der Ausübung des Yoga; man soll aber zu dieser nichts anderes tun, wenn man Erfolg, Glück und Reichtum anstrebt.

128. Sprich einen Fluch oder einen Segen aus, wenn mit der Sonne das *Sushumnâ* langsamer fließt, und es wird nutzlos sein.

129. Wenn der ungleiche Zustand eintritt, denke nicht ans Reisen. Eine Reise während dieser Zeit bringt Leid und Tod.

130. Wenn das *Nâdi* oder das *Tattwa* wechselt, darf nichts Gutes, wie z. B. Wohltätigkeit ausgeübt werden.

131. Vorn, links und oben ist der Mond, hinten, rechts und unten die

Sonne. Auf diese Weise erkennt der Yogi den Unterschied zwischen voll und leer.

Wir haben noch zwei weitere Phasen der Konjunktion namhaft gemacht: 1. *Sandhya Sandhi*, 2. *Vedoveda*. Einzelne Philosophen leugnen deren Existenz ab. Man hat behauptet, dass das nur die Namen der zwei vorhergehenden Phasen seien. Dieser Ansicht ist jedoch der Autor durchaus nicht. Er nimmt an, dass diese beiden Phasen getrennt existieren.

1. Das *Sandhyâ Sandhi* ist das *Sushumnâ*, durch das das Vergehen in der höheren umgebenden Materie bedingt wird. Das physiologische *Sushumnâ*, ist das Reservoir des menschlichen, potenziellen physiologischen Lebens. Aus diesem Zustand entwickelt sich dann entweder die positive oder die negative Phase des Lebens. Aber das *Sushumnâ* ist das Produkt einer höheren Lebensphase. Nach ähnlichen Gesetzen erzeugen die positiven und negativen mentalen Kräfte das potenzielle *Prânamaya Kosha*. Die Welt ist, wie mehrere Schriftsteller behaupten, der Ausfluss mentaler Bewegung. (*Sankalpa, Manah Sphurana*). Der Zustand der Konjunktion dieser zwei mentalen Zustände ist das *Sandhyâ Sandhi*. Denselben Namen scheint man dem höheren *Sushumnâ* gegeben zu haben. Wenn die zwei Phasen der mentalen Materie im *Sushumnâ* neutralisiert sind, verliert das *Prânamaya Kosha* seine Vitalität, und verschwindet.

2. Dieses ist der Zustand, in den der Reflex des höheren *Atmâ* fällt und von dem aus es ihm möglich wird, ins Bewusstsein zu gelangen.)

132. Der Bote, der von oben, von vorne oder von links kommt, kommt vom Mond; der, welcher von unten, von hinten oder von rechts kommt, kommt von der Sonne.

133. Die Konjunktion, durch die das Vergehen in der umgebenden feineren Materie hervorgerufen wird, die keinen Anfang hat, nur eine ist und ohne potenzielle Ernährung und Verwirrung besteht, nennt man *Sandhyâ Sandhi*.

134. Manche behaupten, es gäbe kein besonderes *Sandhyâ Sandhi*, aber den Zustand, in dem sich das *Prâna* im *Vishuvat* befindet, nennt man *Sandhyâ Sandhi*.

135. Es gibt kein besonderes *Vedoveda*, es existiert nicht. Diese

Konjunktion nennt man *Vedoveda*, durch die das höchste *Âtmâ* erkannt wird.

Die Tattwas
Die Göttin:

136. Großer Herr! Gott der Götter! Du weißt das große Geheimnis, das die Welt erlöst; sage es mir alles.

Der Gott:

137. Es gibt keinen Gott außer der geheimen Lehre vom Atem. Der Yogi, der sich der Wissenschaft vom Atem widmet, ist der höchste Yogi.

138. Die Schöpfung entsteht aus den fünf *Tattwas*. Das *Tattwa* verschwindet im *Tattwa*. Die fünf *Tattwas* bilden die Objekte des tiefsten Wissens. Außerhalb der *Tattwas* steht das Formlose.

139. Das *Prithivî*, das *Apas*, das *Tejas*, das *Vâyu* und das *Âkâsha* sind die fünf *Tattwas*. Alles entsteht aus den fünf *Tattwas*. Verehrt sei der, der dies weiß.

(Die einleitenden Aufsätze haben versucht zu zeigen, dass alles, jedes mögliche Phänomen der Seele, des Bewusstseins, des *Prâna* und der groben Materie, den fünf *Tattwas* seinen Ursprung verdankt.)

140. In den Wesen aller Welten sind die *Tattwas* durchaus die gleichen. Von der Erde bis zum *Satyaloka* ist nur die Anordnung der *Nâdis* verschieden.

(Das Nervensystem ist in allen Lokas ein anderes. Ich habe schon wiederholt gesagt, dass die tattwischen Strahlen, indem sie von jedem Punkt nach allen Richtungen hin ausstrahlen, ungezählte *Trutis* erzeugen, die Miniaturbilder des Makrokosmos darstellen. Es ist nicht schwer zu verstehen, dass diese Abbilder auf verschiedenen Ebenen entstehen, die verschiedene Lage zur Sonnenachse und verschiedene Abstände von der Sonne haben. Unser Planet hat eine gewisse Entfernung von der Sonne, und das Leben ist so angeordnet, dass die lunaren und solaren Lebensströme gleiche Kraft haben müssen, wenn der Organismus erhalten bleiben soll. Die *Tattwas* müssen also im

Gleichgewicht sein. Es kann andere Lebensebenen geben, auf denen die respektiven Kräfte der zwei Ströme oder der *Tattwas* größer oder kleiner sind als die auf Erden. Dieser Unterschied zieht auch einen Unterschied in der Anordnung der *Nâdis* und damit in ihrer äußeren Erscheinung nach sich.

Wir wissen das aus unserer irdischen Erfahrung. Verschiedene Tiere und Pflanzen haben verschiedene Gestalten. Das kommt einfach von den verschiedenen *Trutis* auf verschiedenen Ebenen, die verschiedene

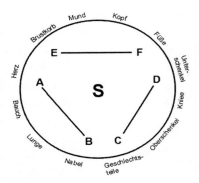

Neigung zur Sonnenachse haben. Nehmen wir an, folgende Figur stelle die Sphäre des makrokosmischen *Prâna* dar: Astrologische Werke teilen jedem dieser astralen Abschnitte ein besonderes Organ zu und ich werde diese Zuteilung ohne weitere Auseinandersetzungen zum Zwecke der Erklärung annehmen. Wir erhalten also in einem größeren Maßstab folgendes Diagramm:

Diese zwölf Regionen umfassen den ganzen Körper von innen und von außen. Die Ebene A B habe eine bestimmte Neigung zur Sonnenachse S. Von jedem Punkt der zwölf Regionen fallen Strahlen auf jedes *Truti* der Ebene AB. Es gibt aber auch andere Ebenen, CD, EF, usw. Es ist einleuchtend, dass die Strahlen, die von den Punkten der zwölf Regionen auf diese Ebenen fallen, nach Größe und Stärke variieren. Es ist also auch klar, dass die Organe auf den verschiedenen Ebenen in Form, Stärke und Lage differieren müssen. Daraus entstehen mehr oder minder verschiedene Nervensysteme in allen Lokas und die verschiedenen Organismen der Erde. Da bei der Evolution die Bedingungen des Bewusstseins wechseln, müssen auch die *Prânamaya Koshas* ihre Ebenen wechseln. Daraus ergibt sich, dass sie sich auf Erden nach den geheimen Gesetzen der Evolution verändern.)

141. Fünffach sind auf der linken wie auf der rechten Seite die *Tattwas*. Die Wissenschaft von den *Tattwas* ist achtfach. Höre, Schönste, ich will es dir erklären.

142. Erstens die Zahl der *Tattwas*, zweitens die Konjunktionen des Atems, drittens die Zeichen des Atems, viertens die Orte der *Tattwas*.

143. Fünftens die Farben der *Tattwas*, sechstens das *Prâna* selbst, siebentens ihr Geschmack, achtens die Art ihrer Bewegung.

144. Höre vom dreifachen *Prâna*, dem *Vishuvat*, dem Aktiven (der Sonne) und vom Passiven (dem Mond), in diesen acht Formen. (Das Aktive ist das *Chara*, das Movens, das Passive das *Achara* oder *Sthira*, das Bewegte.) Außer dem Atem, o Lotosgesichtige, gibt es nichts.

145. Wenn durch die Zeit die Kraft des Sehens kommt, dann muss mit größter Aufmerksamkeit geschaut werden. Die Yogis tuen das, um die Zeit zu täuschen.

(Die Yogis tun das, um die Zeit zu täuschen. Zeit ist die Erscheinungsordnung der verschiedenen, tattwischen Phasen des lebenden Orgnimus. Im Menschen regelt sich diese Ordnung nach dem vorausgehenden Karma.

Durch die Kraft des vorhergehenden Karmas eignet sich der menschliche Organismus verschiedene aufnahmefähige Zustände an, und in Übereinstimmung mit dieser Aufnahmefähigkeit erzeugen die tattwischen Einflüsse der Zeit, das solare *Prâna*, Freude oder Leid von allen Schattierungen.

Durch die Ausübung des Yoga meistert der Yogi die tattwischen Veränderungen seines Leibes. Die Zeit wird ausgeschaltet. Wenn er aus seinem Körper den Krankheitskeim vertreibt, wird ihm nie eine Epidemie etwas anhaben können.)

146. Man verschließe seine Ohren mit den Daumen, die Nasenlöcher mit den Mittelfingern, den Mund mit den kleinen und den Goldfingern und die Augen mit den Zeigefingern.

147. In diesem Zustand erkennt man nacheinander die fünf *Tattwas* als gelb, weiß, rot, blau und das gefleckte ohne irgendein anderes bestimmtes *Upâdhi*.

148. Sieh in einen Spiegel und lass den Atem darauf fallen. Aus der Gestalt, die der Hauch annimmt, erkennt der Weise die verschiedenen Tattwas.

149. Viereckig, halbmondförmig, dreieckig, kreisförmig und gefleckt sind die betreffenden Formen der *Tattwas*.

150. So fließt das Erste, *Prithivî*, durch die Mitte, das Zweite, *Apas*, abwärts, dass Dritte, *Agni*, aufwärts, das Vierte, *Vâyu*, im spitzen Winkel, das *Âkâsha* immer zwischen zwei anderen.

151. Das *Apas Tattwas* ist weiß, das *Prithivî* gelb, das *Agni* rot, das *Vâyu* himmelblau, das *Âkâsha* überschattet jede Farbe.

152. Zuerst fließt das *Vâyu*, dann das *Tejas*, drittens das *Prithivî* und als Viertes das *Apas*.

153. Zwischen den zwei Schultern wohnt das *Agni*, im Nabel das *Vâyu*, in den Knien das *Apas*, in den Füßen das *Prithivî*, im Kopf das *Âkâsha*.

154. Das *Prithivî* ist süß, das *Apas* herb, das *Tejas* brennend, das *Vâyu* scharf, das *Âkâsha* bitter.

155. Das *Vâyu* fließt acht Finger breit, das *Agni* vier, das *Prithivî* zwölf, das *Apas* sechzehn.

156. Die aufwärtsgerichtete Bewegung deutet auf Tod, die abwärtsgerichtete auf Ruhe, die im spitzen Winkel auf Unruhe, die mittlere auf Ausdauer, das *Âkâsha* ist allen gemeinsam.

157. Während des *Prithivî* geschehen Handlungen, die auf längere Dauer berechnet sind; während des *Apas* Handlungen von kurzer Dauer; während des *Tejas* rauere Akte; während des *Vâyu* Mord usw.

158. Während des *Âkâsha* soll außer der Ausübung des Yoga nichts geschehen. Alle anderen Handlungen bleiben ohne die gewünschte Wirkung.

159. Während des *Prithivî* und des *Apas* steht Erfolg in Allsicht: der Tod kommt während des *Tejas*, Verlust während des *Vâyu*. Das *Âkâsha* ist nach Ansicht der Philosophen vollkommen indifferent.

160. Während des *Prithivî* ist später ein Erfolg zu erwarten, während des *Apas* sofort. Verlust wird durch das *Tejas* und das *Vâyu* hervorgerufen; *Âkâsha* ist vollkommen indifferent.

161. Das *Prithivî* ist gelb, hat langsame Bewegung, bewegt sich in der Mitte, fließt bis hinauf zum Brustbein, hat schweren Ton, und ist von leichter Wärme. Es gibt Erfolg bei Handlungen, die auf längere Dauer berechnet sind.

162. Das *Apas* ist weiß, hat rasche, abwärtsgerichtete Bewegung, kommt sechzehn Fingerbreit abwärts (bis zum Nabel), ist von schwerem Ton und von kühler Temperatur. Es gibt Erfolg bei guten Werken.

163. Das *Tejas* ist rot, bewegt sich aufwärts in Wirbeln (*Âvartagah*), kommt vier Fingerbreit abwärts (bis zum Ende des Kinns) und ist von hoher Temperatur. Es bringt raue Handlungen hervor (Handlungen, die einen sozusagen in Glut versetzen).

164. Das *Vâyu* ist himmelblau, bewegt sich in spitzen Winkeln acht Fingerbreit abwärts, ist von heißer oder kühler Temperatur. Es gibt Erfolg bei Handlungen, die nur vorübergehende Wirkung haben sollen.

165. Das *Âkâsha* ist die allgemeine Oberflache von allem und überschattet die Eigenschaften all der *Tattwas*. Es gibt den Yogis das Yoga.

166. Gelb und viereckig, süß und sich in der Mitte bewegend, ein Spender der Freude ist das *Prithivî*, das zwölf Fingerbreiten abwärtsfließt.

167. Weiß, halbmondförmige herb und wohltätig ist das *Apas*, das sechzehn Fingerbreiten weit fließt.

168. Blau, kreisförmig, scharf, von spitzwinkliger Bewegung ist das Vâyu, der Erzeuger der Bewegung und fließt acht Fingerbreiten weit.

169. Alle Farben überschattend, von ohrförmiger Gestalt, von bitterem Geschmack, überall sich bewegend durch die Spender des *Moksha* ist das *Âkâsha Tattwa*, das für alle irdischen Werke belanglos ist.

170. Das *Prithivî* und das *Apas* sind günstige *Tattwas*, das *Tejas* ist von gemäßigtem Einfluss, das *Âkâsha* und das *Vâyu* sind ungünstig und bringen dem Menschen Verlust und Tod.

171. Das *Apas* ist im Osten, das *Prithivî* im Westen, das *Vâyu* im Norden, das *Tejas* im Süden, das *Âkâsha* in der Mitte.

172. Wenn das *Prithivî* und das *Apas* im Monde, das *Agni* in der Sonne sind, dann ist Erfolg bei guten beziehungsweise bösen Taten in Aussicht.

173. Das *Prithivî* erzeugt Gewinn beim Tage, das *Apas* in der Nacht; der Tod nähert sich im *Tejas*, Verlust bringt das *Vâyu*; das *Âkâsha* erzeugt manchmal Feuer.

174. Für die Lebensfähigkeit, Erfolg, für Gewinn, für Anpflanzung (nach anderer Lesart für Freude und Wachstum), für Anhäufung von Reichtümern, für das Studium der Mantras, für Schlachten, für Gehen und Kommen

175. ist das *Apas Tattwa* günstig; während des *Prithivî* ist der Aufenthalt günstig, wo immer es auch sei. Beim *Vâyu* geht man fort; *Âkâsha* und *Tejas* erzeugen Verlust und Tod.

176. Im *Prithivî* kommt der Gedanke an die Wurzel (*Múla*), im *Apas* und im *Vâyu* der an lebende Wesen im *Tejas* der an Metalle; im *Âkâsha* ist es leer.

177. Im *Prithivî* denkt man an Wesen mit vielen Füßen (deren es ja auch tatsächlich gibt), im *Apas* und *Vâyu* an zweifüßige, im *Tejas* an Vierfüßler, im *Âkâsha* an fußlose.

178. Mars ist, wie man sagt, *Tejas*. Die Sonne *Prithivî*, Saturn *Apas* und Rahu *Vâyu* im rechten *Nâdi*.

179. Der Mond *Apas*, Jupiter *Prithivî*, Merkur *Vâyu* und Venus *Tejas* im linken *Nâdi*, und zwar für alle Handlungen.

(Die tattwische Bedeutung der Planeten, die in diesen zwei Versen niedergelegt ist, scheint die Anschauung von nur wenigen zu sein. Die Ansicht des Autors, die, auch der Ansicht des großen Astrologen *Varâhamíhira* entspricht, ist im folgenden Vers 180 ausgesprochen.)

180. Jupiter ist das *Prithivî*, Mond und Venus das *Apas*, Sonne und Mars das *Tejas*, der Drache Âketu und Saturn das *Vâyu*, Merkur ist das *Âkâsha*.

181. Es heißt, dass während des *Prithivî* die Gedanken sich um rein irdische Dinge drehen (Wurzeln, Múla), im *Apas* um das Leben, im *Tejas* um Metalle, im *Âkâsha* um nichts.

182. Wenn der Atem, von Sonne und Mond ausgehend, sich gegen Rahu bewegt, so wisse, dass das *Prâna* in Bewegung ist und einen Platzwechsel anstrebt.

183. Freude (1), Wachstum (2), Liebe (3), Frohsinn (4), Erfolg (5), Lachen (6) sind in *Prithivî* und im *Apas*; mangelhafte Tätigkeit der Organe (7), Fieber (8), Zittern (9), Verlassen der Heimat (10), im *Tejas* und im *Vâyu*.

184. Verlust der Lebenssubstanz (11) und Tod (12) sind im *Âkâsha*. Dies sind die zwölf Phasen des Mondes (d. h. die Formen usw., die, die negative Materie annimmt). Der Weise muß sich klar sein, dass sie immer Leid bringen.

(Diese Zwölf sind die Phasen des Mondes. Der Mond bedeutet hier die Kraft, die Formen und Namen der Dinge erhält. Diese Kraft, das Rayi, erscheint in zwölf Formen, entsprechend den tattwischen Veränderungen. Der tägliche Verlauf des linken *Nâdi* ist hier nicht gemeint.)

181. Im Osten, im Westen, im Süden, im Norden sind die *Tattwas*, das *Prithivî* usw. wirksam. Das wisse!

186. Schönste, du musst wissen, dass der Körper aus den fünf *Mahâbhútas*, dem *Prithivî*, dem *Apas*, dem *Tejas*, dem *Vâyu* und dem *Âkâsha* entsteht.

187. Knochen, Muskeln, Haut, *Nâdi* und Haare, diese sind das fünffache *Prithivî*, wie es das *Brahmvidya* festgestellt hat (die göttliche Wissenschaft).

188. Der männliche Samen der weibliche Keim, Fett, Urin und Speichel, diese sind dass fünffache *Apas*, wie es die göttliche Wissenschaft festgelegt hat.

189. Hunger, Durst, Schlaf, Licht, Dämmerung, diese sind das fünffache *Agni*, wie es die göttliche, Wissenschaft festgelegt hat.

190. Ortsveränderung, Gehen, Riechen, Zusammenziehung und Aufblähung, diese sind das fünffache *Vâyu*, wie es die göttliche Wissenschaft festgesetzt hat.

191. Der Wunsch, etwas zu besitzen, die Abwehr, Scham, Furcht und

Vergesslichkeit, diese sind das fünffache *Âkâsha*, wie es die göttliche Wissenschaft festgelegt hat.

192. Das *Prithivî* hat fünf Eigenschaften, das *Apas* vier, das *Tejas* drei, da *Vâyu* zwei, das *Âkâsha* gar keine. Dies ist ein Teil der tattwischen Lehre.

193. Das *Prithivî* hat fünfzig Palas, das *Apas* vierzig, das *Tejas* dreißig, das *Vâyu* zwanzig, das *Âkâsha* zehn.

194. Im *Prithivî* wird das Einkommen vernichtet, im *Apas* tritt es sofort ein, im *Vâyu* ist es sehr klein, im *Agni* wird sogar das, was man besitzt, vernichtet.

195. Die Mondhäuser *Dhanishtâ* (1), *Rohinî* (2), *Jyeshtâ* (3), *Anarâdha* (4), *Shravana* (5), *Abhijit* (6), und *Uttarâshâdhâ* (7) — diese sind das *Prithivî Tattwa*.

196. *Bharanî* (1), *Krittikâ* (2), *Pushya* (3), *Maghâ* (4), *Púrvaphalguni* (5), *Púvabhâdrapada* (6) und *Swatî* (7), diese sind das *Tejas Tattwa*.

197. *Púrvâshadhâ* (1), *Âshiashâ* (2), *Múla* (3), *Ârdrâ* (4), *Revati* (5), *Uttarâbhâdrapada* (6) und *Shata Chishaj* (7), diese sind das *Apas Tattwa*, Geliebte!

198. *Vishâkhâ* (1), *Uttaraphalguni* (2), *Hasta*(3), *Chitrâ* (4), *Punarvasú* (5), *Ashvinî* (6) und *Mrigashirshâ* (7), diese sind das *Vâyu Tattwa*.

199. Was immer Gutes oder Böses der Bote verkündet, der gegen das gefüllte *Nâdi* steht, das kommt nicht, so wie er es wünscht. Im leeren *Nâdi* ist es umgekehrt.

200. Selbst, wenn das *Nâdi* gefüllt ist, ist kein Erfolg in Aussicht, wenn das *Tattwa* nicht mit ihm übereinstimmt. Sonne und Mond geben nur Erfolg im Zusammenhang mit dem gleichartigen *Tattwa*.

201. *Rama* errang den Sieg im günstigen *Tattwa*, ebenso *Arjuna*. Die *Kauravas* wurden alle in der Schlacht getötet infolge eines ungünstigen *Tattwas*.

202. Durch die erworbene Geschwindigkeit früherer Geburten oder durch die Güte des Guru kommen manche Menschen zur Wissenschaft über die Natur der *Tattwas* durch einen durch Gewohnheit gereinigten Geist.

Meditationen über die fünf Tattwas

203. Meditiere über das *Prithivî* mit L (oder Lam) als algebraischem Symbol, als von viereckiger Form, gelb, süß und eine goldige Farbe erzeugend, Freiheit von Krankheit und Leichtigkeit des Körpers.

204. Meditiere über das *Apas* mit V (oder Vam) als algebraischem Symbol als von halbmondförmiger Gestalt, weiß wie der Mond und Widerstandsfähigkeit gegen Hunger und Durst usw. und ein Gefühl erzeugend, als wenn man ins Wasser fiele.

205. Meditiere über das *Tejas* mit R (oder Ram) als algebraischem Symbol, als von dreieckiger Form, rot, und die Fähigkeit, große Mengen von Speisen und Getränken zu vertilgen und Widerstandsfähigkeit gegen große Hitze erzeugend.

206. Meditiere über das *Vâyu* mit P (oder Pam) als algebraischem Symbol, als von kreisförmiger Gestalt, himmelblau, und die Fähigkeit den Raum zu überwinden und zu fliegen wie ein Vogel, erzeugend.

207. Meditiere über das *Âkâsha* mit H (oder Ham) als algebraischem Symbol, als formlos, viele Farben überschattend und die Kenntnis der drei Zeiten sowie der Kräfte Animâ usw. gebend.

208. Wo jemand ist, der die Wissenschaft vom Atem kennt, kann es keinen größeren Wohlstand geben, als den seinen. Es ist bekannt, dass durch das Wissen vom Atem sogar große Früchte erzeugt werden, ohne dass es großer Mühe bedürfte.

Der Sieg
Die Göttin:

209. Großer Herr, Gott der Götter, Spender des Glückes! Die Wissenschaft vom Atem ist eine sehr erhabene Wissenschaft. Wie umfasst sie das Wissen von den drei Zeiten?

Der Gott:

210. Schönste! Das Wissen von den drei Zeiten hängt von drei Dingen und von nichts anderem ab:

a) Vom Glück

b) vom Sieg in der Schlacht
c) von Gut oder Böse

211. Durch das *Tattwa* wird jede Handlung je nachdem Gut oder Böse, durch das *Tattwa* kommt Sieg oder Niederlage, durch das *Tattwa* kommt Dürftigkeit oder Überfluss. Die *Tattwas* sollen sich in diesen drei Zuständen zeigen.

Die Göttin:

212. Großer Herr, Gott der Götter! Der allumfassende Ozean dieser Welt ist der größte Freund und Helfer der Menschen. Ist er es, der die Erfüllung all seiner Wünsche bewirkt?

Der Gott:

213. Das *Prâna* allein ist der hohe Freund, das *Prâna* ist der größte Helfer. Schönste, es gibt keinen besseren Freund als das *Prâna*.

Die Göttin:

214. Wie bleibt die Kraft des *Prâna* im Körper? Wie zeigt sich das *Prâna* im Körper? Wie erkennen die Yogis das Wirken des *Prâna* in den *Tattwas*?

Der Gott:

215. In der Stadt des Leibes ist das *Prâna* der Herr. Wenn es eintritt, ist es zehn, wenn es austritt, ist es zwölf Finger lang.

(Dieser Teil bezieht sich auf die menschliche Aura. Das freie *Prâna* umgibt den menschlichen Leib wie eine Lichthülle. Die natürliche Länge vom Körper bis zur Oberfläche der Lichthülle ist gleich zwölfmal der Fingerlänge des betreffenden Menschen.

Diese Länge ändert sich während des gewöhnlichen Verlaufes der Aus- und Einatmung. Bei der Einatmung reduziert sie sich auf zehn Fingerlängen, bei der Ausatmung dehnt sie sich auf zwölf aus. Auch bei anderen Gelegenheiten wechselt ihre Dicke. So wird z. B. beim Gehen die Länge des *Prâna* vierundzwanzig, beim Laufen zweiundvierzig, beim Beischlaf fünfundsechzig, beim Schlafen hundert, beim,

Essen und Sprechen achtzehn. Im Allgemeinen beträgt sie beim Menschen zwölf Finger. Bei besonders veranlagten Menschen aber reduziert sie sich, und zwar:

Bei Menschen, die frei sind von Begierde, reduziert sich das *Prâna* um einen Fingerbreit. Es beträgt dann noch elf. Bei Menschen, die immer heiter und gefällig sind, beträgt es zehn Finger.

Beim Dichter ist es nur neun Finger dick, beim Sprecher acht, beim Seher sieben, beim Levitationsmedium sechs usw.)

216. Beim Gehen hat es 24 Fingerlängen, beim, Laufen 42, beim Koitus 65, beim Schlafen 100.

217. Die Normallänge des *Prâna*, o Göttin, ist zwölf Finger. Beim Essen und Sprechen dehnt sie sich auf achtzehn aus.

218. Wenn das *Prâna* um eine Fingerlänge reduziert wird, erfolgt die Befreiung von Begierden. Freude resultiert, wenn es um zwei vermindert wird, Dichtkunst, wenn um drei.

219. Redekunst, wenn um vier, zweites Gesicht, wenn um fünf, Levitation, wenn um sechs, große Geschwindigkeit, wenn um sieben.

220. Die acht *Siddhis* wenn um acht, die neun *Nidhis* wenn um neun, die zehn Gesichter wenn um zehn, der Verlust des Schattens wenn um elf.

221. Wenn es um zwölf reduziert wird, trinken die Atembewegungen an der Quelle der Unsterblichkeit in der Sonne (dem Zentrum des *Prâna*). Wenn das *Prâna* den Körper bis zu den äußersten Fingerspitzen erfüllt, zu was bedarf er dann der Nahrung?

222. Damit habe ich die Gesetze des *Prâna* beschrieben. Sie können mit Hilfe eines Guru erkannt werden, nicht aber mit tausend Wissenschaften und Shâstras.

223. Wenn zufällig der Mond nicht am Morgen und die Sonne nicht am Abend untergeht, dann tut sie es am Nachmittag beziehungsweise um Mitternacht.

Schlacht

224. Bei Kriegen in fernen Ländern ist der Mond günstig, bei Kriegen mehr in der Nähe die Sonne. Wenn der Fuß, der bei Antritt des

Marsches zuerst erhoben wurde, zum fließenden *Nâdi* gehört, ist voller Erfolg zu erwarten.

225. Beim Beginn einer Reise, bei der Heirat, beim Betreten einer Stadt usw., bei allen guten Handlungen ist der Mond günstig.

226. Wenn es einem gelingt, das feindliche Heer so zu stellen, dass es gegen das leere *Nâdi*, das eigene aber gegen das volle *Nâdi* schaut, kann man die ganze Welt erobern, wenn nur das *Tattwa* übereinstimmend ist.

227. Wenn man die Schlacht nach der Richtung liefern kann, in der der Atem fließt, ist der Sieg sicher, und wenn Indra, in des Gegners Reihen kämpfte.

228. Wenn jemand eine Frage über die Schlacht stellt, wird er siegen, wenn er gegen das fließende *Nâdi* schaut; schaut er gegen das Leere, so ist das Gegenteil der Fall.

229. Das *Prithivî* deutet auf Bauchwunden, das *Apas* auf Fußwunden, das *Agni* auf Wunden in der Lende, das *Vâyu* auf Wunden an der Hand.

230. Das *Âkâsha* auf Kopfwunden. Diese fünferlei Wunden werden in der Atemlehre beschrieben.

231. Der, dessen Name eine gerade Anzahl von Buchstaben hat, gewinnt, wenn er während der Mondphase die Frage stellt; der, dessen Namen eine ungerade Anzahl Buchstaben hat, gewinnt in der Sonnenphase.

232. Wenn die Frage während der Mondphase gestellt wird, steht ein gütlicher Ausgang in Aussicht; geschieht es aber während der Sonnenphase, so ist das Gefecht unausbleiblich.

233. Während des *Prithivî* wird das Gefecht gleiche Chancen haben. Während des *Apas* wird der Ausgang der gleiche sein. Während des *Tejas* droht Niederlage. Während des *Vâyu* und des *Âkâsha* ist der Tod in Aussicht.

234. Wenn aus irgendeinem Grunde die Richtung des Atems nicht genau erkannt werden kann, wenn die Frage gestellt werden soll, so soll der Weise folgendes Mittel versuchen:

235. Regungslos sitzend soll er eine Blume auf sich selbst fallen lassen. Sie wird auf die Seite des vollen *Nâdi* fallen. So kann er dann Antwort gehen.

236. Hier und überall ist also der Kenner der Gesetze des Atems erfolgreich. Wer könnte erfolgreicher sein als er?

Die Göttin:

237. Das sind die Gesetze, wenn Menschen untereinander kämpfen. Wie aber erringen sie den Sieg, wenn es sich um den Kampf mit Yama (dem Gotte des Todes) handelt?

Der Gott:

238. Er soll nachdenken über Gott, wenn das *Prâna* in Ruhe ist; während der Mondphase und dann das Leben aufgeben, wenn die zwei *Prânas* zusammenfallen. Er wird dann haben, was er wünscht, großes Glück und Erfolg.

239. Die ganze geoffenbarte Welt kam aus der nicht geoffenbarten. Die manifestierte Welt verschwindet in der nicht manifestierten, wenn einmal die Tatsache bekannt ist.

Das Jahr

260. Am ersten lunaren Tag der hellen zwei Wochen des Monats *Chaitra* soll der weise Yogi den nördlichen und den südlichen Lauf der Sonne durch eine Analyse der *Tattwas* erkennen. (An diesem Tage beginnt das Samvat Jahr der Aera des Königs *Vikramâditya*.)

261. Wenn zur Zeit des Mondaufganges das *Prithivî*, das *Apas* oder das *Vâyu* im Flusse sind, dann werden alle Arten Getreide gut gedeihen.

262. *Tejas* aber und *Âkâsha* werden grässliche Hungersnot im Gefolge haben. Das ist die Natur der Zeit. Auf diese Weise wird die Wirkung der Zeit im Jahr, im Monat und im Tage erkannt.

263. Wenn das *Sushumnâ*, das in allen irdischen Angelegenheiten ungünstig ist fließt, gibt es Aufruhr, Sturz des Königtums oder auch nur Furcht davor, Epidemien und allerlei Krankheiten.

264. Wenn die Sonne ins Zeichen des Widders tritt, soll der Yogi über den Atem nachdenken, und wenn er das herrschende *Tattwa* herausgefunden hat, der Welt verkünden, was das nächste Jahr bringen wird.

(An diesem Tage beginnt das Sonnenjahr. Die tattwische Farbe des universellen *Prâna*, die äußere, zu irgendeiner Zeit wird durch die Stellung des Mondes und der Sonne bedingt und der der Planeten, deren Anwesenheit einen bedeutenden Einfluß auf den tattwischen Charakter jeden Augenblickes ausübt. Dieser tattwische Charakter wechselt entsprechend einem universalen Gesetz.

Wenn zu irgendeiner Zeit das *Apas Tattwa* fließt, so kann es nicht plötzlich in das *Tejas* übergehen, sondern nur allmählich. Diese atmosphärischen *Tattwas* vollenden verschiedene kleinere Kreisläufe. Darum ist es möglich, wenn auch äußerst schwierig und kompliziert, vom tattwischen Charakter eines Augenblicks auf den eines folgenden zu schließen.

Die lebende Welt wird immer durch diese tattwischen Veränderungen beeinflusst. Im Akte des Atmens hat die Natur eine exakte und treue Skala für die Beurteilung der tattwischen Veränderungen geliefert. Deshalb kann der Yogi, der in Übereinstimmung mit Zeit und Raum lebt, die Zukunft ganz leicht voraussagen. Aber wie schwer ist es eben, in Übereinstimmung mit Zeit und Raum zu leben)

265. Der gute Aspekt des Jahres, des Monats, des Tages wird durch das *Prithivî*, der schlechte durch das *Âkâsha* und das *Vâyu* erkannt.

266. Wenn das *Prithivî* fließt, wird es Überfluss und Reichtum im Reiche geben und die Erde wird eine gesegnete Ernte hervorbringen; es wird Wohlstand und Freude sein.

267. Wenn das *Apas* fließt, dann gibt es reichlich Regen, viel Getreide, keinen Mangel, großen Wohlstand und wohlbestandene Felder.

268. Wenn das *Agni* fließt, dann gibt es Hungersnot und Aufruhr oder Furcht davor, schreckliche Epidemien und wenig Regen.

269. Wenn das *Vâyu* fließt, während die Sonne ins Zeichen des Widders tritt, gibt es Umsturz, Unglück, Hungersnot, Dürre oder die Itis. (Die Itis sind sechs Zustände, die die Ernte ungünstig beeinflussen, z. B. zu viel Regen usw.)

270. Wenn das *Âkâsha* fließt, während die Sonne ins Zeichen des Widders tritt, wird es Mangel und Not geben.

271. Wenn sich der volle Atem auf seinem eigenen Platze, zusammen mit seinen eigenen *Tattwas* befindet, ist in jeder Hinsicht Erfolg zu erwarten. Wenn aber Sonne und Mond entgegenstehen, muss Getreide angesammelt werden (zum Schutz gegen Mangel).

272. Wenn das *Agni* fließt, dann werden die Preise schwanken, *Âkâsha* bringt längeren Mangel hervor. Dann soll man Vorräte anhäufen, denn zwei Monate danach werden die Preise steigen.

273. Wenn der Atem in der Sonne wechselt, ist eine schwere Krankheit zu erwarten. Wenn aber *Âkâsha* und *Vâyu* sich mit dem *Tejas* verbinden, dann wird die Erde ein getreues Abbild der Hölle werden.

(Die Störung des tattwischen Gleichgewichtes ist Krankheit; deshalb hat jedes *Tattwa* die ihm entsprechenden Krankheiten zur Folge.)

Krankheit

274. Das *Prithivî Tattwa* erzeugt seine besondere Krankheit, ebenso das *Apas*, das *Tejas*, das *Vâyu* und das *Âkâsha*, akute und erbliche Krankheiten.

(Wenn zwei Menschen zusammenkommen, tauschen ihre *Prânas* gegenseitig ihre Farben aus. Deshalb kann man aus der momentanen Empfindung im eigenen Leibe die Farbe eines in der Nähe befindlichen Menschen erkennen. Die Gegenwart eines Menschen ist die Mutter seiner Zukunft.

Daraus kann man den Ausgang einer Krankheit und den Augenblick seines Todes voraussagen.

In den verschiedenen Teilen dieses Buches haben wir schon dargelegt, was daran Wahres ist.)

275. Wenn der Bote (der Fragende) sich zuerst der leeren Hälfte des Körpers nähert und dann der halbgefüllten, so wird der, über den gefragt wird, sicherlich am Leben bleiben, und wenn er auch anscheinend schon in Agonie liegt.

276. Wenn die Frage an den Yogi gerichtet wird, der in gleicher Richtung mit dem Kranken sitzt, wird dieser leben, und wenn sich auch schon eine Menge Krankheiten in seinem Körper eingestellt haben.

277. Ist der Atem in dem rechten Nasenloch und der Bote spricht von seinem Leid in klagendem Tone, wird der Patient am Leben bleiben. Während der Mondphase ist der Effekt der gewöhnliche.

278. Wenn die Frage gestellt wird, während man das Bild des Kranken gegen das *Prâna* hält und es betrachtet, wird der Patient am Leben bleiben.

279. Wenn während der Sonnen- oder Mondphase der Yogi in einen Wagen steigt und die Frage an ihn gerichtet wird, so lauge er sich darin befindet, wird der Bote seinen Wunsch erfüllt sehen.

280. Wenn zur Zeit der Frage der Yogi im oberen Stockwerk, der Kranke dagegen im unteren sich befindet, wird dieser sicherlich am Leben bleiben. Ist aber der Patient oben, dann wird er zum Hause Yamas (des Todesgottes) eingehen.

281. Wenn zur Zeit der Frage der Bote sich auf der Seite des leeren Nasenloches befindet, aber das Gegenteil von dem ausspricht, was er wünscht, dann wird er Erfolg haben. Ist das Umgekehrte der Fall, dann wird auch der umgekehrte Erfolg eintreten.

282. Sieht der Patient gegen den Mond, der Frager aber gegen die Sonne, dann muss der Patient sicher sterben, und hätte er hundert Ärzte um sich.

283. Sieht der Patient gegen die Sonne der Frager aber gegen den Mond, dann muss der Patient sterben, selbst wenn *Sambhú* sein B-schützer wäre.

284. Tritt eines der *Tattwas* außer der Zeit ein, dann wird der Mensch krank; ist es aber bei zwei *Tattwas* der Fall, so bedeutet es Unglück für Freunde und Verwandte. Ist es nach vier Wochen noch nicht auf seinen Platz zurückgekehrt, dann ist der Tod die Folge.

Voraussage des Todes

285. Im Beginn eines Monats, eines Halbmonats und eines Jahres soll der Weise versuchen, die Zeit des Todes aus den Bewegungen des Prâna zu finden.

286. Die Lampe der fünf *Tattwas* wird vom Monde gespeist. Schütze sie vor der Einwirkung der Sonne. Das Leben wird dadurch lange und gleichmäßig.

287. Wenn man durch Beherrschung des Atems die Sonne in Schach zu halten versteht, wird das Leben verlängert. Sogar die Sonnenzeit wird ausgeschaltet.

288. Der Mond schüttet vom Himmel herab sein Licht auf den Lotos des Körpers. Durch die immerwährende Ausführung guter Handlungen und Übung des Yoga wird man durch den Mondnektar unsterblich.

289. Lass den Mond während des Tages, die Sonne während der Nacht einwirken. Der, welcher das kann, ist wirklich ein Yogi.

290. Wenn einen Tag und eine Nacht der Atem kontinuierlich aus einem und demselben *Nâdi* kommt, dann tritt der Tod innerhalb dreier Jahre ein.

291. Der, dessen Atem zwei ganze Tage und Nächte aus dem *Pingala* kommt, hat, wie die Kenner des *Tattwa* sagen, nur mehr zwei Jahre zu leben.

292. Wenn der Mond immer bei der Nacht, die Sonne immer bei der Nacht einwirkt, stirbt der Betreffende innerhalb sechs Monaten.

293. Wenn die Sonne wirksam ist und der Mond ist zugleich nicht sichtbar, kommt der Tod in vierzehn Tagen. So sagt die Lehre vom Tode.

294. Der, dessen Atem drei Nächte lang kontinuierlich aus einem und demselben Nasenloch ausströmt, hat, wie die Weisen sagen, nur mehr ein Jahr zu leben.

295. Nimm ein Gefäß aus Kansiyalegierung (Glockenmetall), fülle es mit Wasser und lass die Sonne hineinscheinen. Wenn in der Mitte des Spiegelbildes ein Fleck zu sehen ist, so stirbt der Beobachter innerhalb zehn Tagen. Ist das Bild trübe, so stirbt er noch am gleichen Tage. Ist es gegen Süden, Westen oder Norden zu sehen, dann kommt der Tod innerhalb sechs, zwei oder drei Monaten. So hat der Allwissende die Lebensdauer festgesetzt.

296. Wenn jemand die Gestalt eines Todesboten sieht, dann muss er sterben.

(Der Todesbote hat rote oder rötliche Kleidung, wirres Haar, schlechte Zähne, ölbeschmierten Körper, ein weinerliches, erhitztes Gesicht, ist mit Asche bestreut, in Flammen gehüllt und trägt einen langen, schweren Stab. Er steht gegen das leere *Nâdi*.)

297. Wenn die Haut kühl, das Innere aber heiß ist, muss der Tod innerhalb eines Monats eintreten.

298. Wenn jemand plötzlich und ohne sichtbaren Grund statt schlechter Gewohnheiten gute annimmt, und umgekehrt, so ist das ein sicheres Vorzeichen des Todes.

299. Die, bei denen der aus der Nase strömende Hauch kühl, der aus dem Munde kommende aber heiß ist, muss am Fieber sterben.

300. Der, welcher schreckhafte Gesichte sieht und helles Licht, ohne zu wissen, wo es herkommt, muss innerhalb neun Monaten sterben.

301. Der, welcher plötzlich leichte Körper als schwer und schwere als leicht empfindet und sonst von dunkler Farbe, bei der Erkrankung gelblich aussieht, muss sterben.

302. Der, dessen Hände, Brust und Füße nach dem Baden sofort trocknen, hat keine zehn Nächte mehr zu leben.

303. Der, welcher schlecht zu sehen beginnt und nicht imstande ist, sein Gesicht im Auge eines anderen zu erkennen, muss sicherlich sterben.

304. Nun will ich dir noch etwas erklären über Schattenbilder (*Chhâyâ Purusha*). Wer dies kennt, wird bald auch die drei Zeiten kennen.

305. Ich werde noch sprechen über die Experimente, mittels derer man imstande ist, auch den noch fernen Tod vorauszusagen. Ich will all das in Übereinstimmung mit dem Shivâgama beschreiben.

306. Man gehe an einen abgelegenen Platz, stelle sich mit dem Rücken gegen die Sonne und betrachte aufmerksam den Schatten an der Stelle des Halses.

307. Man sehe dann so lange auf diese Stelle, bis man langsam hundertundeinmal den Satz ausgesprochen hat: *Om krâm parabrahmâne namah.* Dann sehe man nach dem Himmel. Man wird dort die Gestalt des *Shankara* sehen (einer Figur, die in allerlei Farben erscheinen kann).

308. Tut der Yogi dies sechs Monate lang, dann wird er Herr über alles, was auf Erden wandelt. In zwei Jahren wird er vollkommen unabhängig und sein eigener Herr.

309. Er erreicht die Kenntnis der drei Zeiten und wird selig. Für die konstante Übung des Yoga ist nichts unmöglich.

310. Der Yogi, der diese Figur am hellen Himmel in dunkler Farbe sieht, muß innerhalb sechs Monaten sterben.

311. Sieht er sie gelb, so steht Krankheit bevor; ist sie rot, so droht ihm Verlust; ist sie verschiedenfarbig, dann droht Verwirrung und Leid.

312. Entbehrt die Figur eines Beines, eines Schenkels, des Bauches oder des rechten Armes, dann stirbt ein Verwandter.

313. Fehlt der linke Arm, dann stirbt die Ehefrau; fehlt der Brustkasten und der rechte Arm, dann ist der Tod und Verderben im Anzuge.

314. Wenn Kot und Gase zusammen entweichen, dann muss der Betreffende in zehn Tagen sterben.

315. Wenn der Mond wirksam ist und die Sonne ist gar nicht sichtbar, dann tritt der Tod in einen Monat ein. So sagt die Lehre vom Tode.

316. Diejenigen, deren Tod nahe ist, sehen nicht mehr das *Arandhati*, das *Dhruva*, die Schritte *Vishnus* und den Kreis der Mütter, wie sie ihm erklärt worden sind.

317. Das *Arandhati* ist die Zunge; das *Dhruva* die Nasenspitze, die Augenbrauen sind die Schritte *Vishnus*; die Pupille des Auges der Kreis der Mütter.

318. Der, welcher die Augenbrauen nicht mehr sieht, stirbt innerhalb neun Tagen; der, welcher die Pupille nicht mehr sieht, stirbt innerhalb fünf Tagen; wer die Nasenspitze nicht mehr sieht, stirbt innerhalb drei Tagen; wer die Zunge nicht mehr sieht, stirbt am gleichen Tage.

319. Die Pupille sieht man dann, wenn man das Auge gegen die Nase zudrückt.

Die Nadis

320. Der technische Ausdruck, für *Idâ* ist auch *Gangâ*; für *Pingalâ Yamuna*; für *Sushumnâ Sarasvati*. Die Verbindung nennt man *Prayâga*.

321. Der Yogi soll in der Stellung sitzen, die man *Padmasana* nennt, und das *Prânâyama* ausführen.

322. Der Yogi muss das *Puraka*, das *Rechaka* und das Dritte, *Kumbhaka* kennen, um die Gewalt über den Körper zu erlangen.

323. Das *Puraka* erzeugt Wachstum und gute Ernährung und verteilt die Feuchtigkeit. Das *Kumbhaka* erzeugt Gleichmäßigkeit und erhöht die Sicherheit des Lebens.

324. Das *Rechaka* nimmt alle Sünden hinweg. Der, welcher das ausübt, erreicht den Zustand des Yoga.

325. Im *Kumbhaka* halte die Luft an so lange an möglich. Lass sie im Monde eintreten und in der Sonne entweichen.

326. Die Sonne trinkt den Mond und der Mond die Sonne. Indem man eines mit dem anderen sättigt, lebt man so lange wie die Sonne und die Planeten.

327. Das *Nâdi* flutet im eigenen Körper. Habe es in der Gewalt. Wenn man es nicht durch Mund oder Nase gehen lässt, wird man wieder jung.

328. Hält man Mund, Nase, Augen und Ohren mit den Fingern zu, beginnen die *Tattwas* vor den Augen ihr Spiel.

329. Der, welcher ihre Farben, ihre Bewegungsart, ihren Geruch, ihre Plätze und ihre Zeichen kennt, wird auf dieser Welt dem Gott Rudra gleich.

330. Der, welcher dies alles kennt und immer wieder darüber liest, ist frei von aller Not und erreicht das, was er begehrt.

331. Der, welcher die Lehre vom Atem kennt, hat Glück.

332. Wie der Eine in den Veden und die Sonne im Universum muss der Kenner des Atems geehrt werden. Der, welcher die Lehre vom Atem kennt und, die Philosophie der *Tattwas*, weiß, dass auch Millionen von Elixieren nichts dagegen sind.

334. Es gibt nichts in der Welt, was dich von dem Danke dem Manne gegenüber entbinden kann, der dich die Lehre vom Wort (Om) und vom Atem gelehrt hat.

335. Mit gekreuzten Beinen, mäßig in Schlaf und Nahrung soll der Yogi auf seinem Platze sitzen und über das höchste *Âtmâ* meditieren (dessen Reflex der Atem ist). Was er auch sagt, wird eintreffen.

Glossar

Abhijit: Eines der Mondhäuser.

Abhinivesha: Der technische Ausdruck für die Schwäche, welche die Furcht vor dem Tode im Gefolge hat.

Âgama: Eines der drei Mittel der Erkenntnis. Die Kenntnis, die wir aus der Erfahrung anderer schöpfen, die uns also durch die Autorität vermittelt wird, kommt, wie man sagt, von Âgama. Aus dem gleichen Grunde nennt man die Veden Âgama

Agni: Das Feuer. Einer der Namen des Feueräthers, auch *Tejas Tattwa* genannt. Seine Farbe ist rot. Andere Farben resultieren aus seiner Zusammensetzung mit anderen *Tattwas*.

Ahankara: Egoismus.

Ahavaniya: Eines der drei Feuer, die im altindischen Hause unterhalten werden.

Âkâsha: Der Name des ersten *Tattwas*, des Lautäthers. Dieses ist ein sehr wichtiges *Tattwa*. Alle anderen *Tattwas* entspringen aus ihm und leben und wirken in ihm. Es gibt kein lebendes Wesen in der Welt, dem nicht *Âkâsha* vorausgeht oder folgt. Es ist der Zustand, aus dem alle anderen *Tattwas* und jede Substanz entspringt oder genauer ausgedrückt, in dem alles, wenn auch unsichtbar, enthalten ist.

Alambusha oder Alammuka: Ein Gefäß im menschlichen Körper, das sich in die Mundhöhle öffnet, also der Nahrungskanal.

Ambarisha: Eine der fünf Höllen. Die Eigenschaften des *Apas* finden sich hier bis ins Qualvolle gesteigert.

Amrita: Der Nektar der Götter.

Ananda: Der Zustand von Seligkeit, in dem die Seele in das Bewusstsein untertaucht. Es bedeutet auch den spirituellen Zustand der tattwischen Atmosphäre.

Anandamaya kosha: Der spirituelle Kreislauf, die spirituelle Monade.

Anarâdhâ: Das siebzehnte Mondhaus.

Andhatâmishra: Die Hölle, in der sich die Eigenschaften des *Âkâsha Tattwa* bis zu einem qualvollen Grade gesteigert vorfinden.

Anumâna: Folgerung.

Apâna: Die Manifestation des Lebensprinzips, die aus dem Körper unbrauchbare Dinge, wie Kot, Urin usw., ausscheidet.

Apantartamah: Ein vedischer Seher, der sich in *Vyâsa Krishna Dvaipâyana*, dem Autor des *Mahâbhârata*, inkarniert haben soll.

Apas: Der Neue eines der fünf *Tattwas*, auch als Geruchsäther bezeichnet.

Ârdrâ: Eines der lunaren Sternbilder.

Asamprajnata: Der höhere Grad der mentalen Trance, in dem der Geist vollständig in der Seele aufgeht. Der niedrigere Grad heißt *Samprajñâta*.

Asat: Der negative Atem oder der negative Zustand der Materie.

Âshleshâ: Eines der Mondhäuser.

Ashvini: Das erste der Mondhäuser.

Asmita:
a) Ein Synonym für *Ahankâra*, Egoismus
b) ein Teil des Selbst
c) die Erkenntnis, dass das Ich nichts von den Wahrnehmungen und Auffassungen Verschiedenes ist.

Avidyâ: Falsche Erkenntnis.

Bharani: Das zweite der Mondhäuser.

Bhutas: Die Aufenthaltsorte der abgeschiedenen Geister.

Brahma: (mit kurzem a) auch *Parabrahmân* genannt, das Eine Absolute, aus dem das Universum hervorgeht.

Brahmâ: (mit langem a) das selbstbewusste Universum, das sechste Prinzip des Universums.

Brahmadanda: Die Wirbelsäule.

Brahmânda: Das Universum, wörtlich das Ei *Brahmâs*.

Brahmarandra: Die Höhlung im Kopfe, durch die die Seele des Yogi den Leib verlässt. In sie endet der Wirbelkanal.

Brahmavidyâ: Die göttliche Wissenschaft, die Theosophie.

Buddhi: Das Verstehen.

Ch: Das Symbol für eines der Gefäße, die vom Herzen ausgehen.

Chh: Das Symbol für ein anderes dieser Gefäße.

Chaitra: Ein Mondmonat des indischen Kalenders, im Allgemeinen dem Februar entsprechend.

Chakra: Ein Kreis, eine Scheibe.

Chakshus: Das Auge; die okulare Modifikation des *Prâna*.

Chandra: Der Mond, der linksseitige Atem.

Chandraloka: Die Mondsphäre.

Chaturyuga: Die vier *Yugas — Satya, Tratâ, Dvâpara und Kali —* zusammen, eine Periode von 12 000 *Daiva* Jahren.

Chhandogya: Der Name des *Upanishad*, eine Art Traktata über die indische esoterische Philosophie.

Chitra: Eines der lunaren Sternbilder.

Daiva: Zu den Göttern gehörig (*Devas*), ein *Daiva* Tag = ein irdisches Jahr, ein *Daiva* Jahr = 365 solcher Tage.

Damini: Der Name eines der Gefäße des menschlichen Körpers, wahrscheinlich das eine das zur weiblichen Brust führt, mit allen seinen Verzweigungen. Ich habe es noch nirgends beschrieben gefunden.

Devachan: Ein tibetanischer Ausdruck, wird gebraucht um den Zustand von Seligkeit zu bezeichnen, den man nach dem Tode in der Mondsphäre genießt.

Devadatta: Eine der zehn Modifikationen des Lebensprinzips.

Dhanishathâ: Eines der Mondhäuser.

Dhananjaya: Eine der zehn Modifikationen des Lebensprinzips.

Dhâranâ: Konzentration des Geistes.

Dreshkana: Der dritte Teil eines Zeichens des Tierkreises.

Dukhha: Schmerz.

Dvâdashânsha: Der zwölfte Teil eines Zeichen des Tierkreises.

Dvesha: Die Manifestation des Bewusstseins, die unangenehme Dinge zurückweist.

G: Das Symbol für eines der vom Herzen ausgehenden Gefäße.

Gandhari: Das zum linken Auge gehende *Nâdi*.

Gandharva: Ein himmlischer Musiker.

Gangâ: Technischer Ausdruck für Sonnenatem.

Gârgya sauryâyana: Name eines altenphilosophischen Gelehrten, der in den *Upanishaden* erwähnt wird.

Gârhapatya: Eines der drei Feuer im Haushalte.

Gh: Symbol für das Gefäß, das vom Herzen ausgehend, sich über den ganzen Körper verzweigt.

Ghari oder ghati:
a) eine Periode von 24 Minuten
b) ein lunares Ghari — etwas weniger = ein Sechzehntel des Mondtages.

Ghrâna: Das Geruchsorgan, die Geruchsmodifikation des *Prâna*.

Ha, ham:
a) das technische Symbol für den Prozess der Ausatmung.
b) das Symbol für das *Âkâsha Tattwa*, das Neutrum derselben Bezeichnung.

Hamsa: Von *Ham* und *Sa*, der technische Ausdruck für *Parabrahmân*, weil in dieser Phase die negative und die positive Bewegung potentiell sind.

Hamsachâra: Der technische Ausdruck für den Atemprozess.

Hasta: Eines der Mondhäuser.

Hastijihvâ: Das zum rechten Auge gehende *Nâdi*.

Horâ: Die Hälfte eines Zeichens des Tierkreises.

Idâ: Das *Nâdi*, das sich über den linken Teil des Körpers ausbreitet, der linke Sympathikus.

Indra: Der Leiter, der Götter, der Erzeuger des Donners.

Ishopanishad: Der Name eines der *Upanishaden*.

Ishvara: Das sechste Prinzip des Universums, (entsprechend der siebenfachen Teilung) dasselbe wie *Brahmâ*.

J: Das Symbol eines der zwölf Stammnâdis, die vom Herzen ausgehen.

Jâgrata: Der Zustand des Wachens.

Jh: Das Symbol für eines der vom Herzen aus gehenden Stammnâdis.

Jyeshthâ: Eines der Mondhäuser.

K: Symbol eines der vom Herzen ausgehenden *Nâdis*

Kalâ: Ein Zeitteil = 3/5 Minute.

Kâlasutra: Eine der Höllen, in der die Eigenschaften des *Vâyu Tattwa* bis zu einem qualvollen Grade gesteigert sind

Kali: Der Name eines Zyklus von 2400 *Daiva* Jahren, das eiserne Zeitalter.

Kamala: Der Lotos, ein Nervenzentrum im Körper.

Kansiya: Eine Legierung von Zink und Kupfer, die bei der Herstellung von Gefäßen häufig verwendet wird.

Kâshtha: Ein Zeitteil = 3 1/5 Sekunden.

Katopanishad: Eines der *Upanishaden*.

Kh: Symbol eines der vom Herzen ausgehenden *Nâdis*.

Komala: Wörtlich übersetzt, weich.

Krâm: Das tantrische Symbol für die Idee des Menschengeistes, der die gewöhnlichen Grenzen des Sichtbaren überschreitet und ins Unsichtbare schaut. Die alten tantrischen Philosophen hatten für beinahe jede Idee ein besonderes Symbol. Das war für sie unbedingt notwendig, denn sie glaubten, dass der menschliche Wille imstande sei, durch feste Konzentration auf einen Gegenstand diesen zu erreichen. Die Aufmerksamkeit wurde im Allgemeinen dadurch konzentriert, dass man fortwährend gewisse Worte murmelte und sich so die Idee immer gegenwärtig hielt. Deshalb erfand man für jede Idee ein Symbol. So bedeutet „Hrien" Bescheidenheit, *Kliw* Liebe, *Aiw* Schutz, *Shaum* Wohlergehen usw. Ähnliche Symbole benützte man, um die Blutgefäße zu bezeichnen usw. Die tantrische Wissenschaft ist heute vollkommen vergessen. Es existiert auch kein einigermaßen brauchbarer

Schlüssel für die symbolische Terminologie und das meiste der symbolischen Sprache ist leider deshalb für uns unverständlich.

Krikila: Die Manifestation des Lebensprinzips, die den Hunger hervorruft.

Krittikâ: Das dritte der Mondhäuser.

Kuhu: Das *Nâdi*, das zu den Geschlechtsorganen geht.

Kumbhaka: Die Übung, einen möglichst tiefen Atemzug zu tun und dann die eingezogene Luft so lange als möglich anzuhalten.

Kurma: Die Manifestation des Lebensprinzips, die das Zwinkern der Augen hervorruft.

Lam (l): Das Symbol des *Prithivî Tattwa*.

Loka: Eine Wesenssphäre.

Maghâ: Das zehnte der Mondhäuser.

Mahâbhuta: Ein Synonym für *Tattwa*.

Mahâkâla: Die Hölle, in der die Eigenschaften des *Prithivî Tattwa* bis zu einem qualvollen Grade gesteigert herrschen.

Mahâmoha: Eines der fünf Leiden nach *Patanjali*. Ein Synonym für *Raga* (Begierde etwas zu erlangen oder zu behalten).

Maheshvara: Der große Herr, die große Kraft.

Mahurta: Ein Zeitteil = 48 Minuten.

Manas: Der Geist, das dritte Prinzip des Universums von unten gerechnet.

Manomaya kosha: Der mentale Kreislauf. Das individualisierte Bewusstsein, in dem sich die spirituelle Energie manifestiert.

Manu: Das Wesen, das das Substrat des dritten Prinzips von unten bildet. Die Idee der Menschheit eines der als *Manvantara* bezeichneten Zyklen.

Manusha: Zu Menschen gehörig, menschlich. Manusha-Tag, der gewöhnliche Tag von 24 Stunden, Manusha-Jahr, das gewöhnliche Sonnenjahr. Der Mondmonat ist bekannt als der Tag der Väter (*Pitriya*), das Sonnenjahr als Tag der Götter.

Manvantara: Ein Zyklus von 71 *Chaturyugas*, während dessen ein *Manu* herrscht, d. h. während dessen eine Menschheit von einem bestimmten Typus existiert.

Manvantarisch: Zu einem *Manvantara* gehörig.

Mâtarishvâ: Wörtlich *der, der im Räume schläft*. Bedeutet das *Prâna*, das die Handlungen der Menschen aufzeichnet.

Meru: Auch Sumeru genannt. Nach den *Purânas* ist es ein Berg (*Parvata Achala*), auf dem *Swarga*, der indische Himmel ruht, der die Städte der Götter mit ihren himmlischen Einwohnern enthält. Es ist eigentlich der indische Olympos. Tatsächlich ist Meru kein Berg im irdischen Sinne. Es ist die Grenzlinie zwischen der Erdatmosphäre und der darüberliegenden Sphäre, dem reinen Äther, oder in unserer Terminologie die Grenze des terrestrischen *Prâna*. Diesseits dieser Grenze ist unser Planet mit seiner Atmosphäre, jenseits das himmlische *Prâna*, der Wohnsitz der Seligen. Der Weise *Vyâsa* beschreibt das *Bhurloka* (die Erde) als vom Meeresspiegel bis zum Rücken des Meru reichend. Auf dem Gipfel dieses sogenannten Berges hausen die Himmlischen, unter denen die Erde liegt. Diese Grenzlinie nennt man Berg wegen ihrer festen, unverrückbaren Form.

Moha: Das Vergessen. Es ist ein Synonym für *Asmitâ*, einen der fünf Schmerzen *Patanjalis*.

Moksha: Der Zustand, in dem die abwärtsgerichteten Tendenzen des Bewusstseins absolut abgestorben sind, sodass der Geist in der Seele ohne Gefahr der Wiedergeburt aufgeht.

Mrigashirshâ: Eines der Mondhäuser.

Mula: Ein lunares Sternbild.

N: Symbol eines der *Nâdis*, die vom Herzen ausgehen.

Nadi: Bedeutet Röhre, Gefäß. Es wird unterschiedslos für Nerven und Blutgefäße gebraucht. Die Idee des Wortes ist die einer Röhre oder eines Gefäßes oder auch einer Linie, der entlang etwas fließt, sei es eine Flüssigkeit oder ein Kraftstrom.

Naga: Die Manifestation des Lebensprinzips, die das Rülpsen verursacht.

Namah: Gehorsam.

Nâsad âsit: Ein Hymnus der Rigveda, der hundertneunundzwanzigste des zehnten *Mandala*, der mit diesen Worten beginnt. In diesem Hymnus wird der Grund zur Atemlehre gelegt.

Navânsha: Der neunte Teil eines Zeichens des Tierkreises.

Nidrâ: Traumloser Schlaf.

Nimesha: Ein Zeitteil = 8/45 einer Sekunde, wörtlich bedeutet es das Zwinkern des Auges.

Nirwana: Das Erlöschen der abwärtsgerichteten Tendenzen des Bewusstseins. Es ist ein Synonym für *Moksha*.

Nrvichâra: Die ultrameditative Intuition, in der, ohne die geringste Anstrengung des Geistes, die Vergangenheit und die Zukunft, die Ursachen und Folgen irgendeines augenblicklichen Phänomens klar werden.

Nirvitarka: Eine Art Intuition (*Sampatti*), die wortlose Intuition. Es ist der Zustand mentaler Erleuchtung, in dem die Wahrheiten der Natur von selbst erscheinen ohne Zuhilfenahme des Wortes.

Pâda: Fuß. Die Modifikation des Lebensprinzips, die dem Gehen zugrunde liegt.

Padma: Synonym für *Kamala*.

Pala: Ein Maß, ein Gewicht, etwa 1 1/3 Unzen.

Pam (p): Das algebraische Symbol für das *Vâyu Tattwa*. Pam ist Neutrum von *Pa*, dem ersten Buchstaben des Wortes *Pavana*, einem Synonym für *Vâyu*.

Panchikarana: Heißt wörtlich „fünffach machend". Man hat es flüchtig als Fünfteilung übersetzt. Es bedeutet das Minimum eines *Tattwas*, das mit anderen zusammengesetzt ist. So hat z. B. jedes Molekül des *Prithivî* acht Minima

$$Prithivî = \underline{Prithivî}, \underline{Âkâsha}, \underline{Vâyu}, \underline{Agni}, \underline{Apas}$$
$$2 \quad + \quad 8 \quad + \quad 8 + \quad 8 + \quad 8$$

Im *Anânda* sind die *Tattwas* einzeln. Im *Vijñâna* und später ist jedes fünffach und hat eine Farbe usw.

Pâni: Die Hand, die Kräfte der Hand.

Parabrahmân: Bekannt als die ursachlose Ursache des Universums, das eine Absolute Alles.

Parabrahmane: Vokativ von *Parabrahmân*.

Parameshti sukta: Die *Nâsad âsit*, Hymne, die ich oben erwähnt habe, wird auch *Parameshti Sukta* genannt.

Paravairâgya: Der Zustand des Geistes, in dem alle seine Manifestationen absolut potenziell werden, sodass sie alle Kraft verlieren, ohne Vermittlung der Seele sich zu manifestieren. In diesem Zustande wirkt jede höhere Kraft leicht auf den Geist ein.

Parinirwâna: Der letzte Zustand, in dem die menschliche Seele noch leben kann und in dem psychische, mentale und physiologische Einflüsse keine Gewalt über sie haben.

Patanjali: Der Autor der Aphorismen über das Yoga, die Wissenschaft mentaler Betätigung und Verschönerung.

Pâyu: Die ausscheidenden Organe, die Manifestation des *Prâna*, die diese Organe versorgt.

Pingalâ: Das *Nâdi* und das System der *Nâdis*, die in der rechten Körperhälfte wirksam sind, der rechte Sympatheticus.

Pitriya: Zu den Vätern gehörig. Der *Pitriya* Tag entspricht dem Mondmonat.

Pitta: Ein Synonym für *Agni*; bedeutet Hitze, Temperatur.

Prakriti: Die undifferenzierte kosmische Materie.

Pralaya: Das Aufhören der schöpferischen Energien der Welt, die Periode der Ruhe.

Pramâna: Mittel der Erkenntnis. Diese sind a) die Sinne, b) der Schluss, c) die Autorität, oder, mit anderen Worten die Erfahrungen anderer.

Prâna: Das Lebensprinzip des Universums und dessen lokalisierte Manifestation, das Lebensprinzip des Menschen und anderer lebender Wesen. Es besteht aus einem Ozean von *Tattwas*. Die Sonnen sind die verschiedenen Zentren des pranischen Ozeans. Unser Sonnensystem ist bis zu seinen äußersten Enden von *Prâna* erfüllt und in diesem Ozean bewegen sich die verschiedenen Himmelskörper. Man nimmt an, dass der ganze pranische Ozean mit Sonne, Mond und Planeten ein vollständiges Abbild jedes lebenden Organismus auf Erden oder aus dem gleichen Grunde jedes Planeten ist. Man spricht deshalb von *Prâna* wie von einer Person, wie von einem lebenden Wesen. Alle Manifestationen des Lebens im Körper sind bekannt als kleinere *Prânas*. Besonders die Lungentätigkeit bezeichnet man vorwiegend als *Prâna*. Die positive Phase der Materie wird ebenfalls so genannt im Gegensatz zu *Rayi*, der negativen Lebensphase.

Prânamaya kosha: Der Kreislauf des Lebens, das Lebensprinzip.

Prânâyama: Die Übung, tief Atem zu schöpfen, die Luft so lange als möglich anzuhalten und dann die Lungen so leer als möglich zu machen.

Prapathaka: Ein Kapitel aus dem *Chhân Dogya Upanishad*.

Prashnopanishad: Eines der *Upanishaden*.

Prapâthaka: Wahrnehmung.

Prayâga: Wörtlich die Vereinigung der drei Flüsse Ganges, *Jumnâ* und des von hier ab sichtbaren *Sarasvati* bei *Allahabad*. In der Terminologie der Atemlehre ist es die Vereinigung des rechten und des linken Atemstromes.

Prithivî: Eines der fünf *Tattwas*, der Geruchsäther.

Punarvasu: Eines der Mondhäuser.

Puraka: Die Übung, die Lungen mit so viel Luft zu füllen als möglich, indem man tief Atem holt.

Purvâbhâdrapanâ: Eines der Mondhäuser.

Purvâshâdna: Eines der Mondhäuser.

Pusha: Der Name des *Nâdi*, das zum rechten Ohr geht.

Pushya: Eines der Mondhäuser

Râga:

a) die Manifestationen des Bewusstseins, die angenehme Dinge zurückzuhalten sucht,

b) eine Art der Musik. Es gibt acht Arten von Musik und jede von ihnen hat mehrere untergeordnete Arten, die man *Râginis* nennt. Jedes *Râgini* hat wiederum mehrere Harmonien.

Râgini: Siehe *Râga*.

Ram: Neutrum von *Ra*, Symbol für *Agni Tattwa*.

Rasana: Das Gefühlsorgan.

Rauravaa: Die Hölle, in der die Eigenschaften des *Tejas Tattwa* bis zu einem qualvollen Grade gesteigert sind.

Rayi: Die negative Phase der Materie, unterscheidet sich von der Positiven dadurch, dass sie eindrucksfähig ist. In der Tat ist sie die kühlere Lebensmaterie, während man die Wärmere als *Prâna* bezeichnet.

Rechaka: Das Ausatmen.

Revati: Eines der Mondhäuser.

Rigveda: Die Älteste und vornehmste der Veden.

Ritambhara: Die Fähigkeit der psychischen Wahrnehmung, mittels der die Realitäten der Welt mit so viel Schärfe und Genauigkeit erkannt werden, wie die äußeren Dinge durch die gewöhnliche Wahrnehmung erkannt werden.

Rohini: Das vierte Mondhaus.

Sa: Das Symbol für den Prozess des Einatmens. Das *Shakti*, die rezeptive Modifikation der Lebensmaterie, wird ebenfalls Sa genannt.

Sâdhakapitta: Die Temperatur des Herzens, die die Ursache der Intelligenz und des Verstandes sein soll.

Sâmadhi: Die Trance, *der* Zustand in dem der Geist so tief in sein Beobachtungsobjekt oder in die Seele vertieft ist, dass es sich vollkommen in dem betreffenden Objekt verliert.

Samâna: Die Manifestation des Lebens, die im Leibe die Absorption und Verteilung der Nahrung über den ganzen Körper besorgt.

Sambhu: Das männliche Prinzip, die positive Phase der Materie. Ein Name des Gottes *Shiva*.

Samprainâta: Eine Art des *Samadhi*, der Zustand in dem die mentale Übung durch Erkenntnis der Wahrheit belohnt wird.

Sandhi: Die Verbindung der positiven und der negativen Phase irgendeiner Kraft. Es ist ein Synonym für *Sushumnâ*. Die Verbindung zweier *Tattwas*. Wenn ein *Tattwa* in das andere übergeht, so tritt *Âkâsha* ein. Es kann in der Tat kein Wechsel im Zustand der Materie stattfinden, ohne dass dieses allgegenwärtige *Tattwa* vorhanden ist. Dieser Zwischenzustand ist aber nicht das *Sandhi*. Durch die tattwische Verbindung entsteht immer ein neues verbundenes *Tattwa*. Dies ist erkennbar an der Länge des Atems. So hält sich z. B., wenn sich *Agni* und *Vâyu* verbinden, die Länge des Atems zwischen der der beiden Komponenten. In gleicher Weise gilt das für die anderen *Tattwas*. Wenn die positive und die negative Phase in einem Objekt in regelmäßiger unausgesetzter Wiederkehr sich einige Zeit bemerkbar machen, so spricht man von Konjunktion (*Sandhi*). Wenn sie aber von verschiedenen Seiten kommen, sich das Gleichgewicht zu halten, so spricht man von *Âkâsha* oder von *Sushumnâ*. Der Leser wird begreifen, dass zwischen dem *Âkâsha*, dem *Sandhi* und dem *Sushumnâ* nur ein kleiner, manchmal gar kein Unterschied besteht. Wird *Âkâsha* stationär, dann ist es *Sushumnâ*, strebt *Sushumnâ* nach Betätigung, so wird es *Âkâsha*. Tatsächlich ist *Âkâsha* der Zustand, der unmittelbar jedem anderen tattwischen Zustand vorhergeht.

Sanskâra: Erworbene Geschwindigkeit, erworbene Eigenschaften. Ein Synonym für *Vasâna*.

Saraswati: Die Göttin der Rede.

Sat: Der erste Zustand des Universums, in dem jede Form des lebenden Universums und *Ishvara* selbst latent sind. Es ist der Zustand, von dem die nicht zusammengesetzten *Tattwas* ausgehen.

Savichâra: Die meditative Intuition (siehe auch *Nirvitarka* und *Nirvichâra*).

Savitarka: Eine Art der Intuition, die verbale Intuition.

Shakti: Eine Kraft, die negative Phase einer Kraft, der Genosse eines Gottes, der die positive Seite einer Kraft darstellt.

Shankhâvali: Der Name eines Arzneistoffes.

Shankini: Das *Nâdi* mit all seinen Verzweigungen, das zum After führt.

Shâstra: Die heiligen Bücher der Hindu. Die sechs Schulen der Philosophie.

Shatabhishaj: Eines der Mondhäuser.

Shatachakra nirupana: Der Name eines Werkes über die tantrische Philosophie.

Shivâgama: Der Name eines alten Buches. Die vorliegende Abhandlung über die Atemlehre enthält nur ein Kapitel dieses Buches, das aber nirgends mehr zu finden ist.

Shravana: Eines der Mondhäuser.

Shotaka: Das Ohr, die hörende Phase der Lebensmaterie.

Shvetaketu: Der Name eines alten Philosophen, der im *Chandogya Upanishad* als das *Brahmâvidyâ* mit seinem Vater Gautama lesend dargestellt wird.

Smriti: Das Gedächtnis.

Sthula: Grob.

Sthula sharira: Der grobmaterielle Körper im Gegensatz zu den höheren feineren Prinzipien.

Sukha: Das Gefühl der Freude.

Surya: Die Sonne.

Suryaloka: Die Sonnensphäre.

Suryamandala: Der Teil des Raumes, auf den sich die Einwirkung der Sonne erstreckt.

Sushumnâ:
a) das *Nâdi*, das sich durch die Mitte des Körpers hinzieht
b) der Rückenmarkskanal mit all seinen Verzweigungen,
c) der Zustand einer Kraft, welche die positive und die negative Phase enthält. Wenn weder der Mondatem noch der Sonnenatem fließt, sagt man, das *Prâna* sei im *Sushumnâ*.

Sushupti: Traumloser Schlaf, der Zustand der Seele, in dem die Traummanifestationen des Bewusstseins in Ruhe sind.

Swapna: Ein Traum.

Swara: Der Verlauf der Lebenswelle, der große Atem, der Atem des Menschen. Der große Atem hat, gleichviel auf welcher Ebene des Lebens, fünf Modifikationen, die *Tattwas*.

Swâti: Eines der Sonnenhäuser.

T: Der Name eines der vom Herzen ausgehenden *Nâdis*.

Tamas: Synonym für *Avidyâ*.

Tantra: Eine Klasse von Traktaten über die Lehre vom menschlichen Körper und von der menschlichen Seele. Sie umfassen einen großen Teil des Yoga. Die Sprache, deren sie sich bedienen, ist größtenteils eine Symbolische und ihre Formeln sind wenig mehr als algebraische Ausdrücke, für die augenblicklich noch der Schlüssel fehlt.

Tattwa:
a) eine Art der Bewegung,
b) der zentrale Impuls, der die Materie in schwingender Bewegung erhält,
c) eine bestimmte Art der Schwingung.

Der große Atem verleiht dem *Prakriti* fünf Arten elementarer Ausdehnung. Die Erste und Wichtigste von diesen ist das *Âkâsha Tattwa*; die übrigen vier sind das *Prithivî*, das *Vâyu*, das *Apas* und das *Agni*. Jede Form und jede Bewegung ist die Manifestation eines oder mehrerer dieser *Tattwas*.

Tejas: Eines der *Tattwas*, der Lichtäther. Die Synonyme dafür sind *Agni* oder seltener *Raurava*.

Th: Der Name eines der vom Herzen abzweigenden *Nâdis*.

Tretâ: Der zweite Zyklus des *Chaturyuga*, eine Periode von 3600 *Daiva-Jahren*.

Trinshânsha: Der dreißigste Teil eines Zeichens des Tierkreises.

Truti:
a) ein Zeitteil; 150 Trutis sind gleich einer Sekunde,
b) ein Raummaß; soviel als die Sonne oder der Mond in einem Zeittruti an Weg zurücklegen.

Ein Truti ist ein vollkommenes Abbild des Ozeans des *Prâna*. Es ist der astrale Kern jedes lebenden Organismus.

Tura: Die höheren Noten in der Musik, das Gegenteil von *Komala*.

Turiya: Der vierte Zustand des Bewusstseins. Der Zustand absoluten Bewusstseins. Die ersten drei Stadien sind a) Wachen, b) Träumen, c) Schlaf.

Twak: Die Haut.

Udâna:
a) die aufwärtsführende Manifestation des Lebens,
b) die Manifestation, durch die das Leben zur Ruhe gelangt.

Udâlaka: Ein alter Philosoph, der in *Prashnopanishad* als Lehrer genannt wird.

Uttarabâdhapada: Eines der Mondhäuser.

Uttara gitâ: Ein tantrisches Wort.

Uttaraphalguni: Eines der Mondhäuser.

Uttarâshâdna: Eines der Mondhäuser.

Vaidhrita oder Vaidhriti: Das siebenundzwanzigste Yoga. Es gibt 27 Yogas in der Ekliptik. *Das Yoga*, sagt Colebrooke ganz richtig, ist nichts anderes als eine Art, die Summe der Längen der Sonne und des Mondes anzugeben.

Vairâgya: Die Gleichgültigkeit gegen die Freuden der Welt.

Vâk: Die Göttin der Rede, ein anderer Name für *Swaraswati*.

Vam: Das Symbol des *Apas Tattwas*, von *Vârí*, einem Synonym für *Apas*.

Vâsana: Die Gewohnheit und die Tendenz des Geistes bei Ausführung einer Handlung.

Vâyu: Eines der *Tattwas*, der Gefühlsäther.

Vedas: Die vier heiligen Bücher der Hindus.

Vedoveda: Eine Manifestation des *Sushumnâ*.

Vetâla: Ein böser Geist.

Vichara: Meditation.

Vijnâna: Heißt wörtlich „wissen". Es ist der technische Ausdruck für die psychische Materie und ihre Manifestationen.

Vijnânamaya kosha: Der psychische Kreislauf des Geistes.

Vikalpa: Vollständige Einbildung.

Vinâ: Ein Saiteninstrument.

Vindu: Punkt.

Vipala: Ein Zeitmaß, 2/6 einer Sekunde.

Viparyâya: Falsche Erkenntnis, eine der fünf von *Patanjali* aufgestellten Manifestationen des Bewusstseins.

Virat: Der unmittelbare Vater *Manus* und Sohn *Brahmâs*. Der *âkâshische* Zustand der psychischen Materie, aus dem die mentalen *Tattwas* hervorgehen, die das Manu zusammensetzen.

Vishakâ: Ein lunares Sternbild.

Vishamabhâva: Ungleicher Zustand. Es ist dies eine Manifestation der *Sushumnâ*, in der, der Atem abwechselnd aus dem linken und aus dem rechten Nasenloche strömt.

Vishramopanishad: Der Name eines der *Upanishaden*.

Vishuva, vishuvat: Eine Manifestation des *Sushumnâ*.

Vitarka: Philosophische Wissbegierde.

Vyâna: Die Manifestation des Lebens, die den Körpern ihre Gestalt verleiht.

Vyâsa: Ein Philosoph, der Autor des *Mahâbhârata*, eines Kommentars der Aphorismen über das Yoga, der Aphorismen über die Veden und anderer Werke.

Vyatipâta: Eines der 27 Yogas (siehe *Vaidhríta*).

Yahsha: Eine Klasse von Halbgöttern.

Yakshini: Weibliche *Yakshas*.

Yaunâ: In der Terminologie der Atemlehre das fließende *Nâdi*.

Yâshashvini: Das zum linken Ohr gehende *Nâdi*.

Yoga: Die Wissenschaft von der Aufmerksamkeit der Übung und der Verschönerung des menschlichen Körpers.